後藤幸彦

神功皇后は実在した

その根拠と証明

明窓出版

~神功皇后は実在した　その根拠と証明　目次~

第二部　日本書紀二倍年暦

はじめに

今から千六百年ぐらい前、その美貌ゆえに、数奇な運命を辿った一人の少女がいた。

その名は気長足姫尊《おきながたらしひめのみこと》、いわゆる神功皇后《じんぐう》である。

仲哀《ちゅうあい》天皇が彼女の夫であり、応神《おうじん》天皇はその子である。

彼女の事跡は古事記・日本書紀に載っているにもかかわらず、その存在すら危ぶまれているのである。

というのは、問題はこの古事記・日本書紀の信憑性にある。

古事記は七一二年、日本書紀は七二〇年に完成した日本で最も古い官撰史書なのであるが、この二書の古い時代の部分は、現在、正規の史書とは認識されておらず、かなりの部分が記紀の編纂者の造作によるものとされているからである。

その理由の一つは、(神代時代をのぞいても)奇想天外な説話や心霊的な説話がみられること、次に、天皇の年令や在位年等が、異常に長いということ、更に、似たような説話が繰り返されていること、そして、外国の史書と整合する所がみられないということなどがあげられている。

その中でも特にこの神功皇后紀が最も造作の程度がひどいといわれ、説話もお伽噺《とぎばなし》的で年代もはっきりしないとして、神功皇后の実在を認める人の間でも、説話については信じ難いとされているのである。

その結果、記紀の説話・年代は非現実的かつ非科学的であるとして、古代史研究の中心から遠ざけられ、古代史は、考古学や中国の史書を中心として研究が進められている状態である。

それでは、果たして神功皇后の存在は単なる作り話なのであろうか。私には、これの全てが造作であるとは思われない。それぞれの説話の内容を吟味し、以前にも増して進歩した科学の目をもって詳細に調査すれば、その根拠となったものは一体どのような事象であったのか、新たに分かるのではないかと考えた。

また、年代においても、何故過大な年代となっているのか、そこに何か法則性がないのか、外国の史料との整合はないのか等、改めて新しい観点から神功皇后紀を読み直してみたのである。

今までは、あまりにも否定的に物事を見すぎていたのではないだろうか。記紀に関しては、戦後は皇国史観への反動もあり、また、左翼思想が蔓延したこともあり、記紀をもって歴史を語ることは否定され、まさに「失われた六十年」といわれる時代を過ごすこととなった。

しかし、従来の歴史を見る目、解析法では、解決しないと考え、視点を変えて資料を見直すこととした。

その結果、神功皇后を中心とした、前後の諸天皇の年代を割り出すことに成功した。そして、一少女の奇跡ともいうべき運命を読み取ることができた。それはまさに神功皇后紀の記載が現実そのものであっても、何の不具合もないことであったのである。

それらは、この研究を始めた当初からみると、意外な展開であり、望外の結果であった。

そこで、これまでの研究をここに一冊の本にまとめ、世に問うこととといたし、今後の研究の参考にして頂ければ幸いであると考えます。

＊なお、引用する文章は原則的に原文のままとしていますが、日本書紀に関しては読解が比較的難しいため、現代文となっています。

第一部　神功皇后の時代

第一章　神功皇后の新羅遠征

記紀の記述は、記紀編纂時において、役人による創作であるという説の格好の例のひとつとされる説話として、神功皇后の三韓征伐がある。

その内容が、奇想天外なお伽噺的であり、神話的であり、科学的に説明できない非現実的な事象であるとみられるからである。そのため、戦後はほとんど顧みられることもなく、歴史として扱われることもなくきているといってよい。

しかし「記紀」や外国の史料を調べていくと、五世紀以降、大和朝廷が朝鮮半島に進出し、半島各国に大きな影響を与えていることは確かなのである。ならば、この日本による朝鮮進出は、いつごろ、どのような事情で、どのような過程を経て行なわれたのかを考えていくことは、日本の古代を知る上で、極めて重要なことなのである。

日本と朝鮮の史料を比較する限りにおいては、朝鮮側の史料である「三国史記」では、倭の侵寇はあったが、全て撃退したのであり、それでいながら高句麗側の史料である「好太王碑文」では、驚くことに倭の軍は遠く帯方郡の故地にまで進出しているのである。

これらの半島における倭の本格的な活躍の始まりは、日本側の史料の「記紀」の中の神功皇后の項にしか見られない。

いわゆる、戦前には国史として教えられた「神功皇后の三韓征伐」である。

それでいながら、現在神功皇后の説話は前述したように、歴史としてはまともに扱われていない。この神功皇后紀がでたらめであるとして否定されるなら、それでは一体誰が何時、半島への進出をはじめたのであろうか。

そこで、神功皇后の三韓征伐の説話はそれほど非現実的な架空の説話なのかを、改めて見なおしてみたい。

まず、神功皇后の説話の中の新羅遠征について、現実的にかつ科学的に説明できないものなのかを考証してみることにした。神功皇后の説話が創作であると思われていたのは、そもそもその内容の非現実性に起因しているからである。

論考にはいる前に、説話の概要を示してみよう。

この説話は、神功皇后の夫である仲哀天皇が、熊襲が九州で反乱を起こしたので、その征伐に皇后を伴って九州におもむいたことにはじまる。

九州の陣営において、皇后は神掛かりをして、まず新羅を討てといったが、天皇が神の啓示に従わず、祟りにあって死に、そこで自身が新羅を討つために軍勢を率い、その時懐妊していたので鎮懐石《ちんかいせき》を腰にはさんで出征し、帰国してから出産（産み月を延ばした）した、という。

遠征のときには、魚の助けによって進んだとか、勢い余って波とともに、新羅の国の半ばまで押し上がり、驚いた新羅王が降伏し、それを聞いた百済、高句麗も降伏したという。帰国するや瀬戸内海を東進し、息子と敵対関係にあった異母兄弟を討って息子を皇位につけたという話になっている。

まるで子供だましのお伽噺である。もしあったとしたら、超常現象である。こういうことはありえないとして、神功皇后は存在しなかったという根拠にもなっているのである。

それではこれらの〝超常現象〟は果たして現実にはありえない事象なのであろうか。一つ一つ現代科学の目で見直し、検証していってみよう。

神功皇后の新羅遠征は、仲哀天皇の熊襲征伐からはじまった。

神功皇后は、九州の香椎宮《かしいのみや》において神懸かりをして神託を述べた。その中で、熊襲を撃つより新羅を討てとの神の言葉を伝えたのである。その有様は、天皇が琴を弾き、皇后が神託をうけ、武内宿禰《たけのうちのすくね》が神の命を聞いたという。

「西の方に国あり。金銀を本として、目の輝く種々の珍しき宝、多《さわ》にその国にあり。いまその国を帰せたまはむ。」とのりたまいき。

そこで天皇は、高い所に登ってみたが海しかみえない。これはいつわりをなす神であろうとして退けた。

すると神は、

「凡そこの天の下は、汝の知らすべき国にあらず。汝は一道《ひとみち》に向ひたまへ（死んでしまえ）」

といったという。

そこで武内宿禰がもう一度ひくように進言し、天皇はしぶしぶ琴を弾き始めたが、じきに死んでしまった。

この光景から、たとえ神懸かりとはいえ、決して仲睦まじい夫婦という状態ではないことに気づかれたことと思います。しかも二人の関係は、皇后が優位にたっているように見られる。

そもそも皇后は仲哀天皇の正妃ではなく、大中媛《おおなかつひめ》が正妃であり、麛坂王《かごさかのみこ》と忍熊王《おしくまのみこ》の二子がいたのである。そのほかにも多くの妃がいたはずであるが、それら数多くの妃の中から特に神功皇后が選ばれて随伴したものである。(カゴサカ王のカゴは以後古事記の香の字を使います)

その理由のひとつは、彼女が神霊的な言動を弄《ろう》することにあった。戦の時に、神の御託宣を求めたり、不吉な事象のお祓いをしたり、相手を呪ったりする人を随伴することは、特に昔においては珍しいことではなかった。

もう一つの理由は、天皇が皇后に惚れ込んでいたことにある。

しかるに、対する皇后の天皇に対する態度は、とても相思相愛とはいえない様に見られる。特に神懸かりのときにみられる言動は、神を通しているとはいえ激しい憎悪に満ちている。(その詳しい原因については、次の神功皇后と気比《けひ》大神の所で述べる)。

この、皇后の神懸かりについて、安本美典氏は「応神天皇の秘密」(廣済堂出版発行)の中で、

「現代の心理学や精神医学の教える所によれば、神懸かり等の憑依現象は、外部の神等が、人間にとりつくのではなく、人間の潜在意識が、神等の別人格の形をとって表面に表れるもので

ある。」

という。

　そして、

「『神懸かり』は、けっして神が存在して、人に憑くのではない。本人のもつ、別の人格状態である。

　神懸かりを、憑依現象とすれば、つぎのようなことは、ことごとく、神功皇后の潜在意識が、平素の人格（第一人格）とは別の人格（神格、第二人格）の形をとって、意図し、のべていることになる。心の中にひそんでいた思いが、神のことばの形をもってのべられていることになる。」

とすると、皇后の天皇に対するこれほどまでの憎悪は、神が怒っているのではなく、皇后の精神の奥に宿っている、天皇に対する憎悪が表れたものとみてよい。

　神功皇后の新羅遠征の説話での超常現象として、この神懸かりの時に、天皇が神のいうことを聞かずに怒りを買い、祟りによって死亡したということがある。

　ただ古事記と日本書紀では、その時の情況が異なっている。

　古事記（岩波文庫　倉野憲司校注）では次のようになっている。

「故、天皇筑紫の訶志比宮《かしひのみや》に坐しまして、熊曽国《くまそ》を撃たむとしたまいし時、天皇御琴を控《ひ》かして建内宿禰大臣沙庭《さには》に居《ゐ》て、神の命《みこと》を請ひき。」

そして最後に、

「故、幾久《いくだ》もあらずて、御琴の音聞《こ》こえざりき。すなわち火を挙げて見れば、既に崩《かむあが》りたまひぬ。」とある。

日本書紀（講談社学術文庫　宇治谷孟訳）においては、二回神懸かりをし、その後、

「天皇はなおも信じられなくて、熊襲を討たれたが、勝てないで帰った。九年春二月五日、天皇は急に病気になられ、翌日にはもう亡くなられた。時に、年五十二。すなわち、神のお言葉を採用されなかったので早く亡くなられたことがうかがわれる。」

とある。

つまり古事記では、神懸かりの最中に死んだとあり、日本書紀では、九月に神懸かりがあり、その後、熊襲と戦い負けて帰ってきて、翌二月に病気となり死んだとある。

どちらにしろ、神懸かりの後に死んだとされている。

しかしそれが祟《たた》りによるもの（祟りによる死があるかどうかわからないが、現代科学ではないとされている。）かどうかは判断できない。古事記の場合も病死とみてよいし、日本書紀では、

はっきり病死とある。

　現代では祟りによる死等ありえないとされているので、天皇の死については、さまざまな要因が論ぜられている。

　まず一つは病死説である。例えば心不全とか、負傷が原因である感染症説等が一般的である。また密室状態での死と考えられることから、暗殺説がある。先の安本美典氏は皇后と武内宿禰は密通しており、それがばれることを恐れて暗殺したという。そして応神天皇は武内宿禰との間の不義の子であるという。

　また岡山県の総社《そうじゃ》神社には、皇后が弓を並べて琴のように引いている絵馬があるが、福永晋三氏は、皇后が弓を琴のように弾いている際、矢をつがえて天皇を暗殺したという説をとっている。

　病死か暗殺か意見がわかれるが、どちらであったかは、現在ではまったくの闇の中である。ただ昔の人は、現代人よりオカルト的なものに弱いことから、天皇の急死は神の祟りであると信じたのであった。

　その後神功皇后は、天皇に代わって遠征軍を指揮することとなった。熊襲を討つ程度の装備の軍隊で海を渡って遠征をすることは無謀ではないかと思われるが、ここは神懸かりの勢いでもってことをすすめていくのである。「鬼畜米英、打ちてし止まん」と言っていたのは、ついこの間のことである。まして神は絶対であった昔のこと、カリスマ性のある指導者に簡単に引きずられてしまったとしても、不思議でもなんでもない。

遠征しようとした時に、皇后は懐妊していたが、出産しそうになったので石を腰にはさんで出産を遅らせたという。

この説話の背景にあるものは、応神天皇の出産が、妊娠期間をかなり越えていたものだったことを意味していると考えられている。

つまり、大幅な出産の遅れは生物学的にありえないのであるから、実際は応神天皇は仲哀天皇の子ではないととれる。とすると、真の親はだれであるのかとなる。不倫説をとるならば、武内宿禰であろう。住吉大社神代記《すみよしたいしゃしんだいき》には住吉の大神の子であるとされている。

日本書紀では、秋九月に、

「時がたまたま皇后の臨月になっていた。皇后は石をとって腰にはさみ、お祈りしていわれるのに、『事が終わって還る日に、ここで生まれて欲しい。』と。その石は今、筑前怡土《いと》郡の道のほとりにある。」

古事記では、

「故、その政《まつりごと》末だ竟《を》へざりし間に、その懐妊《はら》みたまふが産《あ》れまさむとしき。すなわち御腹を鎮《しづ》めたまはむとして、石を取りて御裳の腰に纏《ま》かして、筑紫国に渡りまして、その御子は生《あ》れましつ。故、その御子の生《あ》れましし地《ところ》を号けて宇美《うみ》と謂ふ。またその御裳に纏《ま》きたまひし石は筑紫の国の伊斗《いと》村にあり。」

とある。

伊斗村は、福岡県糸島郡にあり、深江にその石があったと伝えている。宇美は福岡県粕屋郡宇美町である。

この石を腰に巻いて出産を遅らせた件について、石を巻いて出産を遅らせる等ということはできないはずであるが、「筑前国風土記　芋湄野」に次のようにある。

「息長足比売命《おきながたらしひめのみこと》、新羅《しらぎ》を伐《う》たむと欲《おもほ》して軍《いくさ》を閲《み》たまひし際《とき》、懐娠《みはらのこ》、漸《やくやく》に動《うご》き、時に両《ふたつ》の石を取りて裙《も》の腰に挿《はさ》みつけて、遂に新羅を襲《う》ちたまひて、凱旋《かちかへ》りましし日、芋湄野《うみの》に至りて、太子《ひつぎのみこ》誕生《あ》れましき。此の因縁《ゆゑよし》ありて芋湄野《うみの》と曰ふ。俗間《よ》の婦人《をみな》、忽然《たちまち》に娠動《はらのこうご》けば、裙《も》の腰に石を挿《さしはさみ》み、厭《まじな》ひて時を延《の》べしむるは、蓋《けだ》しくは此に由《よ》るか。」

漸に動き、とか忽然に娠動けばとは、出産時の陣痛ではなく、胎児が胎動をはじめた時（五ヵ月）のことである。

つまりこの説話は、出産臨月の時ではなく、胎動をはじめた時に石で腰をさすり、安産を祈願したときの話ということになる。その話が歪曲されたものと考えてよい。

書紀では、皇后はかえってきて、十二月十四日に応神天皇を筑紫でお産みになったという。仲哀天皇は二月五日に病気になられ、翌六日に亡くなられたとあるから、十二月十四日はちょうど十カ月と十日であるが、産み月でいう十月十日《とつきとおか》ではない。

この石のあった所は、二丈町深江の鎮懐石八幡宮であるとされている。皇后の説話より先に神社があり、安産のまじないの石信仰があったのであろう。

福永晋三氏によれば、この石は縦十六㎝横十二㎝高さ十㎝の卵形の白い石である。万葉集に出ている大きさと同じであるという。鎮懐石八幡の宮司さんの庭、三m下の砂の層から数十個出てきたという。

次に深江の港の西、十数キロにある玉嶋の里の話が出てくる。

玉嶋の里は、唐津平野の東端にあり、この深江と玉嶋の里の間が鹿家《しかか》海岸である。

邪馬台国探検家達は、伊都国は深江の近くであるとして、唐津で船をおりてこの海岸を歩いたと考えていた。今は立派な舗装道路ができて車も通っているが、古代ではとても行列が通れる所ではなかった。後世の豊臣秀吉ですら、名護屋までは深江から船でいったという。（他に佐賀平野北部を通ったという。）

神功皇后も深江から船で玉嶋の里に着いたのであろう。玉嶋の里では、米粒で年魚を釣った話がある。年魚は鮎であるといわれているが、実際のところはわからない。

神功皇后の通過した所には、点々とその伝承が残されている。香椎宮から海沿いに、東松浦半島の突端の呼子《よぶこ》まで続いている。この海路は、半島に渡るための最適のコースなのである。海峡の海流の本流は、南西から北東へと流れているので、いったん西の方へ進み、そこから海流に流されながら半島へ渡るのである。しかも本流は南西から北東へと流れているが、沿岸部は逆に反流があって北東から南西へと逆に海流が流れており、それに乗って呼子に達することができる。

皇后の軍は、その海流に乗り対馬北端の鰐浦《わにうら》に達し、そこから新羅をめざした。

古事記に、

「ここに順風《おいかぜ》大《いた》く起こりて、御船浪の従《まにま》にゆきき。」

日本書紀に、

「風は順風が吹き、帆船は波に送られた。舵や楫《かい》を使わないで新羅についた。」

と書かれてある。

前述したように、九州と半島の間の海峡は、対馬海流が西から東へと、つまり東シナ海から日本海へとかなりの速さで流れており、夏季においては、太平洋から吹きつける風によって、海流全体が北へ押し上げられており、そのため、海峡の東端あたりで、対馬海流の分流が半島の東岸を北上しているのである。旧暦の十月ではあるが、まだ夏の海流は残っていたであろう。風も南風が偶然に吹いたものである。（日本海に低気圧があったのであろうか）その風に押され、海流に乗って、何の苦もなく新羅に着いた。

さらに、次のような現象が同じく記紀にかかれている。

古事記に、

「故、備《つぶ》さに教え覚したまひし如くにして、軍《いくさ》を整へ船雙《な》めて度《わた》り幸《い》でまし時、海原の魚、大き小さきを問はず、悉に御船を負ひて渡りき。」

日本書紀に、

「冬十月三日鰐浦から出発された。そのとき、風の神は風を起こし、波の神はなみをあげて、海中の大魚はすべて浮かんで船を助けた。」

とある。

つまり海の魚達が集まって来て、船が進むのを助けてくれたというのである。

まるでこれでは御伽噺そのものである。

魚が人を助けてくれる等ということはありえない。

このことからも皇后説話は創作であるとされてきたのである。

しかし果たして現実にありえないことなのであろうか。生物学的な立場で検証してみよう。

現在魚というと、魚類のことをいうのであるが、本来は海中に住む動物をほとんど「さかな」とよんでいた。イカ、タコはもちろんカニやエビも立派な魚であった。

また、鰭《ひれ》のある哺乳動物であるクジラやイルカもまた魚なのである。九州のある地方では勇魚《いさな》とよび、四国の高知では、潮吹く魚とよんでいた。

となると、皇后の軍船を助けたという大魚とは、イルカのこととみてよい。イルカはその習性から好奇心が強く、船をみつけるとそのまわりに集まってきて、並んで泳いだりする愛敬のある動物である。また群れをつくって行動し、家族単位のグループから、時には何千頭何万頭という群れをつくって行動することがあるという。

壱岐・対馬・朝鮮海峡は、東シナ海と日本海を往来するイルカ達の通路にあたっている。かなり前になるが、壱岐で何千頭というイルカを捕獲し虐殺したとして、世界的なニュースになったことを覚えているかたも多いと思う。

神功皇后の軍団は、まさにこのイルカの大群に遭遇したのである。

海流にのり、順風を受けて進んでいく軍船の周りを、無数のイルカが跳びはね、まるで船を歓迎するかのように集まってきて一緒に進んだのである。

さらにイルカは餌を取るとき、逃げ回る魚を取り囲んで一ヶ所に集め、海面へと追い上げていくのであるが、追われた魚達はびっしりと寄り集まり、身を守るために、流木や船や大魚（ジンベイザメ等）のまわりに集まり、船を押し上げているようにみえるという。

そうした光景を、人々は、魚が船が進むのを助けてくれたと勝手に思い込んだのである。そしてそれは、皇后の神通力によるものだと考えたのであろう。

魚が意図的に船の進むのを援助する等ということはないのであるが、人間が勝手に解釈したわけである。

そうしてこの説話のクライマックスである、海水が新羅の国中まで押し寄せたという事件となる。

その前に、三国史記の新羅本紀に次のような文がある。

「訖解王三十七年（三四六年）倭兵倅《にわか》に風島に至り、民戸を抄掠しまた進んで金城を囲み急攻す。」

ここに倭兵が風島に上陸したとある。風島上陸は他に四一五年にもあったとある。

この風島とはどこであろうか。

新羅のある朝鮮半島東側は単調な海岸線が続き、島なぞはみられない。島があるのは半島の南岸東寧から西であるが、それらの島々が新羅領になったのはもっと後世であり、当時は加羅の国であった。風島には民戸があることから、ある程度の大きさの島であったらしい。そのような島は半島の東側には見られないのであるが、事件は今から千七百年ぐらい前のことなので、それを頭にいれて海岸線をよく見ていくと、新羅の東海岸に迎日湾《ヨンイル》という大きな湾がある。単調な東海岸で唯一、特徴のある地形を成す所である。長鬐岬《チャンキー》が牛の角のように日本海に突出し、その西に迎日湾を抱えこんでいる。

その湾奥のデルタ地帯に、内陸でありながら海島洞、大島洞、上島洞、竹島洞という地名が、直径二㎞ぐらいの楕円形の地域にかたまってある。まわりよりも若干高地である。そこは兄山江《ヒョンザンガン》という川に囲まれた土地であるが、兄山江の運んだ土砂が迎日湾に堆積したことを考えると、大昔は孤立した島であったようだ。他に島が存在したような所がないようなので、三国史記に出てくる風島とはここのことであろう。

かなり昔から、倭人はこの島を知っていたと思われ、三国史記に出てくるのは二回であるが、襲撃地で地名の書いていない所の中には、この風島も入っていると思う。また、倭国との往来にも重要な役割を果たしていたと考えられる。

さらにこの風島のある迎日湾について調べてみる。迎日湾は、東に牛の角のように突き出した長鬐岬に囲まれた幅十㎞ぐらいの方形の湾であり、日本海に向かって北東に開口しており、南西部は兄山江が流れこむデルタ地帯である。(地図1)

そしてその迎日湾に注ぐ兄山江の上中流には広い盆地が南北に広がり、新羅の都である金州もその上流にある。そこは新羅で最も人口の集中している地域である。

つまり、迎日湾は新羅の中枢部へいく通路の入り口の一つなのである。

私はこの迎日湾が、神功皇后の上陸地だったと考える。

神功皇后の新羅上陸の場面もまた、今日では御伽噺的説話とされて、だれもが一瞥《いちべつ》もしなかったものである。たしかに神功皇后というら若き美貌の女性の率いる軍勢が、波に乗ってどっと押し寄せ、勢い余って国の半ばまで侵入してきたという光景は、お子さまの喜びそうな真にほほえましい光景ではないだろうか。

よって、この話については、誰もが神功皇后の不思議な力を表現するために創作された話であると考えるのもやむをえないことである。

記紀の内容を疑うことのできなかった戦前においては、そのまま信じさせられ、現実であったとした解釈が行なわれたようであるが、戦後は一転して皇国史観の否定から、神功皇后のカリスマ性を誇示するための記紀の編者の創作であるとして、一蹴されることとなったのである。中には神功皇后の実在を唱える人もいることはいたのであるが、そういう人達の中でも、この話は戴けないという考えなのである。日本の半島進出は認めるにしても、その過程としてのこの説話は信じがたいという考えなのだ。つまり、このような自然現象は起こりえないということである。

内容が御伽噺的な他に、他の歴史的史料が少ないことにもある。朝鮮側の史料である「三国史記」等には、皇后の新羅遠征や日本が朝鮮半島南部を支配したことが記されていないからだ。日本側の史料は記紀が中心であり、はじめての半島進出の内容は、神功紀にみられるように、牧歌的で戦闘を伴うようなことは載っていないからでもある。(戦闘をともなう軍事行動は、神功紀の五年から見られる)

しかし前述したように、非現実的とみられていた鎮懐石も、順風も、大魚も、決してありえないことではないことがわかったと思う。

それでは後半のクライマックスともいえる、波にのって新羅の国の中まで押し上がったという説話や、新羅王があっさりと降伏したというのは科学的に説明できるのであろうか。

ではまず、記紀に記載されていることをみてみよう。

古事記に、

「故、その御船の波瀾《なみ》、新羅の国に押し騰りて既に国半《くになから》に到りき。」

日本書紀に、

「そのとき船をのせた波が国の中にまで及んだ。これは天神地祇がお助けになっているらしい。」

とある。

国の半ばまでという表現であるが、これは新羅の全面積の五十%ということではない。あくまでも昔の基準で考える必要がある。昔の国とは、人々が居住している所を主にさすのであるから、この場合は居住地、主に平野の部分とみてよい。紀においては、国土の中にまでと書いてある。

当時の新羅の地勢であるが、東海岸は単調で、山が海にせまり、風島あたりにデルタ平野がある。この海沿いのデルタ地帯では、国中とはいえない。国中とは内陸部のことである。

新羅のこのデルタ地帯の背後には屏風《びょうぶ》のような山が南北に連なり、その山脈を切断するように東西にまっすぐに貫くV字型の谷があり、そこを兄山江が流れている。

その海岸山脈の西側には、広い盆地が南北に連なっている。

そしてこの盆地の南方には、新羅の都である金城（慶州）がある。古来新羅の中心地は、この兄山江流域の細長い平野にあったのであり、他に山間の狭い土地を耕して人々は生活していたのである。

よって国の中ばまでとは、この盆地平野の中までと解釈できる。そこまで海水が上がってきたのである。そしてこの現象は、それまでなかった現象であったというのだ。

それでは、海水が内陸部まで上がってきた科学的自然現象とは一体なんであったのであろうか。それはずばり、地震による津波である。

海底地震によって引き起こされる地殻変動は津波を伴い、時には数十ｍの高さの水の壁となって、陸に押し寄せてくるのである。

スマトラ沖地震津波の、町の中を川が流れるように海水が押し流していく光景は記憶に新しい。国内の記録をみても、奥尻島の地震の時の津波は高さ二十六ｍに達したという。海岸に並んだ高い電柱の電線にゴミが大量にひっかかっている映像を見た方も多いと思う。

明治三陸津波の時の波高は現三陸町綾里白浜で三十八・二ｍを記録したという。津波の波の高さは海底地形や海岸地形に左右されるので、同じ三陸海岸どこでも三十八ｍの津波が押し寄せたわけではない。綾里白浜の隣の赤崎今足では十八ｍであった。

また青森県の中央部に波岡という町があるが、その町名の由来は、かつて大津波が津軽地方を襲った時、津波が津軽平野を呑み込み波岡まで到り、岡が波の上に浮かんでいるように見えたので、波岡という名がついたということである。波岡は日本海から最短距離で三十㎞は離れている。

では何故、このような大津波がおこるのであろうか。

「海の深い所で発生した津波は……陸地が近くなると、浅くなった海底に妨げられて……急速にスピードがおちてくる。同時に、波の山と山の間がしだいにちぢまり、前を進む波に、後ろから押し寄せてくる波がつぎつぎに追いつき、折り重なるような形になる。つまりエネルギーが前後に圧縮される。そのため波は急激に高くなり、ついには陸地に駈け上がって荒れ狂うこととなる。

沖に向かって湾が口をあけているリアス式海岸等では、湾口から入ってきた波が前後からだけでなく、左右からも圧縮され、湾奥の狭い部分に全ての波が押し込められるので、普段では考えられないほどの高さまで駈け上がって暴れ回る。」「津波」（山下文男著　あゆみ出版）

しかし一方、海上では、

「発生した波の高さは海底での地殻の変形を反映するから、はじめはせいぜい二～三mの高さにすぎない。しかも波長─波の山と山、谷と谷の間が数十km以上もあって非常に長く、波は高い所と低い所の差を感じさせないほどなだらかである。だから、その波の上を走っていても、船がとくに揺れるわけではないし、危険を感じることもない。」（同）

「北海道南西沖地震津波のとき、奥尻島の青苗沖では、たくさんのイカ釣り船が操業していた。船の上でも地震はわかったが、津波で遭難した船は一艘もなかった」（同）と述べられている。

沖にいると船は安全なのである。

こういったことから、この時も新羅を大津波が襲ったものと考えてよい。

そして場所は迎日湾である。

迎日湾に押し寄せた空前の大津波は、湾からあふれ、兄山江に沿って平野を海水で浸しながら上流へと押し上がり、二十km上流の安康のあたりまで達したのであろう。兄山江流域は標高が低く、十五km上流の平野部でも四・七mしかない。（これは戦前の地図によるものであるから、古代はもっと低かった）

そして新羅の人々が騒いでいるその時、まったく偶然にも、神功皇后の率いる倭国の軍船が迎日湾に押し寄せたのである。

それを新羅の人々（王も含めて）は、皇后が津波を引き起こしてやって来たと勘違いしてしまったのだ。

そうして気も動転し慌ててしまった新羅王は、戦わず降伏してしまったというのである。

古事記に、

「ここにその国王《こにきし》かしこみて奏《まを》言しけらく『今より以後《のち》は、天皇の命《みこと》の随《まにま》に、御馬甘《みまかひ》として、年毎に船雙めて、船腹《ふなばら》乾《ほ》さず、棹舵《さをかぢ》乾《ほ》さず。天地《あめつち》の共與《むた》、退《や》むこと無く仕え奉らむ』とまをしき。故《かれ》ここをもちて新羅の国は御馬甘と定め、百済《くだら》の国は渡《わたり》の屯家《みやけ》と定めたまひき。」

日本書紀に、

「新羅の王は、戦慄してなすべきを知らなかった。多くの人を集めていうのに『新羅の建国以来かつて海水が国の中にまで上がってきたことは聞かない。天運が尽きて国が海となるのかも知れない。』とある。

その言葉も終らない中に軍船が海に満ち、旗は日に輝き、鼓笛の音は山川に響いた。新羅の王は、遥かに眺めて思いの外の強兵がわが国を滅ぼそうとしていると恐れ迷った。やっと気がついていうのに『東に神の国があり、日本というそうだ。聖王があり天皇という。きっとその国の神兵だろう。とても兵を挙げて戦うことはできないと。白旗をあげて降伏し、白い綬《くみ》を首にかけて自ら捕われた。地図や戸籍は封印して差出した。そしていうのに『今後は末長く服従して馬飼いとなりましょう』（中略）高麗《こうらい》、百済《くだら》二国の王は、新羅が地図や戸籍も差し出して日本に降ったと聞いて、その勢力を伺い、とても勝つことができないことを知って陣の外に出て頭を下げて『今後は永く西蕃（西の未開の国）と称して、朝貢を絶やしません。』といった。それで内宮屯倉《うちつみやけ》を定めた。これがいわゆる三韓である。」

今の時代ではまさかと思うであろうが、現代より超常現象や神霊に感化されやすい古代や中世ではあり得る話なのである。

時代と世界は違うが、一六世紀、スペイン人のコルテスという人物が、アメリカ大陸のアステカ帝国を滅ぼしたという事件があった。アステカ人がケツァルコアトルという神の再来の伝説を信じ、まさにその時期に到来したスペイン人をケツァルコアトルであると信じて降伏したのである。かように古代では、あっさりと国や王位を譲ってしまうことがみられる。

他にも特別な自然現象を、ある人物が引き起こしたとして民衆が平服してしまうことは、古代、いや現代においても珍しくないのである。

十四世紀に新田義貞が鎌倉攻めの時、稲村が崎で海に剣を投じて潮を引かせたとか（時間によって潮は満ち引きするが、海を見たことのない武士は、義貞に神の助けがあると思った）、また逆に、古代に日食が起きた時、女王の力不足だとして王が殺害されることもあったという。

また神功皇后自身も、自分に超人的才能があるかのように振る舞い、配下の人達も仲哀天皇の件以来、皇后には神通力があるとか神の助けがあると信じていたものと思われる。当然、倭の軍勢は、津波は皇后が引き起こしたものであると吹聴したであろう。それらにすっかりうろたえてしまった新羅の王は、見境もなく降伏してしまったというわけである。さらにこの事情を聞いた百済と高句麗も降伏（実際はそうではない）したのである。

以上から考えると、神話的な御伽噺とみられていた神功皇后の新羅遠征は、その否定の根拠となっていた現象を自然科学的な面から検討していくと、決して荒唐無稽な架空の話ではなく、実際にあり得る話であるということがはっきりと言える。

改めていうが、津波は神功皇后が神通力で起こしたわけでは決してない。軍船の到着と津波の襲来が偶然一致しただけなのである。

もちろん、その確率は非常に低いが、絶対ありえないことではない。その絶対ありえないわけではないことが、この時起こったのである。

日本に元の大軍が船で押し寄せた時に、大風が吹いて元の船がほとんど沈んでしまったという事件が十三世紀にあったが、これも偶然大風が吹いただけなのであるが、日本人は「神風」

だとして、日本は神の国だから神が大風を起こして日本を護ったのだと信じてきたのである。

それでは、果たして日本海西部に大地震津波があったのであろうか。

まず、大地震の発生のメカニズムからみてみよう。

大地はプレートの移動等によってたえず圧力を受け続けているのであるが、普段は硬い岩盤によってその圧力を支えて安定を保っている。そしてその限界を超えると、瞬間的に破断することがある。その時起こる振動が地震で、いわゆるバキンと棒が折れるようなものである。

その破断した箇所には亀裂が生じ、そこの地盤はくい違い状態となる。そのくい違いは、水平に動く場合と上下に動く場合の二通りに分けられるが、この地盤が上下に動く時に海水が押し上げられたりひき込まれたりすることにより、津波が発生するのである。

そこで、日本海西部、朝鮮半島東方に、大津波を起こしたと思われる地殻変動の痕跡はみられるのであろうか。

海岸の地形を調べてみると、所によっては山が直接海に落ち込まず、山の斜面と海との間が帯状の台地となっている所が見られる。

これを海岸段丘とよび、時には数段重なっている所もある。

この海岸段丘の成因は、海水が岸に打ちつけて山を削り、平磯（江ノ島の東側、洞窟の近くに好例の所がある）をつくった後、地震で海岸が隆起して平磯が地上に現れ台地となったことにある。つまりこの地形のある所は、近くに大地震の震源地があったということである。

そしてこの地形が朝鮮半島東南部の長鬐岬にある。（地図2）

地図をご覧いただきたい。岬の突端とその東側南方にかけて、平地が帯のように続いているのがわかると思うが、これが海岸段丘なのである。そして、この成因は地震による土地の隆起と考えられるのである。そして西側は、沈降による断層崖である。

もちろん、これを隆起させた地震が神功皇后の時代のものであるかはまだわからないが（地図でみると隆起は何度もあったようである）、長鬐岬周辺が大きな地殻変動が起こる所だということは間違いないと思う。（長鬐岬そのものが大きな地殻変動により生じたものである。迎日湾の西岸と東岸は断層崖である）

そして将来地震考古学が進展していったならば、長鬐岬の近くにこの大地震津波を起こした地殻変動の痕跡が発見され、その生成の時期が十年単位でわかるようになれば、神功皇后の新羅遠征の時期も分かると思う。

かようにして、神功皇后の新羅遠征は、御伽噺的に表現されているようにみえるが、その内容を自然科学的に検討してみると、十分にありうることなのである。

となると、四世紀にはじまる大和朝廷による半島進出も現実であり、それは神功皇后によって嚆矢《こうし》となしたとみてよいであろう。

皇后の新羅遠征は、神懸かりによるものだというのであるが、次の問題はこの神懸かりの背景である。

前述したように、本当に神の命《めい》等ということは存在しない、それは皇后の深層心理の表れであるが、それでは彼女の口をついて出た、彼女の心に潜んでいたものは一体何なのであろうか。

次の項では、彼女のその心の底を探っていく。

（地図１）

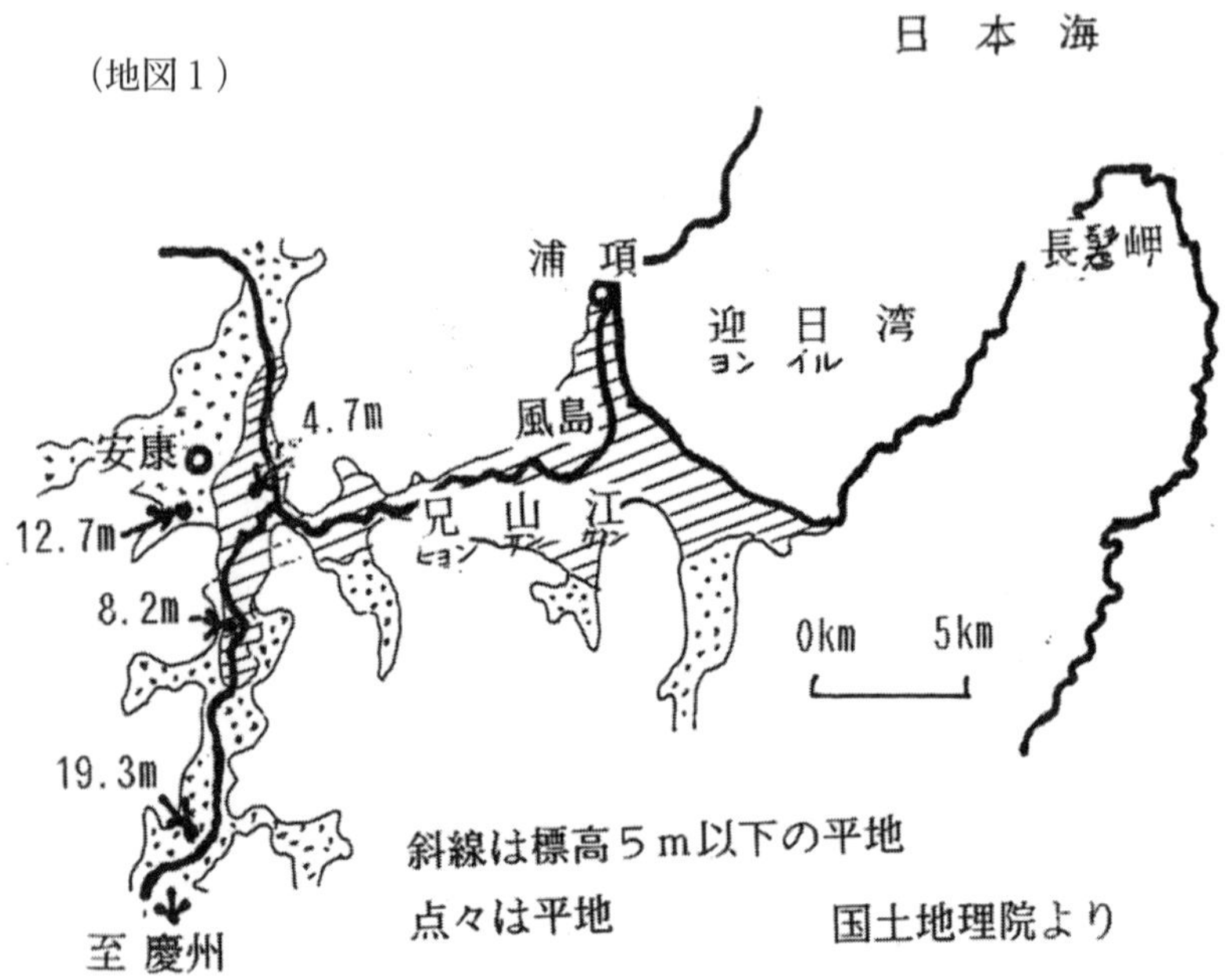
日本海
浦項
迎日湾《ヨンイル》
長鬐岬
風島
4.7m
安康
12.7m
兄山江《ヒョンサンガン》
8.2m
0km 5km
19.3m
至慶州
斜線は標高５ｍ以下の平地
点々は平地
国土地理院より

（地図２）

長髻岬《チャンキー》

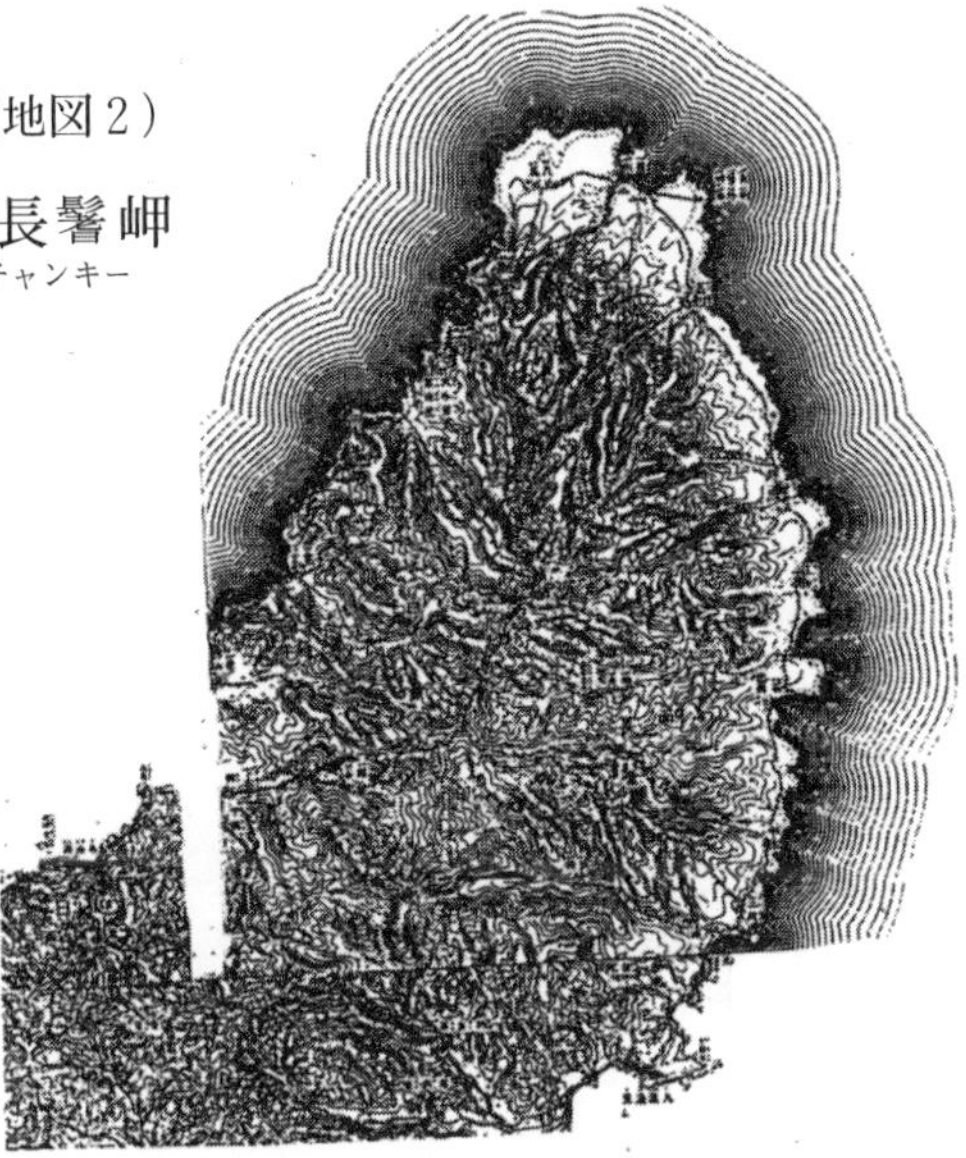

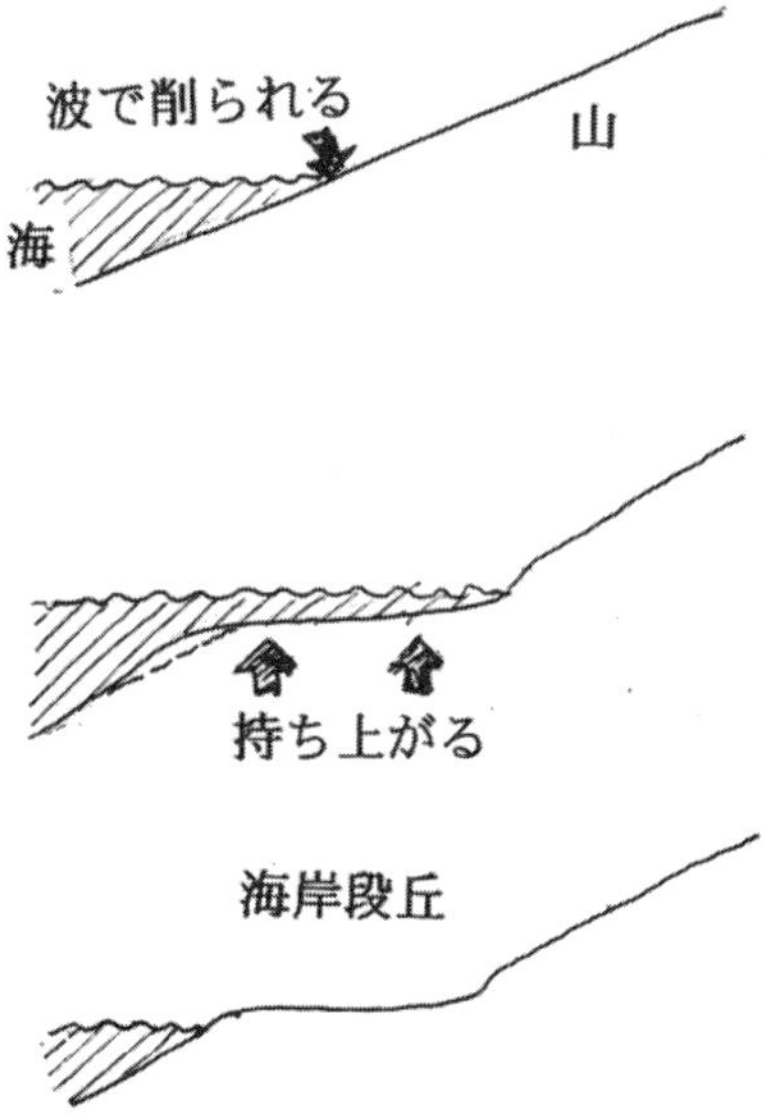

第二章　神功皇后と気比《けひ》大神

一体何故、神功皇后は神託において新羅の名を挙げたのであろうか。全く聞いたこともない国の名を挙げるはずはないのであるから、そこには何か彼女の心の奥底にひそんでいたことがあったはずである。

それを探るために、彼女と関わりのある神々について調べていく必要がある。

神功皇后と神々というと、まず挙げられるのは八幡の神とか住吉の神なのであるが、ここで挙げられるのは、気比の大神である。

私がこの神功皇后を研究していく中で、彼女の行動と運命にもっとも大きな関わりがあり、影響を与えたのは、この気比の大神であると思っている。

気比大神《ケヒオオカミ》は、福井県敦賀《つるが》市曙町の気比神宮《けひじんぐう》に鎮座している。

気比神宮は、敦賀市街地の港の近くにある。

越前国一ノ宮（北陸道総鎮守社）であり、この地は、地勢からみて若狭国とも見えるが、実は越前国である。リアス式海岸である若狭湾の東端の敦賀湾奥にある。天然の良港であり、小さいながらも平野があり、南へ山を越えると直線距離で一八㎞ぐらいで琵琶湖に出ることができる。

そのため、ここは古来からの交通の要衝であり、そこにこの気比神宮は、太古の昔から鎮座していた。

祭神は七座。

伊邪沙別命《イザサワケノミコト》（気比大神）　帯仲津彦命《タラシナカツヒコノミコト》（仲哀天皇《ちゅうあいてんのう》）

息長帯姫命《オキナガタラシヒメノミコト》（神功皇后）　日本武命《ヤマトタケルノミコト》

誉田別命《ホムタワケノミコト》（応神天皇）　玉姫命《タマヒメノミコト》

武内宿禰命《タケノウチノスクネノミコト》

である。

これらの七座の中で、元から祭られていたのは、伊邪沙別命《イザサワケノミコト》である。伊邪沙別命《イザサワケノミコト》は神代からこの地に鎮まり給ったという。事実、伊邪沙別《イザサワケ》の「伊邪《イザ》」は、イザナキノ命、イザナミノ命の「イザ」と同じことであろうから、まさに神代の時代まで遡るといえる。また高天原《タカマノハラ》神話とは別の神話があったとも考えられる。

帯仲津彦命《タラシナカツヒコノミコト》、誉田別命《ホムタワケノミコト》、武内宿禰《タケノウチノスクネ》、玉姫命《タマヒメノミコト》の四神は、皇后にまつわる人達である。

そして皇后は、この敦賀にいたことがあるというのである。

ただし皇后が居たのは、現在の気比神社ではなく、そこから海をへだてて北西に六㎞離れた常宮《じょうぐう》という所だという。

この常宮《じょうぐう》という所は、地元の人以外にはあまり知られていないらしく、神功皇后のことで常宮《じょうぐう》までいってきたといったら驚かれた。事実、私も某書を偶然見なければ見落とす所であった。

そこはバスが一日に三本しかない所で、地図でみると敦賀湾西岸に面した小さな集落であった。敦賀駅についたとき、都合のよいバスがなかったので、気比の松原までバスで行き、あとは歩いた。海沿いの道を大体一時間ほどで常宮に着いた。神社の名は「常宮《じょうぐう》神社」である。

着いてみると、びっくりするほど立派な神社であった。

建物は装飾がほどこされ、境内も丁寧に手入れがなされていた。村の小さな神社ぐらいと想像してきたものだから、こんな所にこんな立派な神社が、と驚いた。

当日は雨で、ひとっこひとりいなかったが、某書の著者が訪れたときには、平日であるにもかかわらず、つぎつぎと若いカップルや、生まれたばかりの赤子を抱いた家族連れがやって来たという。それはここが、懐妊していた皇后がこの地で腹帯をつけた所から、安産の神として知られているからだそうだ。宮司さんの話では、皇后はずっとここに住まいし、遠征に出航したのもここからだという。

ここは、気比神宮の奥宮《おくのみや》なのであった。

現在の常宮神社の御祭神は、本殿に天八百萬比咩命《アメノヤオヨロズヒメノミコト》・神功皇后・仲哀天皇、東殿宮に日本武命、総社宮に応神天皇、平殿宮に玉妃命、西殿宮に武内宿禰命である。

このうち天八百萬比咩命（常宮大神）は、上古より養蚕の神として霊験あらたかにして、此の地に鎮まり給うたという。敦賀はもちろんのこと、南条郡滋賀県北部の信仰を集めたという。

「仲哀天皇の即位二年春二月に天皇・皇后御同列にて百官をひきいて敦賀に御幸あり、笥飯《けひ》の行宮《かりみや》を営み給うた。（略）神功皇后は二月より六月まで此の常宮にとどまり給い、六月中の卯の日に海路日本海をお渡りになり、山口県豊浦の宮にて天皇と御再開遊ばされ給うた。

この由緒を以って（略）大宝三年勅を以って社殿修造し、神功皇后・仲哀天皇・応神天皇・

日本武命・玉妃命・武内宿禰命を合わせまつられた。

しかしそれ以前は気比神宮の奥宮として、一体両部上下の信仰が篤く、小浜藩政時代、気比の宮の境外の摂社として祭祀《まつりごと》がとり行われた。明治九年社格制度によって県外常宮神社となって気比神宮より独立いたしたという」。（社殿の説明板）

そしてこの敦賀には総参祭《そうのうまつり》（七月二十二日十一時）という祭りがある。

「気比神宮宮司以下、神職、気比の神々を船型の神輿にうつしまつり、御座船神宮丸に奉安して御幸の浜より船出する。沿岸の漁業者小舟に分乗し御座船を曳行し常宮へ海上渡御され、正午本殿にて祭典あり、午後三時御帰還される。当日お供の船をはじめ海上よりの参拝者多く、終日境内はにぎはう。総参《そうのう》とは此の祭事に神人すべてあずかり参ると言う特殊な再転の意味であろう。（以下略）」

つまり、気比の本宮からここ奥宮へ皆でお参りにくるという祭りなのである。

この祭りは、神功皇后以下六柱の神々が祭られる以前からの、気比神宮本来の祭りなのである。

現在は天八百萬比咩命《アメノヤオヨロズヒメノミコト》が主神ではあるが、元々は気比神宮の奥宮《オクノミヤ》なのであるから、伊邪沙別命が主神だったのである。

その常宮の地に神功皇后が来たというのである。神社の境内は思いのほか狭く、山が海に迫り、神社そのものが海に面しているという状態である。本格的な宮処を構えるような所ではなく、敦賀の町とは船で通うような所であった。

それでは、何故この場所に、または敦賀に仲哀天皇と神功皇后はやってきて行宮《あんぐう》を構えたのかということである。

それを解く鍵は、皇后が神懸かりするということにあったと考える。記紀には皇后が神懸かりをする場面が度々でてくることから、彼女は霊能者であったことがわかる。その場の情況からみて、この神懸かりは一時的なことではなく、恒常的なことであり、その業を専門としていたとみてよい。そしてそれは、彼女が皇后になる以前からのものであると考えられる。

このような能力は、生まれついてのものであることが多いから、幼少のころから神懸かりをして、神託を伝えていたものであろう。

邪馬台国の女王、卑弥呼も神懸かり（鬼道）をしたとみられ、生涯独身であった。大和の倭迹迹日百襲姫命《ヤマトトトヒモモソヒメノ》は三輪山の神と結婚したという。ということは、古代においては、霊能力を持つ女性は、生涯神に仕えたり、神と結婚することが多かったのではないだろうか。

とすると、神懸かりをする神功皇后も、将来は神に仕えるか、神と結婚することになっていたのではないだろうか。

そしてその対象が気比大神であったと考えられる。

それならば、皇后と気比大神の接点は何だったのであろうか。

神功皇后の名は息長帯比売命《おきながたらしひめのみこと》といい、出生地は近江国の坂田郡息長《さかたぐんおきなが》であるという。現滋賀県坂田郡近江町息長である。国道沿いに神功皇后生誕の地の看板が立っている。

ここは琵琶湖の東岸にあたり、交通の要衝である米原《まいばら》の北隣である。ここは東海道と北陸道の分岐点でもある。ここに息長氏が居住していたことは、更級日記《さらしな》に「おきなかしのところに泊まった」とでてくる。

そして北陸路を北へ四十㎞行くと、敦賀へと出る。陸路の他に湖水を利用することもできる。水上交通の方が便利であり、このルートの最大の利点はそれである。

このルートは古来、日本海側と大和等内陸とを結ぶ交通の絶好の位置にあり、敦賀はその要《かなめ》にあたる。その結果、敦賀に座す気比大神の信仰圏はこのルートの琵琶湖沿岸まで広がっていたと考えられる。もちろん息長の地も、その信仰圏の中にあった。

また、敦賀の港は、日本のみならず、日本海周辺の国々から来た人々も上陸する重要な港の一つである。

崇神天皇の御代に、大加羅国（半島南部弁韓《ベンカン》の中の一国か）の王子の都怒我阿羅斯等《ツヌガアラシト》なる人物が日本に渡来した時に上陸した所でもある。

敦賀は和同三年（七一三）に改名するまで「角鹿《つぬが》」とよばれていたが、これはツヌガアラシトのツヌガからきたものである。彼は額に角が生えていたというが、これはツヌガアラシトがツノガアルヒトに聞こえたことから、そのような言い伝えが生じたものと考えられる。実際に角が生える病気があるということではあるが、気比神社の境内に「角賀神社」がある。敦賀の地名については、後でもう一度ふれる。

次に来たのは天之日矛《あめのひぼこ》である。

天之日矛は、垂仁天皇の三年春三月に来日した新羅《しらぎ》の王子であるという。天之日矛は、瀬戸内海を通り播磨《はりま》国につき、それを聞いた天皇は住む所をしめされたが、天之日矛は自分の心にかなった所に住みたいといって、一族を引き連れ、宇治河を遡って近江国の吾名邑《あなむら》（和名抄に坂田郡阿那郷がある。現、滋賀県坂田郡近江町箕浦付近）に入った。近江国の鏡邑《かがみむら》の谷《はざま》の陶人《すえびと》は、天日槍《あめのひぼこ》に従っていた者であるという（鏡村は蒲生郡であるという。後世の鏡宿であり、鏡谷は鏡山の東麓で、近くに須恵の地名があるという）。その後、若狭国を経て、但馬国に移り住んだ。

そして、皇后の母の葛城《かつらぎ》の高額比売命《たかぬかひめの》はこの天之日矛の子孫であるという。皇后の故郷は天之日矛の寄った所で、かつ皇后は天之日矛の血をひく者なのである。

皇后にとって、新羅の国はまったく無縁の地ではないのである。

父は息長宿禰で、開化天皇の四世の孫である。近江国の息長の豪族であったことが伺われる。その息長氏が、天日矛を祖に持つ多遅摩《たぢま》氏の娘を妻に迎えたのである。その子が息長帯比売であった。

気比神宮の信仰圏に、皇后の居住していた坂田郡も入っていたであろうから、息長氏も敦賀の地へ年に何回か参詣に訪れたものと考えられる。その時は、当然幼い神功皇后もともに敦賀へと参ったものであろう。

そして参詣が終った後、一家は宮の近くの海岸で遊んだものであろう。そして、おそらく皇后の母は、西の海の向うを指さしながら、

「お前の先祖の天之日矛は、この海の向うの栲衾新羅《たくぶすましらぎ》という処から来たんだよ。そこは、目に眩《まばゆ》い金・銀・彩色等がたくさんある所なのだよ」

と語りかけたものであろう。そしてそれは、幼い皇后の心に刻み込まれることとなったのである。

神功皇后が仕えることとなった神は、ここ敦賀の気比神宮の気比大神であったろう。おそらく神のお告げがあったのであろう。そうして皇后は、気比神宮の奥宮である常宮神社に篭ることとなったのだろう。

そして、このまま一生を神に仕えて過ごすはずであったのだが、事態は思わぬ方向へと進むこととなった。

それは仲哀天皇に召しだされて、妃の一人として仕えることとなったからである。「香椎宮《かしいのみや》縁起《えんぎ》」では、皇后が后となったのは二十四才の時であったという。これは二倍年暦（一年を二つに分け二年とする暦法、後述する）であるから、十二才の時のことである。

普通の人であるならば、本人のみならず一族にとっても光栄なこととして喜び歓迎されるはずであるが、神に仕えると決めていた皇后にとっては、驚天動地のことであったと考えられる。しかし、天皇の命令であるならば逆らうわけにもいかず、また親をはじめ一族の人々は喜んでいることを考えると、渋々ながらも天皇のもとに参ったものであろう。

当時の都は、琵琶湖西岸の高穴穂宮《たかあなほのみや》（現滋賀県大津市穴太《あのう》）にあり、景行《けいこう》天皇が造営し晩年を過ごした地であり、次の成務《せいむ》天皇もここを都としていた。当然仲哀天皇はここで生まれ育ち即位したものである。記紀には、仲哀天皇は穴門《あなと》の豊浦宮《とよらのみや》（山口県下関市豊浦村）及び筑紫の香椎宮《かしいの》（福岡県福岡市）で天下を統治したとして、他の宮のことは何も書いていないが、この二つの宮は、九州征討の時の行宮なのであり、即位してから近畿に居て宮を定めなかったわけではないであろう。その本来の宮は、前帝成務天皇の都していた「志賀の都」であったのである。現滋賀県大津市穴太《あのう》にあり、後の天智天皇の造営した近江京の北に位置する。高穴穂宮と呼ばれ、現在、宮の一角に高穴穂神社がある。社伝によれば、神社の創建は当地にあったと伝える成務天皇の高穴穂宮の頃にさかのぼる。景行《けいこう》天皇が高穴穂宮で崩御した後、次の成務天皇が先帝の遺徳を偲んで宮内に社をたてて祀ったことに始まるという。境内には、本殿・拝殿をはじめ、八坂神社笥飯《けひ》神社の小祠・神輿庫等が建つ。祭神は景行天皇・住吉神・事代主神《ことしろぬしの》他の五柱である。

神社の裏の山よりに、高穴穂神社のお旅所《たびどころ》があり、その一角に、かつては清水が湧き出ていた井戸がある。地元の人々の間では、この井戸の水で仲哀天皇が産湯《うぶゆ》をつかったとのいい伝えがあったという。今この泉は枯れてしまっているが、昔は産湯の水の冷水をもとめて、多くの人々が遠方から足を運んで来たという。今はフェンスで囲まれた林の中の、そのまたフェンスで囲まれていて、近所の人もあまり知らないようであった。また、高穴穂神社の裏手には、やはり深い木立に囲まれて、元帥伯爵の東郷平八郎の筆による大正十五年建立の高穴穂宮跡の大きな石碑が建っている。今では神功皇后は、非実在説が主流であるが、ほんの少し前までは実在しており、疑いを差し挟むことはできなかったのである。

皇后が召された時には、仲哀天皇は既に叔父彦人大兄《ひこひとおおえ》の女《むすめ》、大中津比売《おおなかつひめ》を正妃としており、香坂《かごさか》王、忍熊《おしくま》王の二人の皇子がいた。そしておそらく香坂王が後継者とされていたと考えられる。そうした宮の中、その宮殿に、新しい妃として召しだされた少女がどのような立場に置かれたのかを種々の資料や人間の心理や行動等から追っていってみたい。

神功皇后と、皇后という言葉を使ってはいるが、彼女ははじめから皇后であったわけではない。天皇を取り巻く多くの妃の一人にすぎないのであった。正妃、つまり本来の皇后は、大中津比売である。息長帯比売命が皇后となるのは、もっと後のことである。

そうした宮の中で神功皇后がどのような立場をしめることになったのかというと、どうやら仲哀天皇の寵愛を、一身に集めたようなのである。しかも昼となく夜となく、彼女を傍においていたようなのである。その結果は当然、正妃他の妃達の嫉妬をもまた、一身に集めることとなったのであろう。当然、種々の嫌がらせやいじめが繰り返されたものと、常識的には考えられる。こうしたことは、親元をはなれた十二、三才の少女にとっては、かなりの心の負担となったことは十分に察せられる。神功皇后の宮殿での生活は、天皇の寵愛を一身にうけているとはいえ、決して安寧の日々であったとはいいがたいものであったろう。しかも、寵愛を受けているとはいえ、彼女の心は天皇から離れていたのである。（この件については次の項でのべる。）

やがてそうしているうちに、最初の御子である譽屋別命《ほむやわけの》が生まれた。

あまり知られていないのであるが、神功皇后には二人の御子がいた。一人は言わずとしれた後の応神天皇の譽田別命《ほむたわけの》であり、もう一人はこの譽屋別命（紀においては、譽屋別皇子は大酒主《おおさかぬし》の女《むすめ》、弟媛《おとひめ》の子となっている）である。しかし、この譽屋別命については、名のみ記されているだけで、他に一切の記述がないことから、この皇子は夭折したものと考えられる。紀に他の妃との間の子と記されているのは、神功皇后は応神天皇しか出産していないとした方が具合がよいと判断されたからであろう。

最初の御子である譽屋別命が生まれ、じきに亡くなってしまったとしたら、それはおそらく神功皇后にとってはかなりの精神的打撃であったと考えられる。

これらの出来事は、彼女の心に大きな傷となって残った。

そうした中、彼女の心に浮かんだのは、かつて自分が篭ろうとした気比神宮奥宮であったのではないだろうか。そうして彼女はトラウマを抱えたまま宮中を脱出し、敦賀へと向かったのであった。これが神功皇后が敦賀にいた理由である。

敦賀の青い海を見ながら心の傷を癒している皇后の所に現れたのは、ほかならぬ仲哀天皇であった。天皇は、どうにも皇后から離れられなかったものであろう。

これほどまでに天皇が皇后にのめりこんだのは、皇后の美貌の故であった。

日本書紀に、

「幼児から聡明で叡知であらせられ、容貌もすぐれて美しく、父もいぶかしがられる程であった。」とある。

特に容貌の所には「はなはだ顔よし」と仮名がふってある。皇后はまさに絶世の美女であったのである。そして、彼女に最も惚れ込んだのが仲哀天皇だったのである。案外、天皇はロリコン（ロリータコンプレックス＝性愛の対象を少女にのみ求める性格者のことで、ウラジミール・ナボコフの小説「ロリータ」の主人公の名からきた）であったのかもしれない。正妃や他の妃達には目もくれず、皇后を追いかけて来たものであろう。そして、都に戻るように説得をしたのである。

しかし、皇后の心の傷は意外と大きく、どうしても都に戻りたくないと拒んだものと思われる。どうにもあの忌まわしい記憶の残る宮には、戻りたくなかったものであろう。

それに対し仲哀天皇は、驚くべきことに「それでは都をここに移してともにここに住もう」

と譲歩したようなのである。

このことは、気比神宮の御誓祭《みちかいまつり》という祭礼に表れている。

「誓祭　旧暦二月六日　社記云仲哀天皇御宇二年二月六日此地ニ行宮ヲ興テ居之同日自ラ笥飯大神ヲ拝参シ玉ヒ反賊退治ノ事ヲ祈リ且ツ天皇深ク此地ヲ愛慕シ玉フヲ以テ永ク皇居ヲ此地ニ定メ玉ハントノ二事ヲ誓ヒ玉ヘリ故ニ本日神事ヲ修業シ号ケテ誓祭ト云」（敦賀郡神社誌）

これほどまでに天皇は、神功皇后とともにいたいと願っていたのである。

案外、神功皇后を本当に皇后の位につけたかもしれない。

対して、皇后の方はどうだったのであろうか。

追いかけてきた天皇に対し、皇后は喜んだであろうか。それとも愕然としたであろうか。

私は、皇后の心は表面的にはともかく、実際は全く天皇になかったものと考えている。そもその原因は、神に仕えようとしていた皇后を、おそらく一方的に召して妃としたことにあるからである。その張本人に対していい感情はなかったであろうし、後述するが、ある事情により天皇に対して大変なトラウマを抱えていたようなのである。それは、次の九州遠征のときの、皇后の神懸かりの言動にあらわれてくることとなる。

三月に天皇は、百官と皇后を敦賀に留め置かれたまま南海道を巡行した。紀伊国の徳勒津宮《とくろつの》におられた時、九州の熊襲《くまそ》が叛《そむ》いたので征討のため穴門《あなと》（山口県）に向かった。そして皇后に穴門に来るように使いを送った。

皇后は敦賀の地を離れることとなった。

そして記録の上では、二度とここを訪れることはなかった。

第三章　神功皇后と住吉大神

住吉大社は、大阪市住吉区住吉二丁目、摂津国住吉郡神戸郷にある。

大阪の南海電鉄の住吉大社駅の改札口を出て、東側へ歩いていくと、目の前に石作りの大きな鳥居が見え、その奥に大きな太鼓橋が見える。反橋《そり》という名の橋で、淀君《よどぎみ》の寄進と伝えられる。反橋はかつての入江の跡の池（神池）を跨いでおり、それを渡ると左手に手水舎《ちょうずしゃ》がある。その先に石段があり、四角い柱の石の鳥居があり、「住吉神社」の扁額《へんがく》がかかっている。四足門《しそくもん》をくぐると、正面に本殿が現れる。これは第三本宮である。

実は、住吉大社には四つの本殿があり、その並び方も特異で、縦に三つの本宮が（奥から第

一、第二、第三本宮）が並び、さらに第三本宮の右隣りに第四本宮がある。各本宮ともに本殿は住吉造りとして、神社建築史上最も古い様式の一つで、妻入《つまい》り式の力強い直線形をなし、四本殿とも国宝に指定されている。

第一本宮には底筒男《そこつつのを》命、第二本宮には中筒男《なかつつのを》命、第三本宮には表筒男《うわつつのを》命、第四本宮には息長足姫命すなわち神功皇后が祭られている。

御由緒に、

「底筒男命、中筒男命、表筒男命の三神を総称して住吉大神と申しあげます。住吉大神の『吾が和魂をば宜しく大津渟中倉長峡《おおつねなかくらのながを》に居《を》くべし、便《すなは》ち因《よ》りて往来《いきか》ふ船を看《み》む』との御神託により、神功皇后がこの地に御鎮処になりましたのが皇后の摂政十一年辛卯（西暦二一一年）と伝えられています。」とある。

つまりこの住吉大神をこの地に勧請したのは、神功皇后であるということである。

この地は、大阪市のほぼ中央を南北に横たわる上町《うえまち》台地の南端にあたり、西は海に面している。よって住吉神社の本殿も西向きとなっている。

「古くから海上守護神として尊崇され、奈良時代には遣唐使の航海無事を祈願し、近世以降も内海航路の海運業者や漁民たちが信仰する社であった。中世以後は、農業神として農民から崇られ、文学上の神としても多くの歌人から称えられている。『住吉大社』（住吉大社編・学生社刊）」という。

住吉大社は大阪の総鎮守であり、総氏神で、古くは摂津国の一の宮とされた。

初詣では毎年二百万人以上の人々が参詣し、祭事も盛んである。数多くの祭典神事が行われ、その中でも、御田植神事は重要無形民俗文化財に指定されている。

関西でも屈指の神社であり、多くの人々の崇敬を受けている神社なのであるが、住吉三神の出身は北部九州であるらしいのである。

それでは何故、九州の神々である住吉三神が神功皇后によって、この大阪の地に祭られることになったのであろうか。

九州出身の住吉三神とは、どのような神々なのであろうか。

その由来は、古事記に次のように表されている。

事は神代の時代、国生みの時代のあたりにまで遡る。

国々を生み、その後に神々を生んだイザナギ、イザナミの二神は、最後に迦具土《カグツチ》神を生んだ所、その熱さのためにイザナミノ命は死に、黄泉《よもつ》国へと去っていった。イザナギノ命は妻が恋しくなり、黄泉国へ行った所、変わり果てた妻の姿を見て驚き逃げ帰ってきた。そして、体が穢《けが》れたとして筑紫《ちくし》の日向《ひなた》の橘の小門《おど》の阿波岐原《あわぎはら》において禊《みそ》ぎ祓《はら》ひをしたのであるが、その時にまた新たな神々が生まれた。

「次に水の底に滌《すす》ぐ時に、成れる神の名は、底津綿津見《そこつわたつみの》神。次に底筒之男《そこつつのをの》命。中に滌ぐ時に、成れる神の名は、中津綿津見《の》神。次に中筒之男《の》命。水の上に滌ぐ時に、成れる神の名は、上津《うはつ》綿津見《の》神。次に上筒《うは》之男《の》命。この三柱の綿津見《の》神は、阿曇連等《あづみのむらじら》の祖神《おやがみ》と以《も》ち拝《いつ》く神なり。故《かれ》、阿曇《の》連等は、その綿津見《の》神の子、宇都志日金拆《うつしひがなさくの》命の子孫《うみのこ》なり。その底筒之男《の》命、中筒之男《の》命、上筒之男《の》命の三柱の神は、墨江《すみのえ》の三前《みまへ》の大神なり。ここに左の御目《みめ》を洗ひたまふ時に、成れる神の名は、天照大御神《あまてらすおほみかみ》。次に右の御目を洗ひたまふ時に、成れる神の名は月読《つくよみの》命。次に御鼻《みはな》を洗ひたまふ時に成れる神の名は、建速須佐之男《たけはやすさのをの》命。」

底筒之男命、中筒之男命、上筒之男命の三柱の神は墨江の三前の大神、つまり住吉大神であると言うのである。

そしてこの住吉大神は、天照以下三貴子と同じ時に生まれたというわけである。

ここにいう筑紫《ちくし》の日向の橘の小門の阿波岐原については、国土地理院五万分の一（前原）に日向と小戸が現存している。日向とは福岡市西区の室見川中流にあり、小門は同じく西区の下山門《しもやまと》の北方に小戸の地名がある。

この神話は宮崎県が舞台ではないかと思われるであろうが、日本書紀の編者は場所の設定を誤っている。日向（各地に、読みはひむか、ひゅうが、ひなたという地名である）を宮崎県としているが、これは、福岡市西部にある日向《ひなた》が正しいであろう。

これらの神々の誕生は、筒之男命、綿津見神ともに三神ずつで交互に生まれているのであるが、筒之男命三神は博多の住吉神社に祭られている。綿津見神三神は、博多湾の北部の志賀島《しかのしま》の志賀海《しかうみ》神社に祭られている。

しかし、宮崎県には綿津見神を祀る神社はないという。筒之男命については、宮崎市の大淀川の河口近くに住吉神社（宮崎市塩路）がある。

そして志賀海神社は志賀島を本拠とする阿曇《あずみ》一族の氏神である。

つまりこれは、日本書紀に沿って日向国（宮崎県）に住吉神社を作ったが、共に生まれた綿津見神社は、神話の進行に関わりのないことから作り忘れたのである。

こう見てくると、これらの神々の生誕抄は、福岡市西部の小戸の阿波岐原でよいであろう。貝原益軒《かいばらえきけん》の『筑前国続風土記』は「筑前の国の中で、小戸《おど》は姪浜《めいのはま》にある。立花（橘）は粕屋郡および怡土郡にある。阿波岐原《あわぎはら》という地名が志摩郡と筵田郡《むしろだ》にある」とある。

筑紫とは、もとは福岡県北西部を指し、筑紫野市原田字森本に白日別命《しらひわけの》を祭神とする筑紫神社があり、ここが筑紫の発祥の地と考える人もいる。

日向とは、室見川の西岸一体を指す（神武天皇が兄弟と相談した日向とはここのことである）のであるが、伊邪那岐命《イザナギノ》が禊ぎをした場所については、現在の地形は当時とだいぶ異なるので、二千年前は、このあたりはどのような地形であったのか考えて探し出さなければならない。

当時は、海はもっと内陸に入りこんでおり、河川の流路も異なるとみてよい。現在は、小戸の近くの川は十郎川であるが、とてもこの川では禊ぎはできないであろう。近くのもっと大きな川は室見川である。今は北東の方に河口があるが、当時はもっと西の方、現在の生《いき》の松原の辺りで博多湾にそそいでいたとも考えられる。その河口付近で（現下山門の小戸のあたり）、これらの神々は生まれたものと考えられる。

そこからは志賀島も博多の住吉も近いのである。

また、室見川の上流の背振山地が高天原であるから、伊邪那岐命が高天原に帰って行く時の入口にもあたるのである。

ここまで予備知識を書いた所で、皇后の敦賀からの行動に移りたい。

天皇の命により敦賀を立った皇后は、海路長門国に向かったという。日本海を全て通ったのではなく、大部分は瀬戸内海を進んだようなのである。というのは、瀬戸内海沿岸に皇后が通ったという伝説が、数多く残されているからである。

日本書紀に「夏六月十日、天皇は豊浦津《とゆらのつ》（山口県豊浦）に泊られた。皇后は敦賀から出発して、淳田門《ぬたのみなと》（福井県）に至り、船上で食事をされた。そのとき鯛がたくさん船のそばに集まった。皇后が鯛に酒をそそがれると、鯛は酒に酔って浮んだ。そのとき漁人はたくさんその魚を得て、よろこんでいった。『聖王（神功皇后）のくださった魚だ』と。

そこの魚は六月になると、いつも浮き上がって口をぱくぱくさせ酔ったようになる。それはこれがもとである」とある。

淳田門については、伴信友《ばんのぶとも》の神社私考の若狭三方郡常神社《みかたぐんつねじんじゃ》の考証に、小浜《おばま》の人、木崎幸敦の「常神と丹生浦とのさし出したる岬（今の常神岬と立石崎か）の間を、むかしの老人の能多乃登と云ひし…、との聞書をあげ、若狭の浦人たちは『波の太（いた）く起てうねるをヌタといひ、またノタともいひて…』という。」とある。

これから皇后は敦賀より船出して若狭の沖を通過したことがわかる。

鯛が海面に浮き上がってくる現象は、千葉県房総の鯛の浦でも現在みられる。

しかし、その後は瀬戸内海を進んだようである。

風土記には、神功皇后に関する地名と伝承が記されているが、皇后が瀬戸内海を西へ行くのと関係した記述が播磨国風土記（印南《いなみ》郡〈加古川市周辺〉）（餝磨郡《しかまぐん》〈姫路市〉）（揖保《いひほ》郡宇頭川御津〈御津市〉）（讃容《さよ》郡〈淡路島北端〉）、備前国風土記の牛窓《うしまど》〈岡山県邑久《おく》郡牛窓町〉、伊予国風土記の温泉〈伊予の湯〉とある。

こういうことから、皇后は若狭を通過したのちに丹後か但馬に上陸したあと、陸路瀬戸内海に出て、そこから再び海路をとったことがわかる。推定行路は、丹後の由良川から播磨の加古川に入り瀬戸内海に抜けたか、但馬の円山川から遠坂峠を越えて播磨の加古川に入り、瀬戸内海に出るコースである。

円山川沿いは皇后の先祖の天日矛《あめのひぼこ》が住んでいた所であり、出石《いづし》神社や養父《やぶ》神社がある。粟鹿《あわか》神社等には、皇后縁りの伝承がある。

琵琶湖を通ったほうが利便はいいのであるが、その場合正妃のいる高穴穂《たかあなほの》宮を無視するわけにはいかないので、トラブルを回避したものと思われる。

これらの皇后伝説の所在する所は、風土記等に記述されているものの他に、民間伝承まで加えると実におびただしい数のものであろう。ほとんどが語呂合わせのような地名由来説話なのであるが、一つの方向性（瀬戸内海を進んだ）があることから、皇后がそこを通過したという事実は認められると考える。日本海沿岸には、皇后伝説は存在しないようである。

しかし、これほど多くの（北部九州ではおびただしい数である）伝承があるのは、その背景には皇后が実際に、その伝承のある地域に立ち寄ったものも多いとみるのが自然である。

安本美典氏は、神功皇后「伝説」について次のように述べている。

「もし神功皇后の新羅進出が史実にもとづくものでないとすれば、神功皇后の事跡は、ほとんど架空につくられたものとなってしまう。とすれば『古事記』、『日本書紀』、『風土記』の編纂は、なんの目的と必要性があって、神功皇后の物語をつくりだしたのであろうか。」「倭の五王の謎」（廣済堂出版刊）

私もそう思う。しかも、仮に記紀の皇后説話が創作だとするならば、記紀の内容に沿った伝承をその関連地に作り上げさせて、それを代々民間で伝承していく等ということができるというのは妄想といえるであろう。そして、その必要もないのである。

たしかに神功皇后は、北部九州に来たのである。

各地に伝わる伝承伝説は、神功皇后が活躍したことに基づいて伝世したものがある。（中には神功皇后にことよせて作られたものもある）

そしてそのおびただしいまでの伝承伝説は、神功皇后の人気の高さをもまた、物語っているのである。

瀬戸内海を西進した皇后は、七月に豊浦津《とよらのつ》に泊まった。そこで如意《にょい》の珠を海から拾われた（タコブネの殻であろうか）という。

九月には、宮室を穴門《あなと》にたてて穴門豊浦宮という。

翌八年春一月天皇は行動を開始する。筑紫に進軍するや北部九州の豪族は続々と帰参した。

そうして、仲哀天皇は、訶志比《かしひの》宮（福岡市東区香椎）に本陣を構えた。

この神社の創建は神亀元年（七二四）で、祭神は、仲哀天皇・神功皇后・応神天皇・住吉大神である。

この地は博多湾東岸にあたり、福岡県北部を東西に分かつ三郡《さんぐん》山地の北西端に近く、南は福岡につながり、西の海には志賀島が浮かぶ。

古来、北部九州の重要拠点であり、魏志倭人伝に云う「好古都国（ハカタ国）」の都であり、かつ「三国史記」「三国遺事」にでてくる「多婆那《たばな》国・竜城《ヨングソン》国（正明国・琓夏国・花廈国）」の都のあった所である。新羅第四世王の昔脱解《せきだつかい》の生まれ故郷でもある。

ここを拠点に天皇は熊襲征伐を行おうとしたのである。

そして作戦を始める前に、皇后が神懸かりをして戦いについての神託を得ようとしたのであった。

此の場面は、「古事記」「日本書紀」では次のように表されている。

古事記では、

「ここに大后神を帰《よ》せたまひて建内宿禰の大臣沙庭《さには》に居《ゐ》て、神の命《みこと》を請《こ》ひき。ここに大后神を帰《よ》せたまひて、言《こと》教え覚《さと》し詔りたまひしく『西の方に国有りる金銀《くがねしろがね》を本《はじめ》として、目の炎輝《かがや》く種種《くさぐさ》の珍《めづら》しき宝、多《さは》にその国にあり。吾《われ》今その国を帰《よ》せたまはむ。』とのりたまひき。ここに天皇答へ白したまひしく、『高き地《ところ》に登りて西の方を見れば、国土《くに》は見えず。ただ大海のみあり。』とのりたまひて、詐《いつはり》をなす神と謂《い》ひて、御琴を押し退《そ》けて控《ひ》きたまはず、黙《もだ》して坐しき。ここにその神、大《いた》く忿《いか》りて詔りたまひしく、「凡そこの天の下は、汝《いまし》の知らす国にあらず。汝は一道《ひとみち》に向ひたまへ。」とのりたまひき。ここに建内宿禰の大臣白しけらく、『恐《かしこ》し、我が天君《おほきみ》、なほその大御琴あそばせ。』とまをしき。ここに稍《やや》にその御琴を取り依《よ》せて、なまなまに控《ひ》きましき。故、幾久《いくだ》もあらずて御琴の音聞こえざりき。すなわち火を挙げて見れば、既に崩《かむあが》りたまひぬ。」

とある。

ここで押さえておきたいことは、まだ熊襲と戦っていないということである。そして皇后は西の国と言っているということ、そして天皇は神託を聞いているうちに死んだということである。

次に日本書紀においては、

「ときに神があって皇后に託し神託を垂れ『天皇はどうして熊襲の従わないことを憂《うれ》えられるのか、そこは荒れて痩《や》せた地である。戦いをして討つのに足りない。この国より、勝《まさ》って宝のある国、譬えば処女の眉のように海上に見える国がある。目に眩《まばゆ》い金・銀・彩色等がたくさんある。

これを、栲衾新羅《たくぶすましらぎ》の国という（栲衾は白い布で新羅の枕詞）。もしよく自分を祀ったら、刀に血ぬらないで、その国はきっと服従するであろう。また熊襲も従うであろう。その祭りをするには、天皇の御船と穴門直践立《あなとのあたいほむたち》が献上した水田―名づけて大田という。これらのものをお供えとしなさい』と述べられた。

天皇は神の言葉を聞かれたが、疑いの心がおありになった。そこで高い岳に登って遥か大海を眺められたが、広々としていて国は見えなかった。天皇は神に答えて、『私が見渡しましたのに、海だけあって国はありません。どうして大空に国がありましょうか。どこの神が徒らに私を欺くのでしょう。またわが皇祖の諸天皇達は、ことごとく神祇をお祀りしておられます。どうして残っておられる神がありましょうか』といわれた。

神はまた皇后に託して『水に映る影のように鮮明に自分が上から見下している国を、どうして国がないといって、わが言をそしるのか、汝はこのようにいって遂に実行しないのであれば、汝は国を保てないであろう。ただし皇后は今はじめて孕《みごも》っておられる。その御子が国を得られるだろう』といわれた。天皇はなおも信じられなくて、熊襲を討たれたが、勝てないで帰った。九年春二月五日、天皇は急に病気になられ、翌日はもう亡くなられた。時に、年五十二。すなわち、神のお言葉を採用されなかったので早く亡くなられたことがうかがわれる。」

とある。

古事記との相違は、天皇は熊襲と戦い勝てなかったということ。そして撤退してきて死んだということ。

皇后は新羅という国名を出し、新羅を従えると熊襲も自然に従うだろうということである。

熊襲とは一般には南九州と認識されている。

古事記には、

「次に筑紫島《つくしのしま》を生みき。この島もまた、身一つにして面四つあり。面毎に名あり。故、筑紫国《つくしのくに》は白日別《しらひわけ》と謂ひ、豊国《とよのくに》は豊日別《とよひわけ》と謂ひ、肥国《ひのくに》は建日向日豊久士比泥別《たけひむかひとよくじひねわけ》と謂ひ、熊曽国《くまそのくに》は建日別《たけひわけ》と謂ふ。」

とある。

つまり国生みの時に登場したとある。ところが日本書紀では、初出は景行天皇の十二年秋七月、「熊襲がそむいて貢物を奉らなかった。」というのがそれである。そして景行紀における熊襲はやはり南九州が舞台となっている。景行天皇が北から平定して来て、南端のあたりが襲の国とか記述されていることから、景行紀の熊襲とは南九州を指すとみてよいであろう。

しかし、仲哀紀における熊襲の地はどちらかというと、北部九州をさしているように思われる。福岡市南部から佐賀県にかけて、クマのつく地名が金隈《かねくま》、雑餉隈《ざっしょのくま》等と集中している。また倭建命が熊襲の首長（王？）を暗殺した所は、佐賀県佐賀平野北部の大願寺（福岡県甘木市南方にも大願寺がある。平塚川添遺跡の近く）ではないかという説もある。

これらから考えると、熊襲とは九州に在住していて、天皇の権威に従わない集団を指すようになってきていたのではないだろうか。

皇后が西の方に国がある、新羅という、金・銀・彩色等がたくさんあるといったのは、神懸かりで意識朦朧とした中で、ふっと、自分の子どものころの見聞（子どものころに近江国息長か敦賀において、彼女の祖先が、西の海の彼方からやってきたことや、そこは財宝で満ちあふれている〈昔も今も、山の彼方の国はすばらしいシャングリラ、エルドラドであるというイメージがある〉、と聞かされていたこと）が頭の中に浮かんできて、それを口走ったからである。

だから新羅は西にあると述べたのである。もし作為があって言ったのならば、ここは北部九州なのであるから、新羅は北の方と言ったはずである。

天皇は、今自分がいる所からみたら、新羅は北になると知っていたであろう。だからこそ西の方に国があると聞いて疑ったのである。しかし、神託であるから一応確かめてみたのであるが、西の方角には国はみえない。(北をみてもみえないが) そこで偽りをなす神として退けたのである。しかし、その後、天皇は訶志比宮で急死することになる。

古事記では神懸かりの最中に、日本書紀では熊襲との敗戦の後となっている。

記紀に共通することは、天皇が神の言葉に逆らったので死んだのではないかとされていることである。当時は神託、つまり神に従わないものには、とんでもない罰があたると人々に信じられていたのである。

また、その後の神懸かりにおいて、皇后は天皇に対して呪いの神託を述べている。

古事記では、再び神懸かりをした皇后は、「一道《ひとみち》に向ひたまへ」即ち一道とは死への道であるから「死んでしまえ」と言われ、書紀では「汝は、国を保てないだろう」と言われた。

そしてその後、事実天皇は死んでしまったのである。

古事記では神懸かりの最中に、書紀では原因不明であるが、戦で負傷して帰ってきて死んだというから、その傷がもとで死んだのであろう。それが神の祟りとして人々の口にのぼったのである（この件に関しての古事記の記述と日本書紀の記述の違いであるが、私は書紀のほうが原型に近いと考える。神の祟りだとすると、古事記の記述の方がありのままといえる。その場で死んだ方が、日がたって死んだというよりも祟りで死んだという印象は強い。つまり古事記の記述はかなり伝承の要素がつよく、語り部が伝えるような物語的内容だったのではないだろうか。それに対して日本書紀のほうは、天皇が戦いに負け、負傷して退却してきてから病死したという。古事記の内容に比して不名誉な記述である。なお仲哀天皇の死については、特異な説では、皇后と武内宿禰によって殺されたとの説がある。原因は両人の密通であるという。そして応神天皇は両者の間に生まれた子であるという。また、前述したが岡山県総社市の総社神社の本殿の絵馬から、皇后が弓で射殺したとの説もある）。

しかしどちらにしろ、当時の人々には、天皇が神託を拒否した結果、罰があたり死亡したと受けとられたということである。

特に神託を拒否する天皇に対する、神懸かりした皇后の怒りと呪いは、神の怒りの恐ろしさを表すのに十分であった。

それでは何故これほどの怒りが、神懸かりでもってみられたのであろうか。

前の章で、神懸かりとは、「人間の潜在意識が神等の別人格の形をとって表面に表れるもの」であり、「心の中にひそんでいた思いが、神のことばをもって述べられている」のであるから、天皇への怒りは、神ではなく皇后の心に内在してあったものであると言えるのである。

それでは、皇后の心に内在していた彼女の怒りとは一体何に起因しているのであろうか。彼女は天皇に対して激しい憎しみをもっており、それがこのような怒りとなって吐露されたものと考えられる。

そもそものはじまりは、彼女がその美貌のゆえに天皇の妃として召しだされたことにある。前章で述べたように、彼女は幼少のころより神懸かりをしており、将来は気比大神に仕えることになっていたのであろう。それをその美貌を聞きつけた天皇が召しださせたのである。おそらく彼女は不本意ながら宮処へ赴いたものであろう。

問題はそれだけではない。妃として召しだされたのであるから、当然天皇との性行為が行われたであろう。しかし当時は、神に仕える者にとって、性行為はタブーであった。それゆえ、神に仕えようと思っていた皇后にとっては、大変な屈辱であったはずである。

さらに問題は、彼女の性行為をはじめて行ったときの年令である。香椎宮縁起によれば、彼女が天皇に召しだされた時の年令は二十四歳であったと記されている。これは二倍年暦であろうから、実際は十二才であったということである。

人間の場合、性行為を行いうる成熟年令は、十五、六才からであり、生理が起これば性行為はＯＫというわけにはいかない。

現代においても、援助交際（素人の女子に対する買春行為）で話題になるのは、圧倒的に女子高生からの年令であり、中学生ともなるとぐっと少なくなり、小学生はまれとなるのには、理由がある。つまり、十一、二才において性行為を行うことにはまだ無理があるという。それなのに無理に行った場合（レイプ等）には、女子にとって大きなＰＴＳＤ（心的外傷後ストレス障害）として、年を経てもその精神的後遺症が表れるということである。

以上の二点から、彼女の天皇との性生活は、かなりのストレスをともなっていたと考えられ、そのトラウマがずっと継続して彼女の深奥に内在していたと考えられる。

さらに彼女の宮廷生活には、さまざまなストレスがあり、それもこれも、全て天皇に責任があると考えても不思議ではない。

そうした彼女の心の中に鬱積したものが、神懸かりの時に神託として、どっと出てきたのである。

天皇が崩御したとき、遺体は棺にいれられ、宮の椎の木にぶらさげておかれたという。やがて棺からは香しい匂いがあたりに立ち篭めたという。それでこの地を香椎というようになったという。いくら玉体とはいえ、よい香がするはずはない。木にぶらさげて放置したのは、神に逆らったからというより、皇后の天皇に対する憎しみがそうさせたといったほうがよいだろう。そして、戦の最中であるからとして死を伏せ、穴門の豊浦宮に運び、灯火を炊かずに仮葬したという。

天皇が崩御した後、再び皇后は神懸かりし、先の言はどの神による神託であるのかを問うた。顕《あらわ》れた神の名は、日本書紀ではまず「撞賢木厳之御魂天疎向津媛命《つきさかきいつのみたまあまさかるむかつひめのみこと》」、次に「尾田の吾田節《あかたふし》の淡郡《あわのこおり》にいる神」、次に「天事代虚事代玉籤入彦厳之事代神《あめにことしろそらにことしろたまくしいりびこいつのことしろのかみ》」、「日向国《ひむかのくに》の橘《たちばな》の水底にいて海藻のように若々しく生命に満ちている神――名は表筒男《うわつつのお》・中筒男《なかつつのお》・底筒男《そこつつのお》（住吉三神）の神がいる」であるという。

古事記では「こは天照大神の御心ぞ。また底筒男、中筒男《の》、上筒男《の》の三柱の大神ぞ」である。その教えのままに祀った所、熊襲国はいくらもたたぬのに自然と服従したという。

ここで注目すべきは、熊襲は何故自然と服従したのかということである。

これは、住吉三神に関係があると考える。

住吉三神の生まれた所は、先述したように、福岡市西部下山門の地である。その時、伊邪那岐神の禊ぎの時に、一緒に対になって生まれた綿津見神は阿曇族《あづみの》の氏神（祖神《おや》）であり、志賀島神社に祀られている。

それでは筒男三神はどうなったのであろうか。

記では墨江《すみのえ》の三前《みまへ》の大神であり、注釈では摂津の住吉の三神であるという。しかし博多にも住吉神社があり、博多の方が古いということである。大阪の住吉の名は九州の移植である。よって墨江もそこに住吉神社ができてから、住吉のスミをとってスミノエと名づけられた。

考えてみると、住吉神は博多湾岸で生まれ、同じく生まれた綿津見神は博多湾に浮かぶ志賀島に祀られているのであるから、住吉の神も博多湾岸のどこかに祀られていて当然である。

そしてその祭祀をしている一族がいたはずである。それが熊襲として記紀に登場する一族であると私は考える。そして、博多湾岸から内陸にかけての一帯にその信仰圏があったのであろう。

そうすると、敵方の神が皇后の神懸かりの時に顕れたことになる。

となると、天皇を罰し殺したのは熊襲の氏神であり、さらに新羅を征服しろといったのも、熊襲が皇后に従うといったのも、この住吉大神であるということになる。

熊襲の側から言うと、自らの神が皇后に従えと言ってるようなものであり、敵の大将の天皇を殺したのは自らの神であるということになる。そして、逆らうと天皇のように殺されてしまうという。

しかし、こうもうまくいくように神託がでるものであろうか。私にはここに何か作為があるように感じられる。

確かに、最初の神懸かりの言動には作為はなかったであろう。天皇に憎悪と呪いの言葉を投げつけたのも、彼女のトラウマから突発的に出たものであって、下心があって述べたものではない。問題は、天皇が没してからの神懸かりにある。

ここで、天皇が没してからの皇后の行動を考えてみよう。

皇后は、おのれの置かれた立場を改めて考えてみたであろう。天皇の寵愛を受けていたとはいえ、自分は結局は多くの妃の一人にすぎないのであり、都（高穴穂宮―敦賀の都は天皇が勝手に決めたのであり、死後は元に戻ったと思われ、もともと正妃等は高穴穂宮に残っていた）には正妃と皇子が二人いる。

そして今、憎悪していたにしても、彼女を庇護してくれた天皇はいない。今、天皇の遺体とともに都に帰還しても、その立場はぐっと低いものとなることは明らかである。そうすると、生まれてくる子供は一体どのような境遇を辿ることとなるのであろうか。そして宮廷内でのさまざまな体験を思いだすとき、そして何よりも今、敵の真っ只中にいることを考えた時、彼女はここでまさに乾坤一擲《けんこんいってき》の勝負にでたのである。

まず軍を掌握することである。このことに関しては、重臣の一人である武内宿禰を引き入れることができた。神を畏れる軍兵に、天皇が神に逆らい死んだことを秘かにという形で報せ、神託を述べた皇后への畏れを抱かせた。

次は、敵の熊襲を懐柔《かいじゅう》することである。

これらは武内宿禰と仕組んで、皇后が二度目の神懸かりを行い、その中で敵の熊襲の神である住吉大神が天皇を殺したと述べさせたのである。

その様子を日本書紀の中にみてみよう。

二度目の神懸かりのときに、はじめから住吉三神が顕れたわけではない。

初めに『撞賢木厳之御魂《つきさかきいつのみたま》、天疎向津媛命《あまさかるむかつひめのみこと》』が出てくると、武内宿禰は、「まだ居ますか」と尋ね、『尾田の吾田節《あかたふし》の淡郡《あわのこおり》にいる神』というと、「まだ居ますか」と尋ね、『天事代虚事代玉籤入彦《あめにことしろそらにことしろたまくしいりびこ》厳之事代神《いつのことしろのかみ》』というと、「まだ居ますか」と尋ね、『表筒男《うわつつのお》・中筒男《なかつつのお》・底筒男《そこつつのお》』の神の名を挙げるとそこで終わりとした。

この光景は、住吉三神の名があがるまで、しつこく聞き、その名が出てくるともうよいとした、つまり住吉三神の名が出てくるのを待っていたとみてよいであろう。案外、一連の工作は、武内宿禰の策略とみられないこともない。

そして住吉三神の神意であるとして熊襲と交渉し、味方に引き入れることに成功したのである。

熊襲の側からみると、敵の天皇を殺したのは自らの氏神であり、その氏神が皇后に従えといっているのと同じことになる。そして逆らうと天皇のように死に至るという。そう考えた時、熊襲の一族は神懸かりをする皇后に従うことにしたのである。

当時はかような心霊現象や超常現象に対して、人々は惑わされ平伏するという行動が見られるのである。神は絶対の存在であり、それと通じる神官等に対しても、人々は特別の感情を持っていたものであろう。

こうして従った熊襲を皇后側は降伏者としてではなく、同盟者として扱ったのであろう。日本書紀に「その後吉備臣の祖、鴨別《かものわけ》を遣わして熊襲の国を討たされた。いくらも経たぬのに自然と服従した。」とある。

その後皇后は、筑後の逆賊を討伐している。このことからも、熊襲は筑前を中心に勢力をもっていたことがわかる。

そうして、皇后は北部九州の豪族、部族の協力を得て、新羅遠征を決行したのである。軍の掌握と北部九州の平定に成功したのであるから、もう何も新羅まで遠征しなくとももと思うであろうが、神託がでたのであるから、そのとおりにしないわけにはいかない。そうしなければ、今度は皇后が神に逆らったものとして人々に動揺を与え、せっかく築いた立場が崩壊してしまうのである。まさにこれは乾坤一擲の大勝負であったが、それに賭けてみなければならなかったのである。しかし、まったく偶然に、大津波が新羅を襲ったことから、狼狽した新羅王が降伏し、戦わずして新羅を支配下におくことができ、新羅の都に住吉大神を祀って引き揚げることができた。

では、大津波がなかったら失敗したかというとそうでもない。当時の新羅は領土も小さく、山がちの国であり、それほどの強大国ではない。九州には皇后の遠征の以前に、新羅が何度も、五万もの大軍で日本に攻め寄せて来たという書があるが、当時の新羅の国勢を考えるならば、そのようなことはありえないといえる。

案外てこずったとしても、皇后の遠征は成功したかもしれない。もっとも豊臣秀吉が圧倒的に優秀強大な軍で攻めても失敗した例もあるが。

そして、九州に帰還した皇后は誉田別命（応神天皇）を産み（福岡県粕屋郡宇美町・糟屋の蚊田《かだ》)、神託の最後の、御子を天皇の位につけることを実践するために、都へ向かって進軍を開始したのである。そして全てのことが成った時、これらの事跡に重要な役割を果たした熊襲の神である住吉大神を、摂津国長峡《ながお》に勧請《かんじょう》したのである。

これが、大阪に九州の神が祀られている事由である。

※住吉大社神代《じんだい》記

大阪の住吉大社に伝わる古文書。

天平三年(七三一)に造作されたもので、第一本宮の神殿奥深く、二重の唐櫃の中におさめられている、一巻の巻物である。

この書に記されている中に、記紀と異なった部分や、独自の説話がみられる。

その一つに、仲哀天皇の九州征伐が載っており、天皇の崩御の場面が次のように記されている。

「この夜に天皇忽ちに病発《おこ》りて以て崩りましぬ。是に皇后、大神と密事《みつごと》あり、俗に夫婦《めおと》の密事を通《かよ》はすと日ふ」

皇后が神懸かりし、天皇が琴を弾き、武内宿禰が神託を聞いている時のことであるという。

天皇が急死したとき、皇后は住吉の大神と密事、つまり性行為を行ったというのである。

生身の人間が、神と性交することなどできないのであるから、相手は本当は、やはり人間である。それは武内宿禰（三十八才）ではないかといわれている。

夫である天皇の遺体の前で、妻である皇后が、臣下と性交を行うなど、実に恐るべき行為である。どちらが誘ったのかというと、私は、皇后が誘ったものであると思う。（まだ十五、六才の少女が、そこまで考えられるのかという問題はあるが）

目的は、死者への冒涜である。

皇后の天皇への憎悪の感情や行為は、神懸かりの時の罵倒、その棺を椎の木に吊したこと、ひっそりと闇の中で仮葬したことや、後述するが、遺体を乗せた船を戦場の先頭にたてたこと等から伺われる。

これらの、皇后の天皇に対する常軌を逸したともいえる仕打ちをみるとき、天皇の死の直後のこの行為は、天皇を冒涜するための行為であったと考えるものである。

あまりの行為であったが故に、神と行ったと言い換えられたものであろう。

この後、武内宿禰は、皇后の重臣として活躍し、その一族は大いに繁栄した。

第四章　神功皇后と熊野大神

大阪を、朝方ＪＲの特急に乗り、一路和歌山県の熊野に向けて出発した。

和歌山県は、紀伊半島西部を領し、リアス式海岸が続いている。旧国名は紀伊国である。

列車はひたすらその海岸線に沿ってなぞるように南下して行く。半島の南端串本を通過し、反転して北東へ向かい、四十キロほどの所に新宮《しんぐう》市がある。紀伊山地を南北に貫いて流れる熊野川の河口にある町である。

私がこの時新宮を訪れたわけは、徐福《じょふく》の調査のためであった。

徐福は中国の秦（前二世紀頃）の時代に始皇帝を欺き、多くの童男童女等を引きつれて東海に不老長寿の薬を得ると称して姿を消した、実在の人物である。

彼は日本に辿り着いたといわれ、その候補地が各地にあり、その一つがここ熊野川の河口なのである。河口には徐福上陸の地の記念碑や蓬莱山《ほうらい》、阿須賀《あすか》神社境内の徐福神社がある。駅前には徐福公園が作られ、入口には横浜中華街の中華門もまっさおの美麗なる中華門が建てられており、中には徐福の墓があり、ほかにも新設の香りの漂う池や石碑があった。

しかし、本来、ここ新宮は熊野速玉神社等、熊野三山で著名な所なのである。この新宮と約十キロメートル上流にある熊野本宮大社そして那智にある那智大社の三社で、平安時代以来、上皇、法皇、貴族、武家等をはじめ、庶民にいたるまで、蟻の熊野詣《くまのもうで》と言われるほどの参詣で賑わったという。

さらにここは「記紀」によれば、神武天皇が東征の際ここに上陸し、熊野川を遡り、北方の大和盆地へと侵入していった記念すべき土地なのである。

その由緒ある熊野のある神社と、その祭神を書き出してみると次のようである。

熊野本宮大社
　熊野牟須美神（クマノフスミノカミ）

御子速玉之神（ミコハヤタマノカミ）
家都御子大神（ケツミコノオオカミ）
天照大神（アマテラスオオカミ）

熊野速玉大社
熊野速玉大神（クマノハヤタマノオオカミ）
熊野夫須美神（クマノフスミノカミ）
家都御子神（ケツミコノカミ）
伊邪那岐神（イザナギノカミ）
伊邪那美神（イザナミノカミ）
天照皇大神（アマテラススメラオオカミ）

熊野那智大社
熊野夫須美大神（クマノフスミノオオカミ）

大巳貴命　（オオナムチノミコト）
家都御子大神（ケツミコノオオカミ）
御子速玉大神（ミコハヤタマノオオカミ）
天照大神　（アマテラスオオミカミ）

神倉神社
天照大神　（アマテラスオオミカミ）
高倉下命　（タカクラジノミコト）
御神体　―　ごとびき岩

さてこれらの諸祭神をみて驚いた。私はこれらの祭神の中に神武天皇が祀られていると考えていた。ところがそれらしき神名はないのである。天皇にちなんだ伝承もごとびき岩と高倉下命ぐらいのものである。

前述したように、神武天皇ゆかりの地であり、天皇の親戚である皇族や貴族が足繁く通った熊野三山には、当然神武天皇が祀ってあり、数多くの伝承や史蹟が残っているとばかり思っていた。この町には徐福上陸の地、神社、墓、公園や伝承があるのに、神武天皇の上陸地だとか腰掛け岩だとか墓だとか、病気の時に世話をしてくれたお吉さんだとかの伝承も史蹟もないのである。

前講釈はこのくらいにして、本題に入りたい。

本題とは、神功皇后のことである。しかし、ここ熊野と神功皇后との関わりは、神武天皇のこと以上になにもないようにみえる。たしかに皇后本人は直接関わりはないのであるが、その息子である応神天皇がここに関わっているのではないかと思いついた。それは記紀の中に、応神天皇が紀伊国に立ち寄ったとあるからである。

それではまず、九州で、後の応神天皇である御子誉田別命が生まれてからの話からすすめていきたい。

新羅、熊襲を従えた神功皇后は、武内宿禰以下の配下の軍勢を率いて、東のほうへと進軍を開始したのである。

大義名分は「御子を皇位につける」という香椎宮での神託の成就のためである。もちろんそれは、自分とその御子のためでもある。

新羅を討たれた翌年二月、皇后は群卿百寮《ぐんきょうひゃくりょう》を率いて穴門《あなと》の豊浦宮《とよらの》に移られた。天皇の遺骸をおさめて海路より京に向われたという。

妊娠中に無理をして海を渡り、太子を産んでまだ日も浅く、産後の体力回復もまだ不十分ではと思われるのであるが、ここはとにかく仲哀天皇の死を公表し、豊浦宮から出発したとある。

皇后は海路を進んだというから、九州の豪族もかなり参加していたものと考えられる。一方、陸の方も、仲哀天皇が連れていった陸軍が進んだものと考えられる。

海路を進む皇后は、皇室の始祖である神武天皇に御子をなぞらえたのかもしれない。

一方、高穴穂宮側の香坂王《かごさかのみこ》と忍熊王《おしくまのみこ》は、それを迎え討つ準備を整えていた。迎え討つ場所には神戸と明石海峡周辺が選ばれた。山稜を築くとして砦を築き、石を運ぶとして船を集め戦いの準備を整えた。

仲哀天皇の御子の香坂王は、自らが皇位を継ぐ正当なる者であると考えていた。神功皇后の子の誉田別命は、皇位を簒奪《さんだつ》するものであると考えていた。記紀においては、息長足姫尊が初めから皇后（正妃）で、誉田別尊が当然天皇であるように記されており、香坂王が皇位を横領しようとしているように書かれているが、実際は大中媛《おおなかつひめ》が正妃であり、その子の香坂王が皇位を継ぐことになっていたのであろう。

大体、皇位や王位の後継者は、天皇や王に不測の事態が起きた場合を考えて、あらかじめ決められて（正式にまたは暗黙のうちに）いるのが普通である。当然、天皇が九州征伐に出立した場合、あとには後継者を残していくのが妥当であろう。

そうすると、都に残っていた正妃や（仲哀天皇は敦賀を都にした時に、息長足姫尊《おきながたらしひめのみこと》を皇后にしたとも考えられる）、高穴穂宮の人達は、皇后（正妃）は大中媛《おおなかつひめ》であるため、敦賀への遷都をも認めていなかったのであろう。

であるから、仲哀天皇の死後は当然正妃の子、香坂王を皇位を継ぐ者としたのは当然である（しかも誉田別命《ほむたわけのみこと》はまだ生まれていなかったのである）。

しかるに天皇の側女である息長足姫命が、誉田別命を産み、新天皇であるとして、軍勢を率いて都へと攻め上ってきたのである。

誉田別命が示す正当性の根拠は、仲哀天皇の子であるということ、母が皇后であること、そして神託によるものであることである。このうち神託によることは、今ならば馬鹿馬鹿しいことであるが、当時は神のお告げというものは絶対的なものとして人々に捉えられていた。しかも、皇后は神託のままに行動し、それらが全て成就していたのである。

当然高穴穂宮側も、その情報を掴んでいたことであろう。そこで彼らは、人毎に武器をもたせて兵を集め、東国の兵までも動員したという。そして神戸の地で、皇后軍を撃破しようと準備を整えていた。

防衛線とした神戸一帯は、北は険しい六甲山地が屏風のように並び、南は大阪湾に挟まれた東西に細長い平野部で、後世、源平合戦ではそこに平氏が陣を敷き、源氏の軍を迎え討った。また南北朝時代には、東上する足利尊氏の軍を、後醍醐天皇側の楠木正成らが迎え討った湊川がある所でもある。つまり、歴史的にも大会戦の行われた決戦の地である。

西から来た軍は、ここを通らざるを得ない所だった。この天下の要衝の地に、香坂王は陣をはり、皇后の軍を撃破しようと待ち構えていたのである。

高穴穂宮側には、犬上君の先祖の倉見別《くらみわけ》と吉師《きし》の先祖の五十狭茅《いさち》宿禰とがついたという。香坂王忍熊王は、まだ十歳ぐらいの年令であろうか。高穴穂宮軍の指揮は彼ら重臣がはかって行っていたものであろう。

こうして万全の備えをした香坂王達は、兵の戦意を高揚させるために、菟餓野《とがの》（斗賀野―神戸市灘区斗賀川付近）において誓約狩《うけひがり》を行うこととした。これは、狩りをして獲物をしとめ、獲物の種類や仕留め方により、戦の吉凶を占うというものである。戦意を鼓舞するものであるから、どうであっても味方が勝利するという託宣をだして、景気付けをするわけである。

ところが、これがとんでもない凶事を招いた。占いとしての狩りであるから、当主である香坂王は忍熊王とともに桟敷に居て、獲物が追い立てられてくるのを待っていた。桟敷の前に追い立てられた獲物を仕留めて、吉凶を占うのである。ところがこの時追い立てられてきたのは赤毛の大猪で、いきなり桟敷に駈けあがり、あっというまに香坂王に噛み付き、喰い殺してしまった（古事記では、香坂王がくぬぎの木に登り、狩りの様子をみていた所、猪が出てきて木を掘り倒して香坂王を喰い殺してしまったという。神戸の猪は今でも有名で、住宅地を平然と闊歩している）。

それを見た兵士達は、皆おじけづいてしまったという。こともあろうに神意を占う行事においてその当主が獲物に殺されてしまったのであるから、味方の戦意を鼓舞するはずの誓約狩《うけひがり》がまったくの逆効果になってしまった。

そこで今度は忍熊王が軍を率いることとなったが、とてもここでは戦うことができないとして防衛線を解き、東方の住吉の辺りに営したという。

ここでいう住吉は、神戸市東灘区の本住吉のことである。従来これは大阪の住吉と考えられていたが、当時の大阪は上町《うえまち》台地の東に河内潟があり、住吉はその南西端にあたる。南から攻められたら袋の鼠となる。

しかも、当時の都は、ささなみのしがの都であり、現滋賀県大津市穴太《あのう》の高穴穂宮である。

大阪の住吉では防衛する意味がない。これは、神戸の本住吉としてよい。

皇后は、明石周辺に高穴穂宮軍が集結しているのをみて、皇子に武内宿禰をつけて、南海（鳴門海峡）から出て紀伊の水門へと向かわせたという。これは避難したのではなく、皇子を神武天皇縁の地である熊野に参らせ、神武天皇の事跡をなぞることで皇子の皇位継承の正当性に箔をつけようとしたからである。もちろんこの地はまだ皇后側に付いたわけではないので、皇子には最も信頼のおける武内宿禰をつけて向かわせた。

しかし、先に述べたように、この熊野の地には神武天皇は祀られていないのである。それではもう少し、この熊野の神社について掘り下げてみよう。

熊野という地名は、出雲の人がこの地方に移住してきた時、（崇神天皇の代、出雲振根《ふるね》の事件の際連座させられ、この地に炭焼きとして強制移住させられた人たちであろう。おそらく熊野神社周辺の貴人たちであろう）出雲の熊野神社の分霊を持ってきたが、それ以来この地が熊野と呼ばれるようになったのである。

現在の熊野の祭神であるが、その中で注目すべきは次の三神である。
1　クマノフスミノカミ
2　クマノハヤタマノカミ

3　ケツミコノカミ

そして出雲の熊野大社の祭神は、現在はスサノヲノ命であるが、本来はクマノカムロノ神である。出雲国造神賀詞《くにのみやつこかむよごと》ではクシミケヌノ神と述べられている。

また、古事記では、高天原に於いて天照大神とスサノヲノ命が誓《うけ》ひをした時に、天照大神の物実《ものざね》から五番目に生まれた神の名が熊野久須毘命《くまのくすびの》である。

熊野ではフスミ、出雲ではクシミ、古事記ではクスビ。この三者は音が似ていることがわかる。神の名は漢字で記録される前からあるのだから、神代に成立した名前が数百年を経て、漢字で表記される頃には、各地方において転訛《てんか》している可能性が強い。

そうすると、このフスミ・クスミ・クスビは、かつて同一の神を表す言葉であったと考えられる。その初めは、熊野久須毘神でクスビである。

次に熊野速玉神であるが、日本書紀でイザナギノ命がイザナミノ命と縁を切るときに生まれた神である。「一書（第十）…そして吐かれた唾から生まれた神を名づけて速玉之男《はやたまのお》という。」とある。

そして家都御子神《けつみこのかみ》である。

私はこのケツミコノ神に着目した。これはケツとミコとに分けられる。家都の字は当て字であろう。御子は字義のとおりであろう。

ケツというと、この神功皇后の研究の中で、気比大社の項において、祭神のイザサワケノ神はまたの名を御食津神《みけつの》という、というのがあった。

この御食津神については、古事記に次のようにある。

応神天皇が敦賀に参ったおり、気比大神と名前を交換し、そのお礼として気比大神が天皇に食物を贈った。そこで天皇が、「我御食《みけ》の魚給《な》へり」と言ったことから、御食津神《みけつの》と名づけ、それが気比大神の名となったという。

しかし、このケヒは、笥飯《けひ》とも書いて飯がつくことからこの話が生まれたとみてよい。よってケヒ大神の名は、イザサワケノ神の他に、ミケツノ神とも呼ばれていたものと思われる。ミは接頭語であるから本来の名はケツノ神である。

それでは、紀伊熊野のケツミコノ神について考えてみよう。ケツミコのミコ（御子）とは、命とか皇子のような呼称であるから、本《もと》の名はケツである。そして、これはケヒ大神の別名（御）食津神のケツと同一である。つまり、紀伊熊野に祀られている三神の一神は、敦賀のケヒ大神と同じ名を持っているということである。

とすると、家都御子神とはケヒ大神のことなのであろうか。ならば、何故、日本海側に信仰圏を持つ神が太平洋側にも祀られているのであろうか。

まず、出雲から来た人々が祀った神は熊野夫須美命であったろうから、家都御子神はあとから付け加えられたものであろう。

とすると、御食津神と関係があり、紀伊熊野を訪れた人物といえば、応神天皇である。

そして、応神天皇は神功皇后の御子である。

そうするとケツ御子神の御子とは、皇后の御子のことでよいのだろうか。

それとも気比大神本人のことか、気比大神の御子である可能性はどうであろうか。気比大神本人に御子がつくのはおかしいいし、気比大神には子がいたとの記録はない。

いろいろ考えてみると、それを解く鍵は、記紀にでてくる名前交換の話にあるようである。

日本書紀の応神天皇紀に、

「ある説によると、天皇がはじめ皇太子となられたとき、越国《こしのくに》においでになり、敦賀の笥飯大神《けひのおおかみ》にお参りになった。そのとき大神と太子と名を入れ替えられた。それで大神を名づけて去来紗別神《いざさわけのかみ》といい、太子を誉田別尊《ほむたわけのみこと》と名づけたという。それだと大神の名を誉田別神、太子のもとの名を去来紗別尊ということになる。けれどもそういった記録はなく、まだつまびらかでない。」とある。

ここでわかることは、誉田別尊（応神天皇）と笥飯大神が名前を交換したことがあるということ。しかし、交換したあとの名前がどうなったのか、公式の記録にはないということである。実際、これはある説によるものであり、太子と大神の名前交換も含めて公式な記録にはなかったようである。

私は、気比大神の所で、名前交換の説話は、ツヌガアラシトと土地の豪族の話が、太子と笥飯大神との話にすり替えられたとした。そのすり替えの時に、太子の名前はケツとなり御子という尊称をつけてケツミコという名前になったと語られたのであろう。しかし、これは、公式の話ではなく民間の伝承であった。その後、記紀を編纂するときになって、民間のこの説話が検討されることとなったが、その時には、太子の名がどのようになったかという伝承も記録もあやふやになっていたのであろう。そこで日本書紀の編纂者は正直に、「つまびらかでない」と書いた。熊野に応神天皇が祀ってあるのは、勅命等公式なものではなく、民間の誰かが応神天皇が熊野に来たという伝承を頼りに祀ったものであろう。その時に、皇太子の名が笥飯の神との名換えによりケツとなり、皇后の子であるから御子をつけ、ケツミコとなったという俗説をもとに、ケツミコノ神として祀ったものであると私は考える。

よって、神功皇后が東上の際に御子を紀伊国に廻らせたのは、神武天皇が東征の際、熊野に上陸したことにあやかって、ここ熊野に寄らせたという可能性がかなり高くなってきた。皇后は、神武天皇のコースをなぞることにより、御子が神武天皇の再来であるように思わせて、正当性を強調しようと演出したのである。

つまり、神功皇后の時代には、神武天皇は実在の人物であり、紀伊の水門（和歌山市）を経由して熊野に上陸し、熊野川を北上して大和に入ったという伝承があった、ということである。その伝承を元にした上での行動であった。もっとも全て再現をはかったのではなく、要所だけを押さえたことは賢明であった。

熊野速玉神社は新宮市にあるが、元は神倉神社に祀られていた神を、現在の神社に移して以来、神倉山の元宮に対して新宮と呼ぶようになったという。

新宮の上流の熊野本宮大社の創建は崇神天皇の時代、熊野速玉大社は景行天皇の時代とされる。熊野に来た応神天皇は、熊野大社に詣で、神倉山のごとびき岩（神武天皇が上って国見をしたという天磐盾《あまのいわたて》である）にも参拝したであろう。まだ乳児であるから乳母と一緒で、武内宿禰が共に廻ったものである。

応神天皇を祀っている神社でよく知られているのは八幡神社であるが、このケツミコの名が、八幡神社（宇佐神宮は欽明天皇の時代六世紀中頃）の神名にないことから、八幡神社に祀られるまえに、熊野大社に祀られたものであろう。

一方、皇后は新羅遠征に使用した軍船を率い、忍熊王の守る明石海峡を突破しようと押し寄せた。忍熊王軍もまた多数の軍船を用意して迎え討った。日本史上初の本格的海戦である。その時の様子は古事記にかように記されている。

「その弟忍熊王、その態《わざ》を畏《かしこ》まずて、軍《いくさ》を興して待ち向へし時、喪船《もふね》に赴《おもむ》きて空船《むなふね》を攻めむとしき。ここにその喪船より軍を下《おろ》して相戦ひき。」

ここは『古事記』の中でも難解な所といわれている。喪船が仲哀天皇の柩を乗せた船であろうことはわかるが、空船とは文字通りとれば空っぽの船となる。では天皇の柩を奪おうとして空船を攻めるとはどういうことであろうか。

どうもこの箇所は、『古事記』の編者も意味がわからずに伝承のまま記したようである。『日本書紀』には記載がない。

これは、空船の解釈に原因がある。

従来の考えは、空船の「空」とは、空っぽの状態であるとみていた。

この「空」という字は、次のようにも使われていた。

南九州の地は「膂宍《そしし》の胸副国《むなそう》（背中の骨のまわりに肉のないような痩せた国）」といわれ、

地図3

神功皇后及び応神天皇進軍路

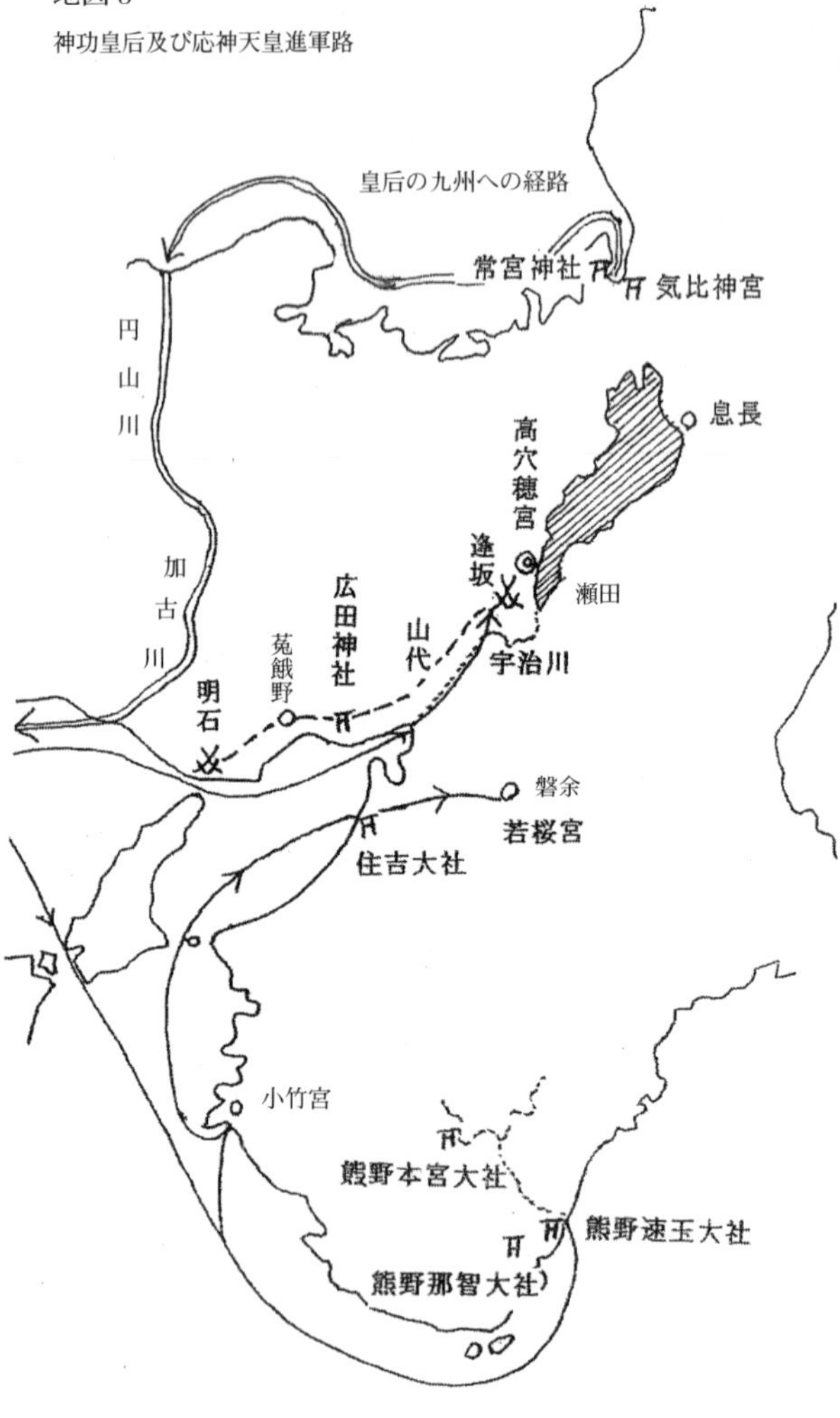

「空しい」つまり不毛の国「むな国」といわれていた。桜島等の火山灰の影響である。

そしてこの「むなくに」に「空」という字を当てていた。そしてその空国の代表的な山を「空国岳《むなくにだけ》」と名づけた。それをやがて「から国岳」とよぶようになり、その「カラ」に「韓」の字を当てて韓国岳とよぶようになった。「空」という字が縁起でもないという他に、筑紫の日向を宮崎県に当てたことも影響したものとみられる。つまり「此地《ここ》は韓国《からくに》に向ひ笠紗《かささ》の御前《みさき》を真来通《まきとほ》りて……」である。

以上からみて、「空船」とは「韓船」のことではないだろうか。

つまり、皇后が半島（韓）を攻めたとき、その地にあった構造船を手に入れたのではないだろうか。韓国にあった船なので「カラフネ」と呼び、それに「空」の字を当てたため、『古事記』の編者は意味がわからなくなり、かような文となったのである。

考えるに喪船と空船とは同一であろう。皇后は夫の天皇の柩をおさめた船を前線に出して、戦いの駆け引きに使ったわけである。天皇の柩を乗せた船に矢を射かけるわけにもいかず、忍熊王側は満足に戦いえなかった。作戦は見事に図にあたり、海戦は大勝利におわった。

忍熊王は既に軍を引き、山城国（京都府）の宇治に陣どった。

明石海峡を突破した皇后の軍は、まっすぐに難波に向った。ここにいう難波とは、現在の淀川河口の辺り、当時の河内潟の河口一帯のことである。

河口から遡ろうとする船団の有様を日本書紀には、「皇后の船は真直に難波に向った。ところが船は海中でぐるぐる回って進まなかった。」とある。

おそらく引き潮と重なり、河口から押し出してくる川の水に押し流されて難渋したのであろう。

そこで神を祀り、神々を鎮座して平穏に海を渡ることができるようになったとある。

難儀があると、何事も祟り神の仕業であるとしてお祓いをしたり、神を祀ってなだめることがよく行われていたのである。

ここで皇后は紀伊国に回り、太子と日高（和歌山県日高）で会い、ついで共に小竹宮《しのの》（和歌山県御坊市小竹《しの》）に移った。この時、夜のような暗さとなり、何日も経ったとの記録がある。

ここで今度は、武内宿禰と和珥《わに》の臣の先祖武振熊《たけふるくま》が軍を率いて忍熊王と戦うこととなった。

皇后軍は山城方面に進出した。この時には、兵は数万の数まで膨れあがっていた。

武内宿禰は、宇治に至って川の北に営《たむ》ろしたという。

当時の山代（京都府南部）の宇治の北には巨椋《おぐら》池があり、その北端の山代川との合流地点（京都府伏見区と宇治市の境の六地蔵の辺り）辺りであろう。

一方の忍熊王軍は、皇后軍が住吉（神戸市）を素通りして、淀川を遡上《そじょう》して行ったため、住吉での陣を解き、大津市の西の逢坂《おうさか》の西に、大津を守備する形に陣を敷いた。忍熊王の兵力は皇后軍を凌駕していたものと思われるが、菟賀野《とがの》以来の戦略的、戦術的失態により、兵士の戦意はまったく喪失していたものと思われる。

対峙している中、忍熊王から戦端を開こうとした。その先鋒は熊之凝《くまのこり》というものが受けた。出撃するにあたり、熊之凝は、士気を鼓舞するために、兵士に呼び掛けた。

まさに崩壊状態の味方の混乱を目のあたりにしながら、熊之凝は懸命に声をはりあげた。

彼　方　荒　松　原　松　原　渡　行　榊　弓　鳴　令副
ヲチカタノ、アララマツバラ、マツバラニ、ワタリユキテ、ツクユミニ、ナリヤヲタグへ、
貴　人　貴　人　共　従兄弟　従兄弟共　率　遇　我　（枕詞）
ウマヒトハ、ウマヒトドチヤ、イトコハモ、イトコドチ、イザ　アハナ、ワレハ、タマキハル
宇治　朝臣　腹　内　砂　有　遇　我
ウチノアソガ、ハラヌチハ、イサゴアレヤ、　イザアハナ　ワレハ。」

（彼方の疎林の松原に進んで行って、横弓に鏑矢をつがえ、貴人は貴人同士、親友は親友同士、さあ戦おう、われわれは。武内朝臣《あそん》の腹の中には、小石が詰まっているはずはない。さあ戦お

うわれわれは。)

そしてまさに戦端が開かれようとした時に、突如武内宿禰はその気勢をそぐかのように言った。

「私は天下を貪らず、ただ若い王を抱いて君に従うだけです。どうして戦うことがありましょうか。どうかともに弦を絶って武器を捨て、和睦しましょう。君主は皇位につき、安らかによろずの政をなされればよいのです。」

そして、軍中に命令して、すべての弓の弦を切り、刀を解いて、河に投げ入れさせた。しかし、これは敵を欺くための策略であった。

忍熊王は、その偽りの言葉を信じて、全軍に命令して武器を解き、河に投げ入れ弦を切らせた。すると武内宿禰は、三軍に命令して、控えの弦を取り出して張り、真刀（河に投げ入れたのは木製）を佩《は》かせて河を渡った。

忍熊王は欺かれたことを知り、「自分はだまされた。いま控えの武器はない。戦うこともできない」といって兵を率いて逃げ出した。

武内宿禰の狡猾さもさることながら、忍熊王側にはこのような策略にうまく対応できる人材がいなかったのであろうか。武器のない軍は逃げるしかなかった。それを武内宿禰は、容赦なく追い詰めていった。

逢坂の道はV字型の谷底の道であり、距離は短いが幅は狭く、現在でも鉄道や道路が折り重なるようになって通っている所である。その狭い谷底の道に数万の兵が我先にと殺到したのである。身動きもできないような状態であったであろう。

ようよう逃げた兵は、栗林で追いつかれ殺戮された。血が流れて栗林に溢れたという。

敗戦の中、忍熊王らは船に乗り湖上へと乗り出した。場所は瀬田の渡りであるという。高穴穂宮のある穴太とは逆の方向である。東国へ落ち延びて兵を集め、再起をはかろうとしたのであろうか。

しかし、瀬田の渡りは阿鼻叫喚《あびきょうかん》の地獄絵であったろう。必死に船に乗ろうとする者、突き落とされる者、待ち切れずに川に飛び込む者、溺れる者。その混乱の中、落ち延びようとする忍熊王一行に対して、兵達の怨嗟《えんさ》の声が四方に挙がったであろう。それらを聞いて、もはや東国に落ち延びても再起することはできないと判断したのであろうか、忍熊王は、五十狭茅宿禰と共に入水して果てたという。

日本書紀に、

「さあわが君、五十狭茅《いさち》宿禰よ、武内宿禰の手痛い攻撃を受けずに、鳰鳥《におどり》のように水に潜って死のう」

と歌ったという。しかし、この歌はおかしい。忍熊王は十歳ぐらいであるから、五十狭茅宿禰が忍熊王を連れてであろう。

古事記には、

「いざ吾君《あぎ》、振熊が痛手負《いたでお》はずは、鳰鳥《におどり》の淡海《あふみ》の湖《うみ》に潜《かづ》きせなわ」

となっている。

遺体は、水に潜ったまま見つからなかった。

武内宿禰は、執念深く探した。

近江　海　瀬田　渡　潜　鳥　目　不見　憤

アフミノミ、セタノワタリニ、カヅクトリ、メニシミエネバ、イキドホロシモ。

(近江の海の瀬田の渡りで水にもぐる鳥が見あたらなくなったので、不安だなあ)

武内宿禰は、忍熊王が死んだという話だけでなく、その遺体を確認しなければ安心できなかったのである。

遺体は流されて、何日もしてから、宇治河で見つかった。武内宿禰はまた歌を詠んでいった。

近江　海　瀬田　渡　潜　鳥　田上　過　宇治　捕

アフミノミ、セタノワタリニ、カヅクトリ、タナカミ　スギテ、ウヂニトラヘツ。

(近江の海の瀬田の渡りで、水にもぐった鳥は、田上を過ぎて、下流の宇治で捕らえられた)

これが、仲哀天皇の御子にして皇位継承第二位の皇子の最期であった。

その後のサザナミの志賀の都はどうなったのであろうか。敗戦の混乱の中、焼亡したのだろうか。それから四百年後、歌人柿本朝臣人麿が次のような一連の歌を詠んでいる。


近江の荒れたる都を過ぐる時　柿本朝臣人麿の作る歌

反歌
・ささなみの志賀の辛崎幸くあれど　大宮人の船待ちかねつ
・ささなみの志賀の大わだ淀《よど》むとも　昔の人にまたも逢はめやも

この歌は、七世紀に天智天皇によっておかれた近江大津京（大津市）が壬申の乱によって廃墟になったものを歌ったものだと解釈されてきた。

しかし、ここで歌われている光景は、湖が中心の光景である。湖に入水して死んだのは忍熊王である。一方壬申の乱（六七二年）における敗者大友皇子（弘文天皇）は、山前《やまさき》に隠れ自ら縊れて死んだのである。

古田武彦は、これは忍熊王の事件を詠ったものであるとしている。(「古代は輝いている　Ⅱ」〈朝日新聞社刊〉)

かなり長くなるが引用してみよう。

「ところが、人麿の反歌は、二つとも双眸を琵琶湖にそそぎつくし、その湖底に沈んだ人々の運命をなげきいたんでいる。決して、どこかの『山前』の地(山中など)に対して焦点がおかれていない。

もちろん、都や大宮の跡は、地上だ。長歌は、そこで終っている。しかし、その宮都に華やかにいた人々、大宮人たちの運命についてたずねるときは、もっぱら湖上に、あるいは湖底に消えていった人人へと、人麿の心は吸い寄せられているようである。一言でいえば、人麿にとって、この昔の人の悲劇とは、山中や路傍や屋内ではなく、湖上で行われたものだったのである。

このように考えてくると、人麿の指示する所は、大友皇子へではなく、昔の忍熊王の悲劇へとむけられていた。そのように見なすのが適切ではなかったかと思われる。」

「右の歌と一連のものに、人麿の次の歌がある。

柿本朝臣人麿の歌一首

淡海の海夕波千鳥汝が鳴けばこころもしのにいにしへ思ほゆ　（巻三、二六六）

この『いにしへ』も文字通りの往古、忍熊王の悲劇を指していることとなろう。

さらに、この歌の二つ前に、次の歌がある。

柿本朝臣人麿、近江国より来る時、宇治河の辺に至りて作る歌一首

もののふの八十氏河の網代木にいさよふ波の行く方知らずも　（巻三、二六四）

『日本書紀』の神功紀によると、忍熊王が湖底に投じたのち、日を経《へ》てその死骸が宇治川に浮かんだという。」

「このような『書紀』記述と対比すると、先の人麿の宇治川の歌は、にわかに生彩を帯びる。歴史性をよみがえらす。青年時代以来、わたしはこの歌を観念的、もしくは哲学的にさえ見えるものと思いつつ、なにかその不気味な、底深い歌のしらべが胸をかき乱していた。果然、この時の人麿の心裡には、老練な武内宿禰の哄笑と、悲運の若き皇子の死骸のただよう姿とが、浮かんでいたことが判明したのである。これはすぐれて歴史的な歌だったのである。詞書に

『近江国より上り来る時』とある一句が出色だ。人麿は、琵琶湖畔で、そこに没した忍熊王の悲運を思いやり、その帰途、この宇治川に至ったのである。右のようなイメージがせせらぎの中から湧きおこってきたのも、偶然ではない。

ただの網代木や、ただのいさよふ波なら、いずれの川にもあろう。しかし、宇治川のそれには、忍熊王の悲しき屍がひっかかり、行く方がついに知れたその場所だったのであった」

と記している。

忍熊王の入水の時、死んだのは二人だけではないだろう。その時、入水した大宮人はおびただしい数にのぼったのではないだろうか。母の大中媛とその従者達も共に入水したのではないだろうか。

宇治川の網代木にひっかかった遺骸は、おびただしい数であったろう。それらが一つ一つ調べられ、忍熊王の死が確認されたのである。

これらの悲劇は、柿本人麿の時代（七四〇年頃）まで、事実として語り継がれてきた歴史的な事件であったというのである。四百年たった当時でも、志賀の都の廃墟には、大宮や大殿がここと言い伝えられていたというのである。

仲哀天皇の九州征伐に続く一連の戦いは、古代日本における初めての大戦であった。とくに最後の戦場であった逢坂のあたりは、まさに死屍累々《ししるいるい》の光景が広がっていたであったろう。

この後、皇后は敦賀にも志賀都にも戻らなかった。子の誉田別命をつれて、大和の磐余《いわれ》の若桜の宮に移った（住吉神代記によれば、はじめは橿原《かしはら》であったという）。初代神武天皇のあとを継ぐものとみせるためである。

仲哀天皇が息長足媛命を宮廷に入れてからの一連の事件は、ここに仲哀天皇一族の滅亡という形でおわりを告げた。これはまた崇神天皇以来の系列の一つの終わりともいえる。応神天皇は新たな王朝を開いたともいえる。

これらの歴史劇の主人公は、息長足媛というら若き女性であった。彼女はその類稀《たぐいまれ》なる美貌の故に、この数奇な運命をたどることとなった。

彼女にぞっこん惚れ込んだのは、仲哀天皇であった。その結果それまで代々続いた家系を滅ぼすこととなってしまった。そして、武内宿禰もまた、彼女にひかれた一人なのであろうか。

武内宿禰はまた謎の人物である。彼が何故、皇后に加担したのかはわからない。たしかにこれ以後、彼の一族が隆盛を極めたことは確かではあるのだが。

ところで、いかに神懸かりで神意によるものだとしても、これほどまでにうまくことが運ぶものであろうか。そのことがまた、皇后の実在性が疑われる要因でもあった。

しかしこのように科学的に一つ一つの事象を検証していくと、従来ありえない、説明がつかないと考えられていたことが、ありえないことではないことがわかってきたわけである。つまり、科学的に説明がつかないとされていたことは、実は未熟な科学の目を通して見ていたからだということがわかる。科学が進歩した今、改めて見なおしてみると、けっしてありえないことではないことがわかってくるのである。

記紀の編纂の方針をみても、多くの神々の名は登場するのであるが、神が直接登場してくる場面はなく、皇后に神の力があったとかの記述もしていない。それなのに現代の人は、神がいっぱい出てくるから神話みたいなものだ等と、まともにとりあわなかったのである。もちろん、民間伝承がとりいれられているのではあるが、それらは伝承自体が超常現象があったとして語られたからだ。

また、創作論にたったとしても、それでは何故記紀の編者はこのような話を創作しなければならなかったのかという疑問が残る。これほど複雑でありながら筋がとおり、オカルト的とみられながら、科学的に解明されるとわかる話なぞ、創作できるはずがない。私は今まで偽書といわれるものを若干みたことがあるが、どれも内容が拙劣で単純なものでしかなかった。

また日本書紀は、皇后を卑弥呼や壱与に比定しているようであるが、それなら、もっと魏志倭人伝に沿った内容にすればよい。そうしなかったのは、編者達にできるだけ事実に即した編集をしようという考えがあったからである。

そして西日本各地に伝わるおびただしいほどの神功皇后伝説の存在は、多くが皇后にあやかった伝説としても、これほどの数の伝説が千数百年をへても今なお存在するということは、記紀の編者の勝手な作り話から作成されたものではなく、やはり、皇后が実在したからこその伝説であろう。

若桜宮に宮を構えて何年か後、応神天皇は、武内宿禰と共に敦賀の気比大社に詣でた。これは、皇后と深い関わりのあった笥飯大神へ、皇太子を挨拶にやったものである。名換えの夢は、その時の説話である。

帰ってから、皇后は、待酒を醸《かも》し、大殿で大宴会を催して祝い歌を詠んだ。（古事記）

この御酒《みき》は　我《わ》が御酒ならず　酒《くし》の司《かみ》　常世《とこよ》に坐《いま》す　石立《いはた》たす　少名御神《すくなみかみ》の　神壽《かみほ》き　壽《ほ》き狂《くる》ほし　豊壽《とよほ》き　壽《ほ》き廻《もとほ》し　獻《まつ》り来《こ》し　御酒《みき》ぞ　乾《あ》さず食《を》せ　ささ

ここに平安の日々が訪れたことを祝う、皇后の心情がよく表れている。

神功皇后は天皇ではないのであるが、日本書紀では天皇同様の扱いを受けており、特に一項を設けている。

神功の治世六十九年　夏四月十七日　若桜宮で崩御したという。

年令は一百歳とある。

陵は狭城盾列陵《さきのたたなみのみささぎ》（奈良市山陵町字宮の谷）に葬ったとある。諡《おくりな》（死後におくる称号）をたてまつり、気長足姫尊《おきながたらしひめのみこと》という。

新羅王はいつ殺されたのか

日本書紀の神功皇后新羅遠征の最後の方に、一説として次のような記述がみられる。

「また一説によると、新羅王をとりこにして海辺に行き、膝の骨を抜いて、石の上に腹ばわせた。その後、斬って砂の中に埋めた。一人の男を残して、新羅における日本の使者として帰還された。その後新羅王の妻が、夫の屍を埋めた地を知らないので、男を誘惑するつもりでいった。『お前が王の屍を埋めた所を知らせたら、厚く報いてやろう。また自分はお前の妻となろう』と。男は嘘を信用して屍を埋めた所を告げた。王の妻と国人とは謀って男を殺した。さらに王の屍を取り出してよそに葬った。そのとき男の屍をとって、王の墓の土の底に埋め、王の棺の下にして、『尊いものと卑しいものとの順番は、このようなのだ。』といった。天皇はこれを聞いてまた怒られ、大兵を送って新羅を亡ぼそうとされた。軍船は海に満ちて新羅に至った。このとき新羅の国人は大いに怖れ、皆で謀って王の妻を殺して罪を謝した。」記された箇所からみると、これは神功皇后の初めの遠征の時の事件のようにみえる。

もしこの一説が本当であるならば、皇后の新羅遠征および仲哀天皇崩年と新羅王の崩年は同年ということになる。とすると新羅王の崩年がわかれば、皇后の遠征年がわかるはずである。日本書紀には、各天皇の即位年が干支（太歳干支《たいさいかんし》）で記されているのであるが、それらを西暦にそのまま当て嵌めることはできないのである。

一方、半島には、「三国史記」という歴史書があり、各王の年代が記されている。その中から、神功皇后遠征の時代あたりの新羅王が誰かを調べ、その崩年を特定すればよいわけである。

まず日本書紀であるが、神功皇后摂政元年はＡＤ二〇一年となっている。しかるに、中国の史書（宋書等）から割り出される神功皇后の活躍年代は、四世紀中頃であると推測されるのである。三国史記をみると、二〇一年には新羅王の崩御はない。その前後の新羅王の崩年は、伐休王一九六年、奈解王二三〇年である。

四世紀中頃から五世紀初の新羅王の崩年は、基臨王三一〇年、訖解《きっかい》王三五六年、奈勿王四〇二年である。そうすると、三五六年訖解王がこの事件の当事者となり、説話や年代(後述)から、皇后の新羅遠征はその前年の三五五年となるようである。

しかしどうも腑におちない所がある。

絶世の美女であり、理知的な神功皇后が、はたして戦わず降伏してきた王を虐殺するということがあるだろうか。

そう思いながらみなおすと、次のように書かれた文に気づいた。

「天皇はこれを聞いてまた怒られ、大兵を送って新羅を亡ぼそうとされた」

「皇后」はではなく、「天皇は」であり、「また怒られ」となっている。この時(三五六年)の天皇は応神天皇であり、まだ乳児である。怒ること等できないはずである。しかも皇后は、忍熊王の勢力と抗争中であるから、新羅再征等できない状態である。こう考えてくると、この一説は皇后の新羅遠征とは無関係のようである。

この説話は、大和朝廷の半島運営の中の出来事の一つが、皇后の初めの時代のこととして、まぎれこんだのであろう。

それでは、もう一度大和朝廷が新羅と関係をもちはじめた以降の新羅王の崩年をみてみよう。

三一〇年、三五六年、四〇二年について考えてみたい。

三一〇年の前後にはトラブルがあったような記録はない。三五六年については前述した。

それでは四〇二年はどうであろうか。

この時代になると、高句麗が南下を始め、その史料としては「好太王の碑文」がある。その碑文の中に、辛卯《しんぼう》（三九一年）年来、倭が半島に進出してきて、高句麗と戦ったと刻まれた箇所がある。新羅は、倭と高句麗の間に挟まれて、翻弄された時代でもあった。

「三国史記」には、次のようにある。

三九二年　高句麗に人質を送った。三九三年　倭人が攻めてきて金城を包囲した。四〇一年高句麗への人質が帰ってきた。四〇二年奈忽王が死んだ。同年実聖《みせい》が王となり、倭国に人質を送った。

新羅が高句麗に誼を通じ人質を送ったのは、大和朝廷から新羅の裏切り行為とみなされたのである。そして大和朝廷は兵を送り、結果、新羅王を殺害したのではないだろうか。

この間の大和朝廷と高句麗のしのぎ合いは、「好太王碑文」にくわしい。新羅は高句麗好太王に救援を求めた。四〇〇年、高句麗は新羅を救援し倭を破ったとある。その後四〇二年に新羅は倭と誼を結んだとあることから、高句麗が引いていったあと、再び倭が侵入して来たようである。

その時（四〇二年）に新羅王奈忽は殺されたのであろう。

それではこの新羅王の死の年は、応神天皇のあるいは神功皇后の何年のできごとなのであろうか。記紀には、この事件はあくまでも「一説によれば」であり、年代のことは記載されていないのである。三国史記には、このようにして死んだ王のことは何も書いていないし、好太王碑文にも、王の死のことは刻まれていないのである。

つまり、各資料を照らし合わせてみても、共通する記事はまずない、といっていいのである。神功皇后の実在を証明するには、既述したように、事実と確認される説話がある、というだけではなくて、それがいつ起こったかまで探求し説明できなければならないと思う。

そこで私は自然現象に着目して、それを割り出そうとした。新羅を襲った大地震津波の起こった年を求めて、それで神功皇后の即位年の絶対年代を求めようとしたわけである。しかし、それはかなりの費用を必要とするようである。そこで私は別な方法でもって絶対年代を求めることとした。

摂政元年の日食

ついで、私は別の自然現象に着目して絶対年代を割り出そうと考えた。

それは、日本書紀神功皇后紀の次の文の中にある。

「皇后は紀伊国においでになって、太子（後の応神天皇）に日高でお会いになった。群臣とはかって忍熊王を攻めようとして、更に小竹宮《しののみや》（和歌山県御坊市小竹）に移られた。このときちょうど夜のような暗さとなって何日も経った。時の人は『常夜行く《とこやみにいく》』といったそうだ。皇后は紀直《きのあたい》の先祖、豊耳《とよみみ》に問われて、『この変事は何のせいだろう』と。一人の翁がいうのに、『聞く所では、このような変事を阿豆那比《あづない》の罪というそうです』と。『どういうわけか』と問われるとこたえて、『二の社の祝《はふり》者を一緒に葬ってあるからでしょうか』という。それで村人に問わせると、ある人がいうのに、『小竹《しの》の祝と天野の祝は仲の良い友人であった。小竹の祝が病になり死ぬと、天野の祝が激しく泣いて「私は彼が生きているとき、良い友達であった。どうして死後、穴を同じくすることが避けられか」といい、屍のそばに自ら伏して死んだ。それで合葬したが、思うにこれだろうか』と。墓を開いてみると本当だった。ひつぎを改めてそれぞれ別の所へ埋めた。すると日の光が輝いて、昼と夜の区別ができた。」

私はこれを、日食の現象からできた説話であると考えた。実際これは、神功皇后摂政元年の日食として有名な記事であるという。

日食とは、太陽と地球の間に月が入り、月の影が地球上に映って日陰を作り、時間と共に東から西にその影が移動し、皆既日食（完全に太陽が隠れる）では完全な日陰となり、暗やみの状態が十数分続くのである。

つまり、皇后が和歌山県御坊市の小竹という所で、日食に遭遇したというのである。

ということは、和歌山県御坊市でいつ日食が起こったかがわかれば、この話がいつのことか、つまり、皇后が和歌山にいた年月日がわかるということである。

なお、日食は旧暦の新月（朔日か晦日）の日中に起こる。

中国では古くから天文観測が盛んで、日食の記録が残されている。

「日食月食宝典」（渡辺敏夫著　雄山閣出版）に、中国での記録がまとめられている。

日食は移動していくことから、中国や朝鮮で記録された日食が、日本でも観測された可能性がある。

例えば、天照大神は卑弥呼であるという説では、かの天岩戸隠れは日食のことであるとし、二四七年頃の卑弥呼の死と関係があるという。

実際、調べてみると、二四七年三月二十四日と二四八年二月十二日に北部九州において日食が見られたという。

日食月食宝典で調べてみると、三五六年十一月に日食の記録があることがわかった。これは、私が予測していた（後述）摂政元年三五六年と同年であることから、これで神功皇后の年代が確定したと小躍りしたのであるが、日食の中心食帯を調べてみると、この日食はベトナムあたりを通過したもので、和歌山どころか日本には影響していなかったことがわかった。

世の中は便利になったもので、かつては天文学者が難しい計算をして、日食の年月日や経路を割り出したのであるが、現代ではコンピューターを使って計算することができる。しかもそれがパソコンソフトとして市販されているのである。天文ファンならお馴染みの、ステラナビゲータというすぐれものである。

そこで史料の中から、新羅遠征と関係あるとみられる年代を摘出し、日食が起こったのかどうかを調べてみよう。

年代は、二〇一年・三四六年・三六二年である。三五六年は既述）

三六二年は、古事記分註天皇崩年干支（後に説明）での仲哀天皇崩年であるが、この年が新羅遠征年だとすれば、和歌山県の日食は翌三六三年となるが、この年は一月二日に中国での日食の記録がある。しかし、この時は和歌山を通過していない。

三四六年は、三国史記に「倭の兵がにわかに風島に来て」の記事がある年であり、この年をもって皇后の新羅遠征とする人もいる。ところが、三四七年には日食の記録はない。

そして、日本書紀の神功皇后元年の年である二〇一年である。

日本書紀にいう。

「新羅を討たれた翌年二月、皇后は群卿百寮を率いて、穴門《あなと》の豊浦宮《とゆらの》に移られた」

二月に山口県の下関市を出発し、海路東をめざし、和歌山県で部下に命令をだしている。

「三月五日、武内宿禰と和珥の臣の先祖武振熊に命じて、数万の兵を率いて忍熊王を討たせた。」

とある。この間に戦があったことから、日食があったとすれば三月朔日であろう。

「三国史記新羅本紀」の奈解王六年（二〇一年）三月朔日に新羅で日食があったとの記録がある。

「三月、丁卯の朔日、日蝕があった。」

アスキー社製ステラナビゲータによれば、二〇一年三月二十二日に新羅で日食があったとシミュレーションされる。驚いたことに、和歌山でも日食があった。

以上、史料と天文学から検討してみた結果、二〇一年がもっとも適合しており、神功皇后の摂政元年は、二〇一年のことであるという結果がでるのである。

ところが、それでは困るのである。他の色々な資料を検討してみると、まず皇后の摂政元年は二〇一年ではありえない。

結果から先にいうと、神功皇后が和歌山に滞在した年には、日食はなかったのである。

それでは、何故西暦二〇一年の和歌山の日食が日本書紀に載っているのであろうか。

書紀の編者達は編纂のさいに、民間伝承も含めて数多くの資料を集めたのであるが、その中に和歌山に皇后が来て、日食に遭遇したという伝承があった。しかし、そもそもこの説話は、皇后に関係したものではなかったのであろう。いつの頃か、和歌山で皆既日食があったとき、この阿豆那比の罪の説話ができ、それが、和歌山に皇后一行が立ち寄ったことから、この事件が皇后がいたときのことであるように脚色されたのであろう。

このような現象は、日食によるものであるということは、紀の編者にはわかっていたようである。

ところで、問題は何故これが二〇一年の年代とされたかということである。

その鍵は、卑弥呼にあった。

紀の編者は、魏志倭人伝から卑弥呼は神功皇后ではないかと考え、皇后の年代、即位年代を二〇〇年頃と考えていた。そして、三国史記の基になる本を見てみると、新羅で二〇一年に日食があったという記事を見出した。皇后の摂政元年を二〇〇年ごろに持っていこうと考えていた時に、御誂《おあつら》えむきにちょうどこれらの史料がみつかったのである。そこで摂政元年を二〇一年としたのである。

魏志倭人伝によれば、卑弥呼は二三九年には長成であると記されている。摂政元年を二〇一年とすれば、摂政元年には皇后は十四、五才で、二三九年には五十二、三才であるから、倭人伝の言う長成ということになる。結局は、外国史料に皇后の年代を合わせたのである。

つまる所、この日食の記録からは、皇后の年代を特定することはできないようである。

かくして、日食によって年代を探る目論《もくろ》みは失敗した。

そこで、結局は各種の史料や伝承等を詳細に照合し、検討していくことによって年代を割り出すという方法に戻ることにした。

日本書紀の古い時代の年代に関しては、遺憾ながら大きな問題があり、それらはまったく(そのままでは)信用できないのであるが、さりとて、その記されている事象が全くのでたらめ、創作であるとは言い難いのである。神功皇后の奇妙な事績を、科学的に解折していけば事実であったとみても問題はないことは論じてきた。

国内史料と外国史料との齟齬《そご》は、日本側の年代に問題があるとみてよいだろう。

それでは、日本側の史料である日本書紀を、正しい年代に復元することはできないのだろうか。次の部では、あえてこの難問に挑んでみたい。

第五章　神功皇后の朝鮮経営

日本書紀によればおそらく四世紀に、皇后自ら新羅に遠征し、その際新羅のみならず、高麗(高句麗)・百済も倭に臣従させたように記されているのであるが、各種資料を照合してみると、高麗・百済をも臣従させたというのは誇張であることがわかる。

しかるに、倭が四世紀以降半島に進出、半島南部の支配権を確立し、遠く帯方の故地にまで出兵し、高句麗と交戦したことは確かなのである。

皇后の新羅遠征後、倭の大和朝廷が、どのようにして半島での支配力を強めていったのかを、各種資料をもとにして考証していってみよう。

皇后の遠征後、しばらく小康状態を保っていた半島南部の情勢は、摂政四十七年からその均衡が破られることとなった。

それは紀によると、百済と新羅の朝貢品に端を発したという。百済が日本に久氐《くてい》・弥州流《みつる》・莫古《まくこ》を遣わして朝貢した所、途中で新羅に貢物を奪われたというのである。

そこで皇后は、摂政四十九年三月に、荒田別《あらたわけ》と鹿我別《かがわけ》を将軍とし、久氐らと共に兵を整えて卓淳国《とくじゅんこく》に集まり、新羅を打ち破ったという。

そして比自炑《ひしほ》・南加羅《ありしひのから》・喙国《とくのくに》・安羅《あら》・多羅《たら》・卓淳《とくじゅん》・加羅《から》の七ケ国を平定し、西方古奚津《こけいのつ》に至り南蛮の耽羅《たんら》（済州島）を亡ぼして百済に与えた。百済王の肖古（近肖古王）と貴須《くいす》（近仇首王）は、また兵を率いてやってきた。比利《ひり》・辟中《へちゅう》・布弥支《ほむき》・半古《はんこ》の四つの邑が自然と降服した。こうして百済王父子と荒田別・木羅斤資《もくらこんし》らは共に意流村《おるすき》で一緒になり、相見て喜んだ。礼を厚くして送った。千熊長彦と百済王とは、百済国に行き、辟支山《へきのむれ》に登って盟い、また古沙山《こさのむれ》に登り、共に磐石《いわ》の上に居り、百済王が誓いをたてていうのに、「もし草を敷いて座れば、草はいつか火に焼かれるかも知れない。木をとって座とすれば、いつか水のために流されるかも知れない。それで磐石の上に居て誓うことは、永遠に朽《く》ちないということである。それだから今から後、千秋万歳に絶えることはないでしょう。常に西蕃と称えて、春秋に朝貢しましょう。」

と。千熊長彦をつれて都に至り、厚く礼遇した。そしてまた久氐らをつき添わせて送った。

このあと五十年、五十一年と百済からの朝貢があったという。

皇后は五十一年に、「わが親交する百済国は、天の賜りものである。人為によるものではない珍しい物等、時をおかず献上してくる。自分はこの誠を見て、常に喜んで用いている。私と同じく私の後々までも恩恵を加えるように」と仰せられた。この年に千熊長彦を、久氐らにつけて百済国に遣わされた。

そして五十二年秋九月十日、百済王から世に名高い七支刀《ななつのさやのたち》が献上されたのである。

この七支刀は、奈良県天理市の石上神宮《いそのかみ》に伝来しており、その特異な形と、表裏に刻された銘文で世に知られるものである。

七支刀と名づけられたのは、一本の刀身から六つの小さな刀が枝分かれして突き出ているからである。そしてその主身には、表裏合わせて六十一文字が、金で象嵌《ぞうがん》されていたのである。

明治の始め頃、この神宮の大宮司をしていた菅政友《すがまさとも》によって公開（かつて水戸の徳川光圀が、大日本史編纂に際し、この七支刀を実見しようとしたが神宮に拒否されたという。菅政友は水戸藩の出身である）されたのであるが、既に錆が付着しており、すべての文字を読み取ることができなかった。

大方は次のように読み取ることができる。

「泰和四年正月十一日の純陽日中の時に百連の鉄の七支刀を作る、以って百兵を辟除し、侯王の供用とするに宜しく、吉祥であり、某これを作る。」

「先世以来未だ見なかったこのような刀を、百済王と太子とは生を御恩に依倚しているが故に、倭王の上旨によって造る、長く後世につたわるであろう」

訳文には各種があるが種々の訳文を参考にして、私見をまとめてみると次のようになる。

「(表) 泰和四年五月十一日丙午の日の正午に、百度も鍛えた鋼の七支刀を造り、以て百兵をしりぞけるものである。宜しく、侯王にうやうやしく供える者である。不明・某作。

(裏) 先世以来未だ此のような刀はなかった。百済王の世子 (跡継) の貴須王子が、倭王の為に嘗《はじ》めて造った。後世に伝示せんかな。」

聖音は聖晋が正しく王子のことであり、貴須王子のことである。旨は嘗の略字という説と倭王の漢風名であるとの説がある。しかし、ここでの問題はその年代である。

この刀に刻まれている泰和年という年号であるが、この泰和という年号は、東晋の「太和」であるという。東晋の「太和」という年号は「泰和」ともかかれることがあったからである。

東晋の泰和四年は三六九年のことである。

つまり、三六九年にこの刀は造られ三七二年に倭王に送られたのである。

日本書紀では、この件は神功五十二年のことであるという。

紀摂政五十二年の条に、

「五十二年秋九月十日、久氐らは、千熊長彦にしたがってやってきた。そして七枝刀《ななつさやのたち》一口、七子鏡《ななつこのかがみ》一面および種々の重宝を奉った」とある。

(この年代については、後編の年代論において論じます)

三六九年の百済王は、近肖古王《きんしょうこおう》であり、世子は後の近仇首王《きんきゅうしゅおう》である。

この時期の百済は、南下してくる高句麗と度々衝突を繰り返していた。三六九年の九月、高句麗王の故国原王《ここくげんおう》は、歩騎二万を率いて百済に攻め込んできた。近肖古王は、太子仇首《たいしきゅうしゅ》をやってこれを破り、首五千を獲る勝利をおさめた。

さらに三七一年に、高句麗は再度大兵をもって攻め寄せてきた。今度は近肖古王自身が軍を率いて戦いに臨み、伏兵をもって反撃し再び高句麗軍を破った。

その年の冬には、百済は逆に攻勢に転じ、平壌城まで攻め込んだ。高句麗王の故国原王は自ら戦場に臨んだが、流れ矢に当たって死んだ。百済は同じ三七一年に、漢山(ソウル)王都を築いた。それは百済にとっての絶頂期といってもよい時代であった。こうした時代の中で、百済王は七支刀を造り、倭王に送ったのである。倭王の中国風一字名称は、応神天皇が王名だとすれば、倭王旨とは応神天皇のことである。

この刀が、贈った側と贈られた側のどちらの立場が上か論ぜられたが、私は双方同等であったと考えている。もちろん日本書紀では、百済の献上品としてかかれてはいるが。

かように倭国と百済は友好的関係にあったわけであるが、新羅との間はそうではなかった。皇后の新羅遠征の結果、新羅は倭国に臣従を誓い、貢献をすることになったのであるが、自然現象を皇后の神業と誤解したことが原因であることに気づき、更に貢献を約した船八〇艘分の貢納品が新羅にとって重荷となっていたのであろう。

その結果は、早くも人質の奪還事件となって現れた。皇后の新羅遠征時に人質となった微叱許智伐旱《みしこちほっかん》は、一時帰国を願い、その帰路の途中で逃亡したというのである。その時、王子の従者は焼き殺されたという事件である。

この事件は謎の多い事件であるが、「三国遺事」にも同様の記事がみられるのであるが、どちにしろ倭国と新羅との間には深い溝が形成されていたのである。

神功四十七年夏四月、百済王は久氐《くてい》・弥州流《みつる》・莫古《まくこ》を遣わして朝貢した。そのとき新羅の国の調の使が久氐《くてい》と一緒にきた、とある。

百済の使いは朝貢であり、新羅の使いは調である。調とは租・調・庸の税の一つである。つまり、大和朝廷の百済と新羅に対する態度はまるで異なり、新羅は大和朝廷に臣従しているという立場をとっている。そして中国も、後の倭の五王の時代において、百済、新羅等の七国諸軍事安東将軍の地位を求めたのに対し、百済は除かれたが、新羅は倭の支配下にあることを認めていたのである。

やがて新羅は北方の高句麗の圧迫を受け、その挙動はそのときどきで激しく振り動かされることとなった。

ところで、もう一度、倭国の半島での勢力圏を見てみよう。

皇后の新羅遠征の際、高麗（高句麗のこと）、百済の二国の王は、新羅が地図や戸籍も差し出して日本に降ったと聞いて、その勢力を伺い、とても勝つことができないことを知って、陣の外に出て頭を下げ、「今後は永く西蕃《せいばん》（西の未開の国）と称して、朝貢を絶やしません」といった。それで内官家屯倉《うちつみやけ》を定めた。これがいわゆる三韓であるとある。

ところが、中国史書には、韓は三種あり、一つは馬韓、二つは辰韓、三つ目は弁韓（弁辰）であるとある。馬韓は後の百済に、辰韓は後の新羅にそれぞれ統一された。しかし、弁韓は統一されることはなく、加羅等の諸国の集合体であった。

しかるに、皇后紀では、高麗（高句麗）が入って、百済・新羅の三国となっている。つまり、弁韓は韓から除外されているのである。また、朝鮮側の資料の三国史記の三国も、百済・新羅・高句麗であって、弁韓は入っていないのである（一部の国名は載っている）。

ということは、弁韓の地は、韓の領域ではないということ、倭の領域であったということを指しているのではないだろうか。そしてそれは、倭の大和朝廷の支配下にあったということであろうか。

魏志倭人伝の時代には、狗邪韓国は倭の北岸と記され、そこは弁韓の南部であり、倭を構成する一国として認識されている。

後世ここには任那《みまな》日本府がおかれていたが、任那は崇神天皇の時に初出しており、任那のミマとは崇神天皇の御名であるミマキイリヒコからきているという。

しかしミマとは、邪馬・狗馬・薩摩・投馬・斯馬・対馬などのマと同じで、地域を指す言葉である。よってこれは、魏志倭人伝よりずっと前、おそらく漢の時代からつけられていた地名であろう。つまり、その時代においても、倭の領域であったのである。

後漢書韓伝には、「韓族の南の境は、倭に近いので、韓にもまた入れ墨をするものがある。」

とある。

更に、皇后紀の四十七年夏四月の条に、百済と新羅の遣いが来た時、皇太后と太子誉田別尊は大いに喜んでいわれるのに、「先王の望んでおられた国の人々が、今やってこられたか。在世にならなくて誠に残念であった。」との記述がある。

望んでいた先王とは、仲哀天皇のことである。ここでも弁韓はでてこない。となると、仲哀天皇の九州征伐の前には、既に半島南部は大和朝廷の支配下に入っていたか、倭の領域であったと認識されていたということであろうか。

となると、崇神天皇以来急激に拡大した大和朝廷の支配地域が、九州のみならず、半島南部一帯にまで達しており、半島南部の倭人の諸国家群が大和朝廷の中に組み込まれていったとみてよい。

では、皇后が二度目の半島遠征で、倭国に編入した諸国をみてみよう。紀には、「比自炑《ひしほ》・南加羅《ありしひのから》・喙国《とくのくに》・安羅《あら》・多羅《たら》・卓淳《とくじゅん》・加羅《から》・比利《ひり》・辟中《へちゅう》・布弥支《ほむき》・半古《はんこ》」の名が挙げられている。

そして、これらの国々を編入するとき、百済と争った形跡はない。後に百済からの使者に「海の西の多くの国を、すでにお前の国に与えた」と述べている（神功紀五十年夏五月）。

これらのことからわかることは、百済は、当時、半島の馬韓の全域を領土としていなかったということである。元々、百済の前身といわれる伯済《はくさい》国は、ソウル近辺を中心とする国であり、馬韓の南部は、いまだ統一されておらず、多くの国々が分立している状態であった。皇后は、その一帯を、新羅制圧の後、余勢をかって百済の国境近くまで進出して支配下に繰り入れたものであろう。

ここまでは日本書紀を中心にみてきたのであるが、第三者の立場ともいえる当時の中国はどのように半島の情勢を認識していたかについて、安本美典氏は中国の各種資料をまとめた結果を、その著「応神天皇の秘密」（廣済堂刊）の中で、五世紀頃の半島の各勢力範囲について次のように述べる。

「つまり、客観的存在である中国の南朝宋のみとめた五世紀ごろの、倭、百済、高句麗の三国の勢力範囲は、たがいに重なっていない。つぎのとおりである。

・倭……朝鮮半島の南半分の、百済の領域をのぞく地域と日本。三国時代の辰韓、弁韓の地、および馬韓の地の一部と日本。（『日本書紀』の継体天皇の六年（五一二）の条に、旧馬韓の地の一部であった全羅南道の四つの県を、日本が百済に与えたという記事がある。それ以前は、この地に日本の支配権がおよんでいたとみられる。この旧馬韓に属し、のちの百済に属していなかった全羅南道に属し、のちの百済に属していなかった全羅南道の地が、爵号の中にみえる慕韓〔馬韓〕にあたるとみられる）

・百済……百済の地。三国時代の馬韓の全羅南道をのぞく地。

・高句麗……遼東半島の地と、南満州、朝鮮半島の北部、および営州、平州の地。

倭、百済、高句麗の三国の勢力範囲を地図上にしめせば、地図4のようになる。」

かように五世紀において、倭（大和朝廷）が半島の南部に軍事政治支配権を有していたことは、中国に認められているのである。しかも、新羅は独立した存在とは認められていないのである。

結論からいうと、新羅と馬韓南部が大和朝廷の版図に組み入れられたのは、神功皇后の時代からであった。しかしながら、大和朝廷が半島に進出したのは、私が考える所、皇后の時代からではなく、もっと以前からである。

そもそも、仲哀天皇が熊襲征伐に九州にきた時には、半島の加羅地域は既に大和朝廷の版図に入っていたのである。加羅地域が大和朝廷の支配下に入ったのは、二九〇年代垂仁天皇の代である。

その後の皇后の新羅遠征において新羅を、そして第二次半島遠征（三八〇年頃）により、馬

地図4　5世紀ごろの倭、百済、高句麗の3国の勢力範囲

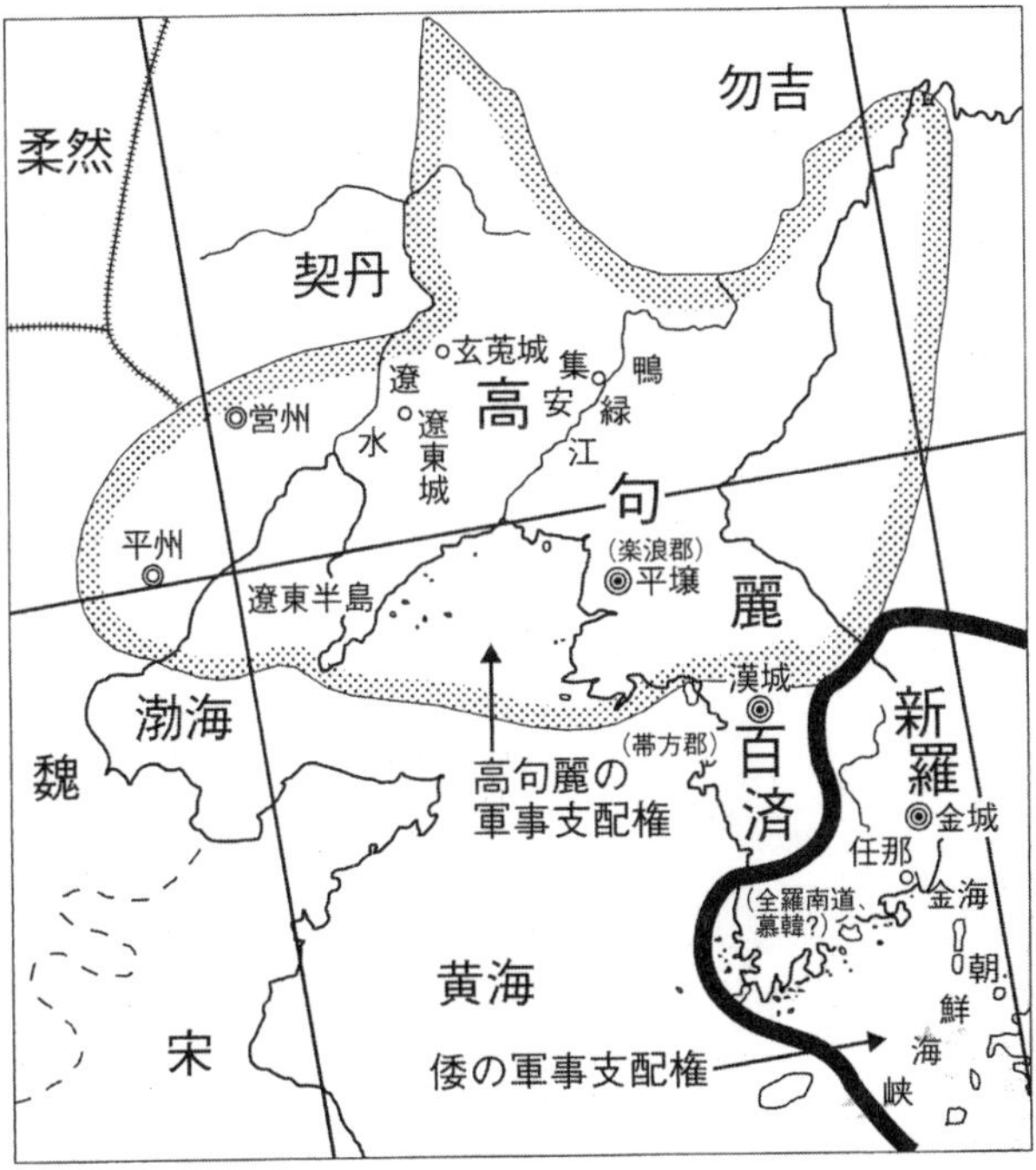

「応神天皇の秘密」安本美典　廣済堂出版

韓南部をもその手中に収めたということだ。

それでは、馬韓南部の地域について、もう少し論じてみよう。

宋書夷蛮伝・倭国に、

「興死して弟武立ち、自ら使持節都督倭・百済・新羅・任那・加羅・秦韓・慕韓七国諸軍事・安東大将軍、倭国王と称す」

とある。

この中で注目したいのは、秦韓という国である。後の新羅の辰韓を秦韓とする説もあり、辰韓と秦韓を混同していることもみられるが、新羅と秦韓が別々に記載されていることから、この両国は別々な国であることがわかる。

梁書《りょうじょ》百済伝には、

「その言（葉）には、中国（のもの）が混じっているが、（それらは）秦韓の遺俗だといわれている」

とある。

馬韓の北方には、かつて楽浪郡《らくろうぐん》があり、多くの中国人が居住していたのであるが、言葉がその影響を受けたのであれば、楽浪の遺俗との表現になるはずである。

ということは、馬韓の言葉に混じっているという中国語は、楽浪の言葉ではなく、馬韓内の別の中国人の影響を受けたということである。そしてそれは秦韓の遺俗だとすれば、馬韓の北ではなく、南の方に秦韓があったということになり、そこにも中国人が住んでいたということを表している。

吉川弘文館発行の標準世界史地図の、前一世紀初めの朝鮮の地図では、後の馬韓の領域は真番郡《しんばんぐん》となっている（?はついているが）。しかしこの真番郡はじきに廃止され、この一帯に漢の影響を残さなかったようである。

となると、この秦韓の中国人とは、漢の時代とは異なる中国人が住んでいたということになる。

論衡《ろんこう》という書に（後漢の王充著）、

「周の時、天下太平、越裳白雉を献じ、倭人鬯艸《ちょうそう》を貢す」

「成王の時、越裳雉を献じ、倭人暢を貢す」

とある。

周の成王（ＢＣ１１１５～１０７９）の時代に倭人と越裳《えつしょう》が貢献したということである（この件であるが、漢書王莽《おうもう》伝に「大后統を乗《と》ること数年、恩沢洋溢《よういつ》し、和気四塞せり。絶域・殊俗、義を慕わざるは靡《な》し。越裳氏は重訳《ちょうやく》して白雉を献じ、黄支《こうし》は三万里より生犀《せいさい》を貢し、東夷《とうい》の王は大海を度《わた》りて国珍を奉じ、匈奴の単于《ぜんう》は制作に順《したが》って二名を去れり。……」とあることから、論衡の記事はこれをもとにしているようであり、王莽の時代を周の時代のこととしているようである)。

ここにいう越裳であるが、越という字から、中国中南部の越の地域であろうとみられている。後漢書南蛮伝に「交趾の南に越裳国有り。周公居摂六年、礼を制し、楽を作す。天下和平、越裳三象を以て、訳を重ねて、白雉を献ず。」とある。

越とは「呉越同舟」という諺にも表されている中国江南地方会稽を中心とする国や民族である。春秋戦国時代には、一時中原に覇を唱え、山東半島の南端の琅邪《ろうや》に都を構えた（BC468）ほどであった。後に漢民族の南下にともない、南方に移住している。現在のベトナムを越南と書くのは、越の南にあった国だからである。このように越の活動地域から、越の字のつく越裳も中国南部にあったとみられている。

呉と越は隣国同士であり、その抗争は数々の諺や名言を生み出すほど有名であったが、共に海洋民族であり、太古より海に乗り出して活躍をしており、半島や倭をも活動の舞台としており、その地に呉音と解釈される地名を残している。（積女国はシャクニョと読み、魏志倭人伝の姐奴《しゃと》国のことである）

晋書武帝紀太康十年十二月（二八八年）に、「東夷絶遠三十余国、西南夷二十余国来献す」とある。

東夷絶遠とは、倭人のことであろう。

後漢書東夷伝・倭の、「倭は韓の東南大海の中にあり、……使駅漢に通ずる者、三十許国なり」の倭である。

西南夷は、中国西南部の夷族と考えられていた。しかるに、この記述と先の論衡の記述をてらし合わせてみると、「倭人と越裳」「東夷絶遠と西南夷」とセットになって記されているようである。しかし、両者が遠く離れているとすれば、かようにうまくしめし合わせたように来れるものであろうか。しかも、中国西南となると、中国からみて南蛮である。それが西南夷と夷で表現されている。となると、この西南夷とは、夷（中国東方の非華人）の中で西南部にある夷とも解釈されるであろうか（西南夷については、魏志倭人伝の風俗記事からみても、中国人自体が混同している面がみられるようである）。

となると、西南夷は半島の西南部とみれるであろうし、半島の倭と隣接しているとみてよいであろう。

馬韓南部の遺跡遺物には、江南の文化の影響がみられ、太古の昔には、呉人や越人が海に乗り出し、半島や倭の周辺を往来し、彼らのコロニーが造られていたのであろう。

となると、この馬韓南部の江南人（呉人、越人）の居住地が越裳と混同されていたのであろう。もちろん東隣は倭人の住む所であった（西南夷については、魏志倭人伝の風俗記事からみて、中国人自体が混同している面がみられるようである）。

「義熙（405～418）起居注」に「倭国、貂皮《ちょうひ》、人参等を献ず、詔して細笙・麝香を賜う（『太平御覧』香部一、麝条）」とある。

ここで倭国は人参（朝鮮人参であろう）を献じている。

これこそ周の時代に貢したという暢草《ちょうそう》であろう。

つまり倭人は、かつて半島南部に居住し、周の時代に人参を献じたことがあり、それをもとに晋にも人参を献じたのである。

東夷絶遠三十余国が倭人であるならば、西南夷二十余国は、雉を献じたという呉越人の国であろう。

そうして、この二十余国とは、後漢書東夷伝にある「会稽《かいけい》海外に東鯷《とうてい》人《じん》あり、分れて二十余国と為る」の東鯷人のことであろうことは、容易に想像がつく。

後漢の許慎《きょしん》がつくった字書の『説文解字』は、鱅・鮗・鯨・魦・鰈等の魚の名をあげ、「楽浪潘国に出づ」と記している。よほど有名だったのであろう。珍魚や魚グルメの食材は、「楽浪潘国」つまり真番地方の産という。楽浪に近い海岸地域というからには、真番南在説に加担する。（世界の歴史6　隋唐帝国と古代朝鮮」中央公論社）

東鯷人の鯷の字を使っているのは、この楽浪潘国に関する魚偏の魚種に関するものであろうか。馬韓南部に東鯷人の国があったことの傍証となるであろうか。

また、翰苑《かんえん》の「三韓」の項の冒頭に、

「境は鯷壑《ていがく》に連なり、地は鼇波《げいは》に接す。南は倭人に届き……。」

〈註雍公叡〉に、

「鯷壑は東鯷人の居、海中の州なり。鼇波は海を倶にするなり（海を有するなり）。」

鼇波は東海のこと、鯷壑は東鯷人の居であるという。（「邪馬壹国の論理」古田武彦　朝日新聞社刊）とある。

東鯷人は海岸に居住し、倭人はその南にあるとしている。

倭人については「楽浪海中に倭人あり」として楽浪郡の範疇に入っているのに対し、東鯷人は、同じ半島内にありながら、楽浪ではなく会稽郡の範疇に入っているように表されているのは、この地には、会稽方面の呉人や越人が多く往来し、その影響が強かったからであろう。

第二部　日本書紀二倍年暦

第一章　倭の五王の年代

古代天皇と長寿

古事記、日本書紀の年代を考えていく上で、最大の問題は、古い時代の天皇の年令や在位年が異常に長いことである。

古事記と日本書紀の各天皇の年令を書きだしてみると次のようになる。

日本書紀崩年干支については、新帝の即位の前年とした。よって空位年も入る。

表１「古事記」「日本書紀」の崩年干支、在位、宝算（天皇の没年時の年齢）

		古事記			日本書紀			
代	天皇	崩年干支	西暦	宝算	崩年干支	西暦	在位	宝算
10	崇神	戊寅	(318)	168	辛卯	(BC30)	68	120
11	垂仁			153	庚午	(70)	99	140
12	景行			137	庚午	(130)	60	106
13	成務	乙卯	(355)	95	辛未	(191)	60	107
14	仲哀	壬戌	(362)	52	庚辰	(200)	9	52
※	神功			100	己丑	(269)	69	100
15	応神	甲午	(394)	130	壬申	(312)	41	110
16	仁徳	丁卯	(427)	83	己亥	(399)	87	
17	履中	壬申	(432)	64	乙巳	(405)	6	70
18	反正	丁丑	(437)	60	辛亥	(411)	5	
19	允恭	甲午	(454)	78	癸巳	(453)	42	若干
20	安康			56	丙申	(456)	3	
21	雄略	己巳	(489)	124	己未	(479)	23	
22	清寧				甲子	(484)	5	若干
23	顕宗		在位8	38	丁卯	(487)	3	
24	仁賢				戊寅	(498)	11	
25	武烈		在位8		丙戌	(506)	8	
26	継体	丁未	(527)	43	癸丑	(533)	(25)	82
27	安閑	乙卯	(535)		乙卯	(535)	2	70
28	宣化				己未	(539)	4	73
29	欽明				辛卯	(571)	32	若干
30	敏達	甲辰	(584)	在位14	乙巳	(585)	14	
31	用明	丁未	(587)	在位3	丁未	(587)	2	
32	崇峻	壬子	(592)	在位4	壬子	(592)	5	
33	推古	戊子	(628)	在位37	戊子	(628)	36	75

という具合で、百才以上の長寿者が多数おり、他も、七、八十才の高齢者がほとんどである。このような長寿は現在でも異常であり、特に一般の平均年令が三十才ぐらいといわれる時代では明らかに異常である。

これは、記紀の編者が、古代天皇に威厳をもたせるために、年令等を水増したとも考えられる。しかしながら、年令が三百とか五百とかいった破天荒な年令ではなく、二百から四十年の間という具合に大体二倍の中におさまるようになっていることから、全くのでたらめに増やしたとは思えない。

もし天皇の年令等が二倍で表されていると仮定した場合、その理由は、当時の人は一年に二つ年をとるということになっていたからであろうとも推測できる。

そしてこの一年に二つ年をとるということは、当時の暦が二倍年暦であったからだとする説がある。当時は、現在の一年を二年分と数えたということである。春で一年、秋で一年というわけである。

古代には一年二倍年暦（一年二歳暦、春秋暦ともいう）があったとする人たちは、次のような事例をあげている。

三国志魏志倭人伝・裴松之《はいしょうし》注所収、魏略に、

「倭人は正歳四節を知らず。但春耕秋収を計って年紀と為す。」とある。

これは「倭人は、春の耕作と秋の収穫を数えて年齢とす。」ということで、年季とは年齢のことで、計るとは物を数えることである。

また同じく三国志魏志倭人伝に、

「倭人寿考。或は八、九十、或は百。」とある。

これは「倭人の年齢は八、九十才から百才である」と読める。当時の人間の寿命は五十才ぐらいと考えられているから、倭人が歳を聞かれて、八、九十あるいは百といったとしたら、その半分の四、四十五或は五十才となり、当時としては普通ということになる。

しかし、古代天皇の年令が長いというだけで、古代に二倍年暦が使われていたという証拠にはならない。

その他にも当時の倭人の間では、二倍年暦が使われていたのであろうか。

その証拠として、古くから続いている民俗行事の中に、その名残を見い出そうとする方法がある。一年二歳暦の提唱者の一人である安本美典氏は、その著書（「新考邪馬台国への道」筑摩書房）の中で、宮中行事と民俗行事の中から年二回のものをあげている。抜き書きしてみると、例えば、宮中の行事で六月と十二月の同じ日におこなわれているものが少なくない。

御贖物忌火御飯	六月一日と十二月一日
御体御卜奏	六月十日と十二月十日
月次祭　（廃務） 神今食祭　（廃務） 大殿祭	六月十一日と十二月十一日
解斎御粥	六月十二日と十二月十二日
豊受大神宮月次祭	六月十六日と十二月十六日
皇大神宮月次祭	六月十七日と十二月十七日
大祓 節折 御贖物 鎮火祭 道饗祭	六月晦日と十二月晦日

同様に、七月と一月の行事もよく対応しているという。

また民俗においても、年二回、春と秋の行事が行われることが見られ、「風土記」や「万葉集」にみえる嬥歌《かがい》も、春秋二期に行なわれたという。

嬥歌は、一つの農耕儀礼であったといわれるという。

風土記にみられる嬥歌の記事をみてみよう。

『「杵島《きしま》の縣《あがた》。縣の南二里《さと》に一孤山《ひとつやま》あり。……郷閭《むらざと》の士女《をとこをみな》、酒を提《たづさ》へ琴《こと》を抱《いだ》きて、歳毎《としごと》の春と秋に手を携《たづさ》へて登《のぼ》り望《みさ》け、楽飲《さけの》み歌ひ舞ひて……」〔肥前国風土記逸文〕

「それ筑波岳《つくはやま》は、……坂《さか》より東《ひむがし》の諸国《くにぐに》の男女《をとこをみな》、春の花の開《ひら》くる時、秋の葉《は》の黄《もみ》づる節《をり》、相携《たずさ》ひ駢闐《つらな》り、飲食《をしもの》を齎賚《もちき》て、騎《うま》にも歩《かち》にも登臨《のぼ》り遊楽《たの》しみ栖遅《あそ》ぶ……」〔常陸国風土記〕

「筑波嶺《つくはみね》に登りて嬥歌《かがひ》会をする日に作る歌一首」とあって「……率《あども》ひて、未通女《をとめ》壮子《をとこ》の行き集《つど》ひかがふ嬥歌《かがひ》に……」〔万葉集一七五九〕歌は、一つの農耕儀礼であったといわれている。これらが春秋の二期に行われることは、宮中行事の祈年祭や新嘗祭に関連があるようにも思われる。民間行事の中にも、六月と十二月の区切りの名ごりをとどめていると考えられるものがある。

盆綱引き、正月綱引きが行なわれるのは全国的である。九州では、盆か十五夜に行なうのが一般的であり、宮崎県では十五夜が多い。この行事は魂祭りの一つの行事であり、年占《としうら》の意味をもつ農耕儀礼である。その他、川渡りの朔日《ついたち》、オンバレサマ等の民間行事も、六月と十二月との区切りの名ごりを留めていると考えられる。宮中行事は、庶民の行事を、宮中行事として取り入れたものと考えられる。』(「新考邪馬台国への道」安本美典　筑摩書房)

確かに、古代においては、同じ年行事が春と秋の二回おこなわれていたのである。

又、現在でも、年二回、春と秋に同様の行事が行われることがみられる。春の運動会、秋の運動会とか、サラリーマンの年二回のボーナスや、春の彼岸、秋の彼岸等がそれである。

しかし、問題はこれが年代として使われていたのかということである。

次に、辛酉《しんゆう》革命説というのがある。

古代の天皇の年齢や在位年が長いのは、辛酉革命説(六十年に一度の辛酉の年には革命があり、特に二十一巡する千二百六十年目毎の辛酉の年には、大改革があるとする説)というのがあり、それに合わせて年齢等をのばしたのだという説である。

日本の最も古い正式の国史は日本書紀であり、その中では、初代の天皇は神武天皇であり、その即位年から、第四十一代の持統天皇の十一年八月一日に譲位するまでが、年代をもって記録されている。

持統天皇の十一年は西暦に換算すると、六九七年丁酉《ていゆう》にあたる。そこから各天皇の在位を遡っていくと、神武天皇即位元年は紀元前六六〇年の辛酉の年となるのである。

ところがこの年代は縄文時代の真っ最中であり、弥生時代（BC三世紀～AD三世紀）に入る三百年も前なのである。しかし、神代紀や神武天皇紀の時代描写は、どうみても弥生中期の様子を描いている。

古代天皇が長寿すぎることや、時代背景が弥生時代中期であること等から、日本書紀の年代は、古い時代においてかなり引き伸ばして記録されているということが常識となっている。

つまり、神武天皇の即位が紀元前六六〇年の辛酉年であると日本書紀に記されているが、これは書紀の編者による創作であるとされているのである。

その元となったのが、讖緯《しんい》説であるとされている。

この説は、中国から来たもので、前漢から後漢の時代に盛んだった讖緯家が説くものに、辛酉の年に革命が起きるという説があった。

讖緯とは、占いや未来の予言に関する神秘的説明をする学問のことである。

東洋では、紀年法として干支を使用していた。

干支とは十干と十二支の組合せにより、年を表わす紀年法である。

十干とは、次の十個である。

甲《こう》《きのえ》　乙《おつ》《きのと》　丙《へい》《ひのえ》　丁《てい》《ひのと》　戊《ぼ》《つちのえ》　己《き》《つちのと》　庚《こう》《かのえ》　辛《しん》《かのと》　壬《じん》《みずのえ》　癸《き》《みずのと》

十二支とは、次の十二個である。

子《し》　丑《ちゅう》　寅《いん》　卯《ぼう》　辰《しん》　巳《し》　午《ご》　未《び》　申《しん》　酉《ゆう》　戌《じゅつ》　亥《がい》

これは普通、動物に当て嵌《は》めて、

ね、うし、とら、う、たつ、み、うま、ひつじ、さる、とり、いぬ、いのしし

と呼ばれている。

そして、この十干と十二支を一年の中に組み合わせて使うのである。

まず、ある年の十干を甲とし、十二支を子とする。この年は甲子の年である。

次の年は、十干が乙で、十二支が丑であり、乙丑年となる。

その次の年は、十干が丙で、十二支が寅で、丙寅年となる。ところが、十干は十個しかなく、十二支は十二個なので、二年ずれることになる。

十干の最後が癸で、十二支の十番目は酉で、癸酉年となる。

その次は、十干ははじめに戻って甲で、十二支は戌で、甲戌年となる。

こうして二個ずつずれていき、六十年で一巡し、これを一運という。

これを還暦といい、人生では六十一才で赤いチャンチャンコを着ることになる。

甲子は「こうし、きのえね」辛酉は「しんゆう、かのととり」と読む。ちなみに二〇〇七年(平成十九年)は、丁亥「ていがい、ひのといのしし」年である。

辛酉年は六十年ごとに巡ってくるのであるが、この辛酉の年は、天命が改まる改革の年であるという。

中でも、干支が二十一巡(一蔀《いちぼう》)する千二百六十年目毎の辛酉の年には、特に天命の大改革が起こるというのが辛酉革命説である。

前述したように、これは中国の漢の時代に盛んであった讖緯家が説くものであった。讖緯とは占いや未来の予言に関する神秘的説明をする学問のことである。

明治時代の学者である那珂通世《なかみちよ》は、

「此の紀元は、人皇の世の始めの年にして、古今第一の大革命の年なれば通常の辛酉の年には置き難く、必一蔀の首なる辛酉の年に置かざるべからず」(『上世年紀考』第三章　辛酉革命の事）と述べている。

そして、日本書紀が神武天皇の即位を辛酉の年としたのは、天皇の即位がこの大改革にあたるからだとした。

つまり日本書紀の編纂にあたった人たちは、自国の紀元をどこに定めるかという問題に対して、それを神武天皇即位が日本史上の大改革にあたるとして、初代天皇即位を辛酉革命説から、辛酉の年を日本の紀元としたというのである。

この考えは、現在多くの支持を得ている。

しかし、この神武即位辛酉説には、批判的な見解もある。それを要約すると、

（一）辛酉の革命は、千二百六十年ごとにおこるのではなく、干支二十二巡、千三百二十年ごとに起こると考えられていた。

（二）千二百六十年ごとに天命の大改革が起こるとする説によるならば、神武天皇即位の辛酉の年から、千二百六十年降った推古天皇九年、千三百二十年降った斉明天皇七年が、神武天皇即位の年を辛酉と定める起点になる。辛酉革命説をよりどころとして神武天皇即位の年を定めたのならば、推古天皇九年、または斉明天皇七年にも天命の大改革に近い出来事があったように記述されているはずである。ところが、こじつけようとすればともかく、それらしい記述はな

い。
（三）讖緯説がわが国で信仰的に行なわれるようになったのは『日本書紀』編纂より後の平安時代に入ってからであり、『日本書紀』に辛酉革命説が織り込まれているとはいえない。
と、以上のような批判があるとしている。（「古代天皇長寿の謎」貝田禎造著　六興出版）

つまり、二十一度目の辛酉の年に大変革があったとは言えないというのである。

そこで、では千二百六十年にもう六十年後を考えてみると、この年には、斉明天皇が半島遠征を意図し、翌年九州において崩御、その後、白村江の大敗、近江遷都、壬申の乱等の動乱期に入ったことから、讖緯説はこれにあたり、二十二元一蔀であるとして、千三百二十年説を唱える人もいた。

しかし、こうなると単なるつじつま合わせとなってしまう。

ようするに讖緯説とは、迷信ともいえないようなこじつけなのである。

それでは日本書紀の編者は、讖緯説を頭において神武天皇の年代を決めたのであろうか。それは否であると思う。

当時はまだ讖緯説が知られていなかったようであることの他に、辛酉革命説の二十一元をとりたいのであれば、斉明天皇の崩御とその後の動乱を大革命とするなら、天皇の崩御の西暦六六〇年から千二百六十年遡った紀元前六〇〇年に神武即位とすればよかったのである。年代の作為をしているならば、欠史八代《けっしはちだい》あたりの天皇の年代を七～八年減らせば済むことである。しかし、そのような造作をしていない所をみると、讖緯説により神武即位を考えたわけではないということがわかる。

つまる所、日本書紀の編者は、持統天皇の時代から年代を遡っていき、安康天皇のあたりから二倍年暦をそのまま積み重ね（後述）、神功皇后の年代を卑弥呼の時代に合わせるようにするために年代を引き伸ばし（後述）、さらに諸天皇の年代を積み重ねていった所、それが偶然、神武天皇の即位年が辛酉年にあたったか、それに近づいたかしたのである。

よってそのまま辛酉年にしたか、若干の修正をして辛酉年（当時、辛酉革命は知られていた）に合わせたのである。合わせたとしても、せいぜい十二年以内であろうか。

倭の五王は誰か

倭の五王とは、中国の宋書、梁《りょう》書、南斉書に、中国に朝貢したと記されている倭国の五人の王のことである。

彼らは大和朝廷の天皇であると考えられているのであるが、各王がどの天皇であるのかが確定していない。

というのは、五人の王の名は、中国風の漢字一文字で、讃、珍、済、興、武なのであるが、これらの王名は記紀の中に一切現れず、それどころか、大和朝廷の天皇が中国に貢献したことすら記録されていないのである。いや、この五王の記述されている中国の各書からの引用すら載っていないのである。

しかし、五王が天皇のいずれかであることが確実として、誰がどの天皇であるのかということは、江戸時代から盛んに研究されていた。

中国側の記録には、五王の誰がいつ貢献したのかとか、前王との続柄や授与された爵位が記録されていることから、それらを元に倭の五王を特定しようという試みがおこなわれてきた。それはまた、五王が確定すれば、日本書紀の年代を修正することができ、実年代を探ることもできることにもなるからである。

日本書紀の年代は、かなり延長されていて現実的とはいえないのであるが、各天皇の続柄や在位数（年代はあてにならないにしても、在位期間の長い天皇は長く、短い天皇は短く記載されているだろうと考えた）、名前と年代の確実な時代の天皇から遡ることにより、江戸時代から学者達は各王と各天皇を比較検討し、その結果、各倭王は応神《おうじん》天皇から雄略《ゆうりゃく》天皇までの七人の中に当てはまるのではないかと考えられた。

讃については、応神、仁徳《にんとく》、履中《りちゅう》天皇に比定する説がある。

珍については、仁徳、反正《はんぜい》天皇に比定する説がある。

済については、允恭《いんぎょう》天皇に比定する説がある。

興については、安康《あんこう》天皇、市辺押磐皇子《いちのべのおしわのみこ》、木梨軽皇子《きなしかるのみこ》に比定する説がある。

武については、雄略天皇に比定する説がある。

済を允恭天皇に、武を雄略天皇と比定するのはほとんど異存はないようである。

また、皇子を比定するむきもあるが、まだ即位をしていない皇子が、倭王として中国から認知されるのはおかしい。残りの讃、珍、興の三王については、現在でも確定していない状態であり、しかも、仁徳から雄略までは六天皇なのである。

大方の考えは、讃は仁徳天皇、珍は履中か反正天皇、済は允恭天皇、興は安康天皇、武は雄略天皇であると考えられている。

この部をたてた目的は、実年代を表わすことであるから、この倭の五王が誰であるのかと、その年代について考証を重ねて確定しなければならない。

それでは、倭の五王が中国の書ではどのように記録されているのかから、調べてみる。

中国（南朝）と倭の五王交渉録　（「倭の五王」藤間生大著　岩波新書をもとに、
以上に王朝皇帝名と記事を付加した）

西暦	王朝	皇帝	年号	事項
四一三	東晋	安帝	義熙《ぎき》九	倭国方物を献ず（晋書安帝紀） 安帝の時、倭王讃朝貢（南史）
四二一	宋	武帝	永初二	倭王讃朝貢、除授を賜う（宋書倭国伝）
四二五		文帝	元嘉二	讃又、司馬曹達を遣し上表貢献す（宋書倭国伝）
四三〇			元嘉七	倭国王、使を遣し方物を献ず（宋書文帝紀）珍？
不明				讃死して弟珍立つ。使を遣し貢献（宋書倭国伝）
四三八			元嘉十五	倭国王珍を安東将軍となす（宋書文帝紀）
四四三			元嘉二十	倭国王済を復た以て安東将軍・倭国王となす（宋書倭国伝）
四五一			元嘉二十八	倭王倭済を安東将軍から安東大将軍に進める。（宋書文帝紀） （倭王に）使持節都督倭・新羅・任那・加羅・秦韓・慕韓六国

			諸軍事を加え、安東将軍は故の如し（宋書倭国伝）
不明			済死す。世子興、使を遣わして貢献（宋書倭国伝）
四六〇	孝武帝	大明四	倭国使を遣わして貢献（宋書孝武帝紀）
四六二		大明六	倭王世子興を安東将軍・倭国王とする（宋書倭国伝）
不明			興死んで弟武立ち、自ら使持節都督倭・百済・新羅・任那・加羅・秦韓・慕韓七国諸軍事・安東大将軍・倭国王と称す（宋書倭国伝）
四七七	順帝	昇明一	倭国使を遣し献物（宋書順帝紀）
四七八		昇明二	倭国王武を安東大将軍となす（宋書順帝紀）上表文を出す。使持節都督倭・新羅・任那・加羅・秦韓・慕韓六国諸軍事・安東大将軍・倭王に除す（宋書倭国伝）
四七九	南斉高帝	建元一	倭王武を安東大将軍から鎮東大将軍となす（南斉書倭国伝）
五〇二	梁　武帝	天監一	倭王武を鎮東大将軍から征東大将軍に進める（梁書武帝紀）

倭王の中国への貢献の理由は、次の三点が考えられる。

①　新皇帝の即位への賀詞《がし》
②　倭王の即位の報告
③　その他

まず皇帝の即位年を調べてみると、四二〇年初代武帝即位、四二四年太祖文帝即位、四五四年世祖孝武帝が即位している。

このことから、讃の四二一年と四二五年の貢献は、新皇帝即位への賀詞とみられる。
②と③であるが、これはどちらがどちらであるか、定かではない。これは、日本側の資料が確としたものがなく、どの天皇が倭王の誰で、何年に即位したのかが全くわからないからである。
そうした中から、なんとか各王を比定しようという試みがなされてきた。そこで、各王の年代の概要を探り出すことから始められた。つまり、各王がいつ頃からいつ頃のあいだ在位していたのかを調べることから始めたのである。

四二五年讃が貢献していて、四三八年に弟の珍立って貢献とあることから、この年のそう遠くない時期に倭王珍は即位したと考えられる。

四四三年に済が貢献とあることから、この年のそう遠くない時期に倭王済が即位したと考えられる。

四六二年済没し世子興貢献とあることから、この年のそう遠くない時期に倭王興が即位したと考えられる。

四七八年興死し弟武立って上表とあることから、この年のそう遠くない時期に倭王武は即位したと考えられる。

五〇二年に武の号を進めてとあることから、倭王武はこの時期あたりは在位していたと考えられる（武のこの年の除授には疑問があり、後述する）。

次に中国資料にでてくる倭王と、彼らに比定される諸天皇間の続柄を検討してみよう。

これがまた、ぴたりとは当て嵌まらないのである。（図1P167）

まず、讃の次の珍は弟となっている。次に済がでてくるが、珍と済の続柄は記されていない。済の次の興は、世子つまり済の子である。興の次の武は弟である。

つまり、継承は親子であったり兄弟であったりと入り組んでいるようなのであるが、それが中国の記録と一致しない。

日本書記の中で、かように継承が入り組んでいるのは仁徳天皇から雄略天皇にかけてである。

そのため、倭の五王はこの諸天皇ではないかと推察されるわけである。

ところがここでの疑問は、讃を仁徳とすれば、仁徳の次の履中とは親子であり、宋書のいう所の兄弟ではない。

ところで、貢献記事の中に倭王名の記されていない記事があるのであるが、同じ王が続く場合は名前を書いていないとみられる。

とすると、四三〇年の王は讃であり、四六〇年の王は済である（四七七年の王については、後述）。

讃は四一三年から四三〇年までは在位していたとみられるから、十七年の在位である。

珍は四三八年から四四二年までの在位と仮定すれば、四年の在位とみれる。

済は四四三年から四六〇年までは在位していたとみられるから、十七年の在位である。

興は四六二年から四七七年までは在位と仮定すると、十五年の在位とみれる。

武は四七八年から五〇二年までの在位と仮定すれば、二十四年の在位とみれる。

これは在位が長―短―長―長―長というパターンである。

ついで各天皇の日本書紀での在位年をみてみよう。

応神天皇　四十一年　仁徳天皇　八十七年　履中天皇　六年

反正天皇　五年　允恭天皇　四十二年　安康天皇　三年
雄略天皇　二十三年　清寧《せいねい》天皇　五年　顕宗《けんぞう》天皇　三年

一見してわかるように、古い時代には、かなり長い在位の天皇が三人いて、このあたりが天皇在位年の二倍年暦の境といわれている。

パターンは、長―長―短―短―長―短―長―短―短であり、倭の五王のパターンとは全く合わない。これは当然のことである。中国の史料は、倭国の天皇をすべて載せているわけではない。あくまでも貢献して来た倭王と、その年を記しているだけなのである。つまり、貢献しなかった王もいるし、即位してすぐに貢献しなかった王もいた。

しかるに、この間の天皇が倭の五王の時代ではないかと考えられているのは、先の事由の他に、年代の確実な天皇（用明天皇）から、書記の年代を遡っていくと、この辺りにゆきつくからである。

倭の五王と各天皇の続柄を図にしてみると、図1のようになる。

まず、第一の問題は、讃と珍の続柄が合わないことである。

図１．五王の系譜

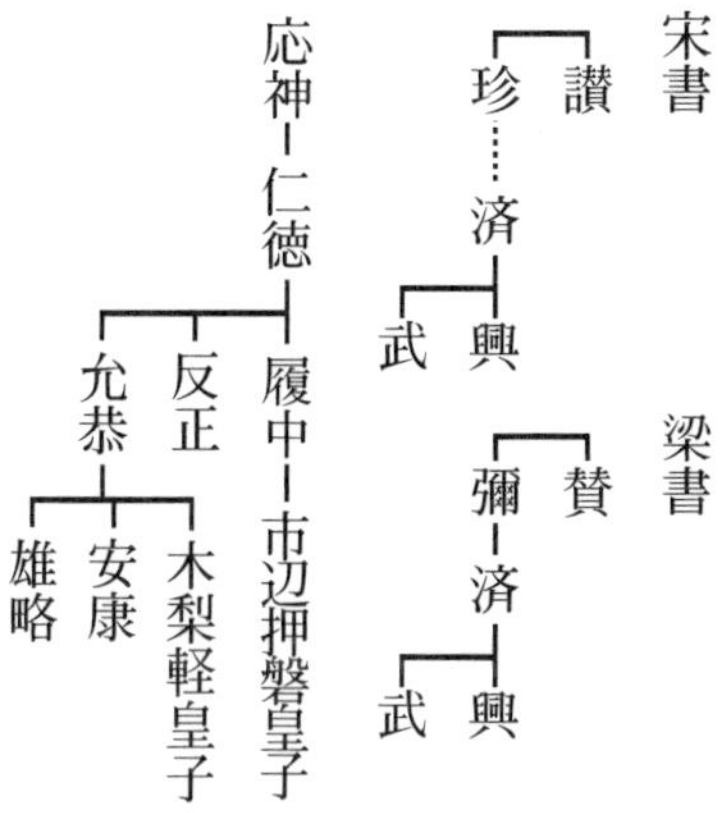

四三〇年の貢献には、王名が記されていない。四三八年には、（讃没し）弟の珍立って貢献とある。四三〇年の王名のない王は、引き続き讃であるとみれる。しかし、讃が仁徳だとすると、書紀では次の王は、実子の履中である。履中の次は、反正、允恭と続くが、この三人は兄弟である。書紀によると履中、反正の二人は在位期間がそれぞれ数年しかない。讃の在位は長く、珍の在位は短いので、讃は仁徳で、珍は履中か反正とみられている。珍は弟と記されてあるから、履中の弟の反正とみてよいであろう。

つまり、讃の次に、ある王が即位したが貢献しなかったので記録がなく、次にその弟が即位して貢献したので、宋書では前の王のことは書かずに、その王の弟と表現したのである。履中天皇のことは記録されていなかったのである。但し、梁書には倭王彌という名の王がでてきており、履中であるという説がある。梁書は若干信頼性に欠けるといわれる。

次の問題は珍と済の続柄であるが、済の在位は長く、允恭の在位も長いので、済は反正の弟の允恭天皇とみてよい。

その次の問題は、興の在位期間である。

興は四六二年に登場し、その次の年代不明の記事で、興死んで弟武立ち、とあることから、在位は短いとみてよい。後述するが、ある事情から、武は即位と同時に貢献しなかったようなのである。よって興は、安康天皇であり、武は雄略天皇である。

ところが先に、年代が確定している天皇から遡っていくと、倭の五王の年代となるといったが、倭王武の箇所で大きい食い違いをみせる。それは、武が五〇二年に授号した記事があるのに、紀では、雄略天皇は四七九年に崩御したことになっているからである。

しかるに、紀の古い年代は不正確であるとみられるが、大略、その年代をみてみると、倭の五王が大和朝廷の仁徳以下雄略までの諸天皇にあたるらしいことはわかったのではあるが、細かい即位年代等について、この五王の記事から読みとることは、不能といってよい。記紀の天皇の在位数、年齢等から考えると、五王の貢献年代とはぴたりとは当て嵌まらないからである。

よって、更に細かく確定するには、他の史料と対比しながら割り出さなければならない。

漢風諡号《かんふうしごう》と倭の五王

漢風諡号とは、八世紀の淡海三船《おうみのみふね》という人物が作成したといわれる、諸天皇の中国風のおくり名である。

応神天皇とか、仁徳、履中、反正、允恭、安康、雄略等の名前のことである。

それまでは、天皇には倭風諡号しかなかったと思われ、この時に各天皇の事跡等をもとにして決めたと思われる。そして以後この風習は続けられており、今では天皇の名前といえば、この名をさすようになっている。

一方、倭風諡号とは、誉田天皇《ほむたのすめらみこと》とか、大鷦鷯天皇《おおさざきのすめらみこと》、去来穂別天皇《いざほわけのすめらみこと》、瑞歯別天皇《みつはわけのすめらみこと》、雄朝津間稚《おあさづまわくごの》子宿禰天皇《すくねのすめらみこと》、穴穂天皇《あなほのすめらみこと》、大泊瀬幼武天皇《おおはつせのわかたけのすめらみこと》となる。

倭の五王の王名は、中国風の一字であって、中国用の名であったとみてよい。つまり、中国へ行き名乗る際に使われた、中国用の名前なのである。

私は、この五王の讃、珍、済、興、武の名が、淡海三船が漢風諡号を作成する際に参考にされたと考えた。

ちなみに、前に、倭王武が雄略天皇であることは、ほとんど異存はないと書いたが、それは武という字のイメージが、雄略という名と事跡によく合っているからである。

この倭の五王は、それぞれ讃＝仁徳、珍＝反正、済＝允恭、興＝安康、武＝雄略であると考えられる。


これらの中で、讃＝仁徳、武＝雄略等は、中国名と漢風諡号の意味がぴったりと合う。ただ五王の中国名は、各王の事跡により命名したのではない。即位した時、または中国に朝貢する時に定められたものである。その時の命名の方法であるが、江戸時代にさるかたが、倭風諡号等の天皇の名の一部から選び出した等と唱え、今でもこれに沿って解釈するむきもあるが、一貫性がなく支離滅裂といってよいほどなので、参考としてもあげないでおく。

先に倭王名があったのであり、この倭の五王の時代の漢風諡号は、この倭王名を参考にしてつけたらしい。

王名が讃で誉め讃えるという意味があり、事跡も仁政で徳があったので、仁徳と命名した。

王名が武で勇壮な意味があり、事跡も勇壮で、王位継承の際の策略にも長けていたので、雄略と名付けた。

ここまでは、比較的簡単に進んできたが、他の天皇名はどうであろうか。

王名が興であるから、その音をとって康ともとれるが、安康天皇の事跡は決して安らかではない。いずくんぞ康（安らか）ならんや、である。諧謔《かいぎゃく》もきかせているようである。

王名が済であり、済済からその意味「慎み深くおごそかなこと」から、允「まことに」恭「つつしむ」として允恭とした。

次に王名珍であるが、履中でも反正にもうまくあわない。

ここまでを通してみると、八世紀のころには、倭の五王とは、仁徳から雄略までの天皇であるということはわかっていたようであり、それをもとにして淡海三船が命名したのである、ということがいえるようである。

ところが、さすがにこの時期になると、珍が履中であるのか反正であるのかわからなくなっていたようなのである。そのため、履中と反正天皇の諡号は、珍という名とは関係なく決められたようだ。

命名に際しては、洒落や語呂合わせ等もみられることから、江戸時代等によく行われた言葉の遊びのようなことが、既に行われていたとわかる。

ちなみに仲哀天皇の諡号は、まさに皇后との仲が哀れということを表していることになる。

日本書紀にいない倭の五王

倭の五王がどの天皇にあたるのかを、中国史料と天皇の系譜を見比べることによってある程度推測することができた。

それでは、各天皇の中国との交渉史が、日本書紀、古事記の中に記載されているのかというと、この倭の五王としての活躍は全く記載されていないのである。

中国の史書である魏志倭人伝には、倭国王として邪馬台国の女王卑弥呼のことがくわしく紹介されており、日本書紀にも神功皇后は卑弥呼であるという前提で、魏志倭人伝の一部が引用されている。皇后は卑弥呼ではなく、邪馬台国は大和朝廷とは全く関係ないにもかかわらずである。このように、紀が外国文献を引いているのは、紀の編纂における史料が国内の史料にのみ頼っているのではなく、外国の史料をもその編纂の際に参考にしていたということを表している。つまり、日本書紀の編者は世界に通用する史書の編纂をめざしていたわけである。その結果、国内史料と外国史料に齟齬がみられた場合は、外国の史料が正しいとして、外国の史料に合わせるということになった。

ところが、このように照合しながら編纂をすすめていると、外国の史料には記載されているのに、国内の史料にはないということも当然でてくるわけである。

その最たる物の一つが、魏志倭人伝の邪馬台国であった。この件については（詳しくは後述する）、卑弥呼は神功皇后であるという説（当然邪馬台は大和朝廷である）をとり、神功紀の中にそれとなく記述することとした。

問題は、もうひとつの倭の五王の件である。

倭の五王が、大和朝廷のどの天皇にあたるのかについての国内史料は存在したはずである。倭の五王の時代、大和朝廷は頻繁に宋等と通交しており、位階を受けたり上表文を提出したりとかなりの交流がみられ、中国の国史に、特に倭王武の上表文はその全文が掲載されているというほどの待遇ぶりである。

しかも、これらの貢献は秘密裏に行われるものではない。費用だけみても、当時としては大変な額であったろうし、その準備たるものも相当であったろう。まさに一大国家事業のはずである。それらのことが、一切国内資料に残っていなかったはずはない。

それなのに、倭の五王の事跡が一切日本書紀の中に記されていない理由は唯一つである。

それは、編纂される歴史書の中に五王の年代を入れる所がない、ということである。

何故そうなったのかを、応神天皇の時代から検証していってみたい。

日本の紀年である皇紀は、ＢＣ六六〇年の神武天皇即位から始まっており、五王に相当する各天皇以下の崩年を西暦で表すと、応神天皇三一二年、仁徳天皇三九九年、履中天皇四〇五年、反正天皇四一一年、允恭天皇四五三年、安康天皇四五六年、雄略天皇四七九年となる。

各天皇の年代をそのまま積み上げていくと、安康天皇のあたりから、中国の資料との年代があわなくなってしまう。

このことは、日本側の資料の年代は安康天皇の所から二倍年暦をもって記録されており、年代が二倍になっているにもかかわらず、修正せずにそのまま普通暦と同様に記載していったことを表しているとみれる。

そこで紀の編者は、思いっきり宋書以下を無視することにしたのである。

これが、紀に倭の五王のことが載っていない理由である。

それにしても、当時の編者が二倍年暦のことを知らなかったとは思えない。

いったい何の算段があって、二倍年暦を隠して年代を伸ばすようなことをしたのであろうか。

第二章　応神天皇と倭の五王

好太王碑文

神功皇后の新羅遠征の年代を算出するためには、現在わかっている年代（実年代または絶対年代）をまず捜し出して、それを基準に探り出していかなければならない。

私はそれを、応神天皇の年代においてみた。対比して使うのが好太王碑文の年代である。

中国との国境鴨緑江《おうりょくこう》の北岸の、現在は中国領である吉林省集安《きつりんしょうしゅうあん》（輯安）の地に巨大な石碑がある。

ここはかつて東アジアに覇を唱えた高句麗の都、国内城（丸都城《がんとじょう》）があった所である。

この石碑は、広開土王碑《こうかいどおうひ》または好太王碑とよばれている。その名のとおり、広開土王の事跡を刻んだ碑である。材質は角礫凝灰岩《かくれきぎょうかいがん》梯形四角柱の巨岩である。

広開土王については、平凡社世界百科辞典に次のようにある。

「こうかいどおう　広開土王　?～四一二

朝鮮、高句麗朝第一九代の国王（在位三九一～四一二）

好太王、永楽太王ともいい、王墓碑文には〈国岡上広開土境平安好太王《こくこうじょうこうかいどきょうへいあんこうたいおう》〉と記されている。

王は名が示すように領土の拡大に大功をたてた英王であり、次代の長寿王の時代に現れる高句麗極盛期の基礎は広開土王によってつくられた。領土の拡大は西方の遼東方面においてもおこなわれたが、南方に対して最もいちじるしかった。三九一年、王は百済を攻めて漢江以北の地を取り、百済が日本と結んで反攻すると、三九六年、漢江を渡って百済の都（京畿道広州）に迫り、百済王に和を請わせた。他方、新羅は高句麗の南下を恐れ、人質を出して和を求めたので、半島の大半は高句麗の支配下に入った。このような高句麗の南下は半島に進出していた日本との衝突をひきおこし、四〇〇年には新羅境域内で、四〇四年には帯方境上で激戦を交えた。

王の功業は広開土王碑（好太王碑ともいう）に刻されている。これは四一四年に高句麗の古都輯安（鴨緑江中流右岸）にある王の陵墓に建てられた碑である。そこに大碑があることは古くから知られてはいたが、その大半は土中に埋没し、その価値も知られぬままに放置されていた。清の光緒初年にいたって再発見され、やがて碑文の内容が明らかとなってから急に学界の話題となった。日本には一八八四年（明治十七年）はじめて紹介され、以後多くの学者の実地調査と文献考証とにより、その価値が確認されることとなった。碑は高さ二十一尺（約六三六㎝）幅約一・五ｍの不正四角形の自然石で第一面十一行、第二面十行、第三面十四行、第四面九行、各行四十一字が刻してあり、一字の大きさは約四寸（約十二㎝）である。多年風雨にさらされたため破損が著しいが、これは朝鮮・日本の古代史の最も貴重な史料の一つである。」

高句麗王が繰り返し戦った相手の倭王についてはその名は記されておらず、また「三国史記」にも「古事記」「日本書紀」にも倭王のことは何も記されていない。

それでは、碑文には、倭はどのように登場してくるのであろうか。

碑は四面に分かれており、総計千八百字余りで、文は三段の構成をしめしている。

第一段は、始祖の出自と建国の由来をのべ、広開土王の勲功をたたえて山陵をつくり碑を建てた事情をのべている。

第二段は、広開土王の業績を年代順に述べ、第三段は、守墓人のことについて述べている。

この中で重要なのは第一面の中頃から始まる第二段である。そこには、高句麗と倭の抗争が描かれている。

まず、それらを抜き書きにしてみよう。原文は早稲田大学編『訂正増補　大日時代史、日本古代史・上巻』より。旧字は新字とした。

○百残新羅舊是属民由来朝貢

・百済、新羅は旧（もと）是《これ》（高句麗の）属民であり、由来朝貢してきた。

○而倭以辛卯年来渡海破百残□□□《新》羅以臣民

・しかしながら、倭は辛卯年（三九一年）に海を渡って来て、百済□□新羅を破り、（倭）の臣民とした。

○以六年丙申王躬率水軍討科《（伐）》残国軍□□《（南）》首攻取壹八城

・そこで永楽六年（三九六年）丙申に王は躬《みずか》ら水軍を率いて百済国の軍□を討伐し□□南攻め取ること八城であった。

○賊不服気敢出百戦

・百済は義に服さず、敢えて出で百戦す

○王威嚇怒渡阿利水遣刺迫城
・王威嚇し怒りて阿利水を渡った。刺迫城に遣いし、
○百残王困逼獻出男女生口一千人細布千匹
・百済王は困逼して男女生口一千人細布千匹を獻出した。
○帰王自誓従今以後永爲奴客太王恩赦□迷之衝録其後順之誠於是
・王は帰順し自ら今より後は、永く奴客となると誓った。太王は恩赦を与え、その後は高句麗王に順うこととなった。
○九年己亥百残違誓與倭和通王巡下平穣
・永楽九年己亥百済は誓いを破り倭と和通した。そこで大王は平穣に巡下した。
○而新羅遣使白王云倭人満其国境潰破城池以奴客爲民歸王請命
・そこへ新羅が使を遣わしてきて太王のもとに訴えてきていうには、「倭人がその（新羅と倭の）国境に満ち、城池を潰《こわ》し破り、『奴客』（高句麗にとって）であるわたしを（倭の）従属民としています。わたしは太王に帰属し、その命に従いたい」と。
○太王恩後稱其忠□時違使還告以□《カ》訴
・太王は、その忠誠を受け入れた。その使いを本国へ還した。

○十年庚子教遣歩騎五萬（往）救新羅従男居城至新羅城倭満其中官兵方至倭賊退□□□□□
□□□来背息追至任那加羅従抜城城即帰服

・永楽十年（四〇〇年）庚子（大王は）歩騎五万を遣わして、新羅を救いに往かせた。男居城より新羅城に至ると、倭は其の中に満ちていた。官兵（大王軍）方《まさ》に至り、倭賊は退いた。□□□□□□□□急追して任那加羅に至り、城を抜いた。城はすぐに帰服した。

○十四年甲辰而倭不軌侵入帯方界□□□□□石城□連船□□□□《王》□《躬》□《率》□《従》平壌□□□《鋒》相遇王幢要截盪刺倭寇潰敗斬殺無数

・永楽一四年（四〇四年）甲辰、而るに倭は不軌にも、帯方界に侵入してきた。王は躬《みづか》ら（軍を率いて平壌従り□□、（倭）の先鋒は王の本軍と相遇し截盪を要して刺す。倭寇は潰敗し斬殺する所無数であった。

○十七年丁未教遣歩騎五萬□□□□□□□□□城□□合戦斬殺湯盡所稚鎧鉀一萬餘領軍資器械不可勝數

・永楽十七年（四〇七年）丁未、（太王は）歩騎五万を遣わして、………合い戦い、斬殺し蕩盡しつくした。穫得した鎧《がいこう》は一万余領、軍資器械は数えきれないほどであった。

以上倭に関係している部分を抜き書きしてみた。

要約すると次のようになる。

百済、新羅は、もと、高句麗の属民であった。

辛卯年（三九一年）に倭は海を渡って来て、百済、加羅、新羅を破り、倭の臣民とした。

永楽六年（三九六年）に広開土王は自ら軍を率いて百済を討ち、服従させた。

永楽九年（三九九年）百済は誓いを破り、倭と内通した。そこで大王は平壌に巡下した。

新羅が使いを遣わしていうには、「倭人が、新羅との国境に満ち、占領しようとしている。」として助けを求めた。

永楽十年（四〇〇年）大王は五万の兵を送って新羅を救援し、倭を追い任那、加羅まで追いつめた。

永楽十四年（四〇四年）倭は無謀にも、帯方郡の境まで侵入して来た。王は軍を率いて討ち、倭は潰敗して斬殺される者は無数であった。

永楽十七年（四〇七年）大王は、五万の軍を遣わして倭を討ち、斬殺しつくした。獲得した鎧は一万余領、軍資や器械は数え切れないほどであった。

つまり高句麗軍の前に、倭はなすすべもなく大敗を喫したということが、記されているのである。

この好太王碑は、王の死後二年で建立されていることから、その内容は第一級史料である。とはいっても、この碑文は好太王の顕勝碑であるから、王の業績を美化し讃えるための内容であることは、当然のことであるとみなければならない。

近年この好太王碑文については、日本陸軍によって改竄されたとの説がでていたが、最近、中国で新たに当時の墨本が発見されたことから、改竄説はほぼ完全に否定されている。

三国史記

鈴木武樹編訳の倭国関係三国史記の巻末にある概説をまとめると次のようである。

「この三国史記は、高麗の第十七代仁宗二十三年（AD一一四五年）十二月、文臣で学者であった金富軾《キムブシク》（一〇七五〜一一五一年）らが、新羅・高句麗・百済等三国の歴史を古記・遺籍あるいは中国の諸史から史料を選んで編纂刊行したものであります。新羅本紀十二巻・高句麗本紀十巻・百済本紀六巻・年表三巻・志九巻・列伝十巻等、全五十巻からなっております。新羅・高句麗・百済等三国の歴史の著作としては、現存する唯一の最古の正史であります。

内容は三国の建国から新羅が統一し、その後高麗朝に受け継がれるまでの約千年間の興亡史であると共に内政外交等を簡明に記述してあります。したがって、三国時代の朝鮮の歴史をあきらかにしてくれるのみならず、当時の東アジア諸国家間の関係、特に古代日本とこれら三国との関係を知る上にも不可欠の資料となっております。」

朝鮮には、古来史書を秘蔵して私史を禁じるという習慣があり、その禁令は現在の王朝ばかりか古代史に関する私著にまでも及んでいた。また朝鮮では、一つの王朝が立つと、直前の王朝を嫌悪してその王朝に関わるものはなんでも、歴史書までも漂滅するという傾向があった。したがって当然のことながら、新羅に百済や高句麗の歴史は伝わらず、新羅の史書が高麗に受けつがれるということもなかった。

『三国史記』の記事の一部は、きわめて厳密に考えても四三〇年前後からはほぼ正確に中国文献のそれと一致しはじめる。

三国史記以前に高句麗では漢文の『留記』という史書百巻が著された。その他にも、

『北扶余の史書』（慕容廆〈二六九～三三三〉の乱の時忘失）

『新集』（高句麗の嬰陽王〈五九〇～六一八〉の時代に李文真博士が修した高句麗の歴史書。）

『書記』（四世紀の半ばごろ、百済の近肖古王の治世に博士の高興が著わしたとされる百済の史

書)

『新羅故事』『仙史』『高僧伝』『花郎世記』『郷歌集』等があったが、現在ではすべて散失している。

今西竜《いまにしりゅう》によれば、『三国史記』は『旧三国史記』を基礎としているという。

金富軾《キムプシク》は、新羅の王族の出であるため、他の二国に薄くて新羅に厚い。

高麗の時代には、北方に進出しようとする一派と、これに対して、鴨緑江以南に安住しようとする事大主義とが対立していたが、北伐計画は、金富軾によって敗れ、よって金富軾は事大主義にもとづく『三国史記』を著わすようになった。それゆえ、この『三国史記』においては東扶余と北扶余が取り除かれ、結局朝鮮文化の発祥地が塵土の中に埋もれた。また、渤海も切りすてられ、三国以来結晶した文明は草芥の中にすてられたのである。

その後蒙古に従属することにより、事大主義の金富軾の『三国史記』とその付庸の『三国遺事』だけが伝えられるようになった。(申采浩「朝鮮史論」朴忠錫=訳)

また著者の金富軾については、地位と権力を駆使して、『三国史記』を書いたのち、自己の理念に合致しないとして古来の文献・史書すべてを王宮の一角に没収に等しい方法で隠蔽したこと、『三国遺事』の掲載記事である檀君(タンクン)神話や多くの郷歌(ヒャンガ)が無視されたこと、彼は好き嫌いの激しい、言い換えると相当狭量な人物であったようである。彼は僧妙清の非中華・自主独立思想を尊奉する勢力を、その事大的、保守束縛思想—儒教思想・門閥地位保全のために、おのれの位置を利用して鎮圧した。日本側の歴史家・濱中昇氏の論評では「『三国史記』編纂にあたって、新羅史（編者の出身地である）に合致しない古来の文献の存在を鬱陶《うっとう》しいとした」とある。

かようにして『三国史記』は成立したのである。

『三国遺事』については、僧一然《いちねん》が著わしたものであり、「三国史記」にもれている事象について記したものであるが、編年の形をとっておらず、物語集という感じである。

古事記と日本書紀

日本側の資料の代表は「古事記」と「日本書紀」である。

古事記は七一二年（和銅五）に太安万侶《おおのやすまろ》が選進したもので、天武天皇が、歴史の記録が誤って伝えられることを心配して、正しいものとしてまとめ、後世に伝えようとしたものである。それを舎人《とねり》（天皇の近侍者）の稗田阿礼《ひえだのあれ》という人物に勅して誦《よ》み習わせた。在位中には完成せず持統天皇に引き継がれ、元明天皇の時に完成した。

一方の日本書紀は、七二〇年（養老四年五月）に舎人親王の主裁の下に完成した。編集の過程は不明である。

中国の史書の体裁にならい漢文体で記されていて、年紀をたてて記事を編年体に配列してあり、持統天皇の代の終わり（六九七年）までを記している。

国内の政府、寺院、個人の記録日誌、家伝、系譜や民間伝承等の資料の他、朝鮮の古い記録や中国の史書等からも、幅広く蒐集《しゅうしゅう》していて、特に日本書紀の神代紀では多くの資料を掲載している。両書とも、歴伝の齟齬を正していくという姿勢がみられると同時に、不明な事項については不明であるとしたり、関連する資料を載せている。特に日本書紀の神代紀では一書という形で、多くの資料をのせている。

両書はほぼ同じ時期に完成したのではあるが、日本の正史とされたのは日本書紀であり、平安時代には、貴族の間では、講読されたということである。

一方の古事記は、細々と寺院等に保存されており、江戸時代になって本居宣長によって評価されるまで、日陰の存在であったといえる。

日本書紀は日本の正史とされたのであるが、古い時代の事象ほど合理性がなく、応神紀以前は、編者の創作とさえいわれているほどであり、そこにかかれている事柄を事実としてとらえる人はほとんどいないといってよい。

この日本書記の編纂過程において、多くの資料の選定に、一定の法則といったものがあったようである。

その第一の法則とは、外国資料を優先するということである。さらにその中での一位が、中国資料であり、その次が朝鮮の資料である。

つまり、外国の資料と齟齬が生じた場合は、外国資料を優先するということである。外国の史書と照らし合わせた場合、矛盾が生じないようにしたということらしい。日本での事象が外国の資料にも載っていた場合、それをもとにして日本書紀上の年代を決めるわけである。

幸い、東アジアには、中国という無類の記録好きの民族があり、太古から多くの歴史書や資料が残されている。しかも干支や年号がついており、それらが絶対年代となる。

日本書紀は各事象を編年体という形でまとめており、各天皇の事象を年別に年代毎（何天皇の何年）という形でならべてある（干支については後述します）。

そうして持統天皇十一年八月一日の譲位から遡って、神武天皇即位元年までを編纂していったのである（神代紀は年代を記していない）。

日本書紀の年代を西洋暦になおしてみると、持統天皇十一年は、六九七年である。こうして遡っていくと、神武天皇即位元年は紀元前六六〇年、東征開始は紀元前六六七年である。ちなみに、私が算出しようとしている神功皇后摂政元年は二〇一年となる。

ところが、これらの年代はさきに述べたように、古い天皇においては在位年数や寿命が長すぎる等の不合理性があり、用明天皇以降は現実的であるが、それ以前はそのままでは用いられないとされているのである。

しかし如何に不合理であるからといって、編者達は全くの根拠のないものを並べたてたはずはないであろうし、それでは史書を編纂する意味もない。

よって、記紀の内容を丹念に解析していくことにより、ある程度の史実を浮かびあがらせていくことができるのではないだろうか。

そう考えて、私は神功皇后紀を、現在の科学の目で改めて見なおすことにしたわけである。

その結果、説話においては、現実的な内容であることがわかったわけである。

それでは、次にその年代はいったいいつのことなのか、紀の年代をそのまま信じていいのか、それとも信頼性がないのであれば、改めてその年代を割り出すことはできないか、と思い、神功皇后の実年代を割り出してみるという、無謀ともいえる試みをはじめることとした。

神功皇后と卑弥呼

中国の史書である魏志倭人伝に、当時の倭国には邪馬台国という国があり、そこには卑弥呼という女王が君臨し、二三八（九？）年に魏朝に使いを送り「親魏倭王」の金印を授受されたという記事が載っている。

後世、この卑弥呼女王がどこに居たのか（邪馬台国は何処か）という命題が、長らく論ぜられてきた。倭国とは日本のことであるから、卑弥呼は日本のどこかに居たことはわかるのであるが、その国が何処にあったのかはわからなくなっていたのである。

これは記紀編纂の時代でも同じく、当時既に邪馬台国の記憶は完全に消え去り、中国の史書にのみ、その名と位置等が記録されているだけであった。

紀の編者達は、この卑弥呼の位置付けに苦慮したのであるが、倭国を代表する政府は大和朝廷であると考えていたので、卑弥呼は当然大和朝廷の女王でなければならない。それで日本書紀においては、卑弥呼の記事が神功皇后紀の中に引用されているのである。しかし、私からみると、この箇所は読めば読むほど編者の自信のなさが感ぜられる。

もともと卑弥呼と皇后は女性であるという以外は共通性はないのである。そのことは、紀の編者もよく知っていたはずであるが、それでも神功皇后紀の所に載せたのは、魏志倭人伝を無視するわけにはいかなかったからである。

魏志倭人伝を無視するわけにいかなかったから、神功皇后を日本書紀に卑弥呼として載せたとするならば、宋書の倭の五王はどうなのであろうか。日本書紀をみても、倭の五王のことはでてこないし、五王の時代の天皇があてはまらないのは何故であろうか。

宋書が入手できなかったからであろうか。いやそんなはずはない。宋書は入手でき、検討されたはずである。ところが、日本側の資料年代と、五王の年代がどうにもあわなかったのである。それはそうであろう。日本書紀は二倍年暦を使って年代を並べていたからである。そこで編者は、宋書の五王を思いっきり無視したのである。

ところが卑弥呼に関しては、その年代のあたりに、偶然、神功皇后の年代が近づいてきたのである。そのことから、編者は卑弥呼と皇后は同人物であるとして編纂したのである。

しかし現実には、卑弥呼と皇后は同一人物ではないのであるから、記事中にさまざまの矛盾がみられることとなった。

卑弥呼は生涯独身であり、弟が政務をみていたとあるが、皇后は天皇の妻であり、後に応神天皇になる子供がいた。卑弥呼の死後は男の王がたったが、国が乱れ、又壱余《いよ》という女王が立ったというが、皇后の場合は、死後はスムーズに天皇が跡を継ぎ、壱余にあたるような女性もいないのである。

ところで、年代についてはおもしろい符合がある。

それを神功紀の中にみてみよう。

神功三十九年　魏志倭人伝によると、明帝の景初三年六月に倭の女王は――

神功四十年　魏志にいう。正始元年建忠校尉梯携ら――

神功四十三年　魏志にいう。正始四年、倭王はまた使者の――

神功六十六年　この年は晋の武帝の泰初二年である。

神功三十九年の記事は魏志倭人伝の景初三年（二三九年）の記事にあたる。神功四十年の記事は魏志の正始元年（二四〇年）の記事にあたる。神功四十三年の記事は魏志の正始四年（二四三年）の記事にあたる。魏志の正始六年の記事は載せていない。さらに、「正始八年の卑弥呼以て死す。更に男王を立てしも……卑弥呼の宗女壱与年十三なるを立てて王となし……」の文も載せていない。そして神功六十六年の記事は、晋の起居注に云う、武帝の泰始の初め、二年十月貴倭の女王、重訳を遣わして貢献す、の事であろう。泰始二年は（二六六年）である。

ところで、これらを西暦に換算すると次のようになる。神功元年は西暦二〇一年である。当然神功三九年は二三九年であり、神功四〇年は二四〇年、神功四三年は二四三年であり、神功六六年は二六六年となる。

このように西暦と比べてみると、神功紀の年代の百の位を二にすると西暦になることがわかる。

これは一体どういうことであろうか。まさか紀の編者は西暦を知っており、それをもとに魏志倭人伝と神功紀を合わせたのであろうか。

たしかに、この時代（八世紀）には中国にネストリウス派のキリスト教が伝播しており、その影響とする説もあることはある。それとも単純な偶然の一致なのであろうか。

何故このようなことになったのかは、これから年代について考察していく中で述べていくことになるが、神功皇后紀は二倍年暦であるが故に、卑弥呼の時代と書紀の年代が重なったのである。そのため、紀の編者は神功皇后と卑弥呼を同一人物としたのである。

しかし、前述したように皇后と卑弥呼は、女性であること、呪術を行いうることの他は、同じ所はないのである。

第一、邪馬台国は、九州佐賀県小城市であって畿内大和ではない。

よって神功皇后は卑弥呼ではなく、現在皇后卑弥呼説をとる人はほとんどいないのである。

※邪馬台国が北部九州であることは、古代史を論じる上で重要であるので、巻末に付録としてその行程論を述べておきます。

応神紀の二倍年暦

日本書紀が、二倍年暦の一年を、普通暦の一年として記しているから年代が合わないというのであれば、それを半分に縮めれば年代が元に戻り、古代の年代が復元されるのではないだろうかと考えるのは、ごく、普通のことである。

つまり、日本書紀の年代を二分の一にしてみれば普通の年代になり、外国との事象も一致するのではないかと考え、早速とりかかってみた。

その第一段階としてとりあげたのが、応神天皇である。

日本書紀の年代と朝鮮の史書三国史記の年代は、神功皇后のあたりではきれいに干支二巡、つまり百二十年のずれがみられる。

「日本書紀」では、

神功五十五年（二五五）百済肖古《しょうこ》王が薨《こう》じた。

五十六年（二五六）百済皇子貴須《くるす》が王に。
六十四年（二六四）百済貴須王が薨じた。枕流《とむる》が王に。
六十五年（二六五）百済の枕流王が薨じた。叔父辰斯《しんし》が王に。
応神　三年（二七二）百済辰斯王が死に、阿花《あくえ》が王に。
　八年（二七七）百済記では、阿花王が立ち貴国《かしこきくに》（日本）に無礼、王子直支《とき》を遣わした。
　十六年（二八五）百済の阿花王が薨じた。直支が王に。
二十五年（二九四）直支《とき》王が薨じた。その子の久爾辛《くにしん》が王に。

「三国史記」では、
三七五年近肖古王死　同年近仇首王即位
三八四年近仇首王死　同年枕流王即位
三八五年枕流王死　同年辰斯王即位
三九二年辰斯王死　同年阿莘《アシン》王即位
四〇五年阿莘王死　同年腆支《てんし》王即位
四二〇年腆支王死　同年久爾辛王即位

となる。

腆支王即位までは、干支二運の百二十年を繰り上げると神功紀、応神紀と一致するのは確かである。但し、書紀では近肖古王をずっと以前の肖古王と、近仇首王を仇首王と違えている。

次頁に百済五代肖古王から二十五代武寧《ぶねい》王までを記しておく。

三国史記の朝鮮の王名と記紀の朝鮮の王名の錯綜については、新羅王についてもみられ、神功皇后の新羅遠征の時の新羅の王名について、神功紀では波紗寝錦《はさむきん》（寝錦は王の意味）という名であるが、ある説によると新羅王宇留助富利智干《うるそりちかん》とあり、新羅の人質は微叱許智伐旱《みしこちほっかん》とある。

これに対応する新羅王を、新羅歴代王の中からみてみよう。

神功皇后摂政元年の西暦二〇一年は奈解王（一九六～二三〇）の時代となる。「波沙」に似た音は、五代王婆娑がそれに該当するだろうか。五代王は、八〇～一一二年の在位であるから、さらに百二十年の違いがみられる。

これらの百二十年の食違いは、二倍年暦を採用しそれを普通暦として表したため、実際の朝鮮の王の治世との間にざっと百二十年の狂いが生じた。ところがうまい具合に、百済王は、肖古王、仇首王そして近肖古王、貴須王という具合に名の似た王が続いていた。そこで、皇后の年代を百二十年くりあげてもぴったりあうように書記の年代を操作したのである。

新羅遠征時の新羅王もそうである。実際の王は十六代の訖解王《キッカイ》（三一〇〜三五六）であろうが、新羅遠征年の二百年から百二十年遡った八十年に即位した婆娑尼師今《ハサニシキン》としたのである。編者の計算違いである。干支二運を二回繰り返してしまった。

神功紀応神紀をみると、この時代から半島との交流がずいぶんと増えていることがわかる。ただその年代を、二倍年暦をもとにしているために無理が生じ、外国の資料とも食違いが生

表2

百済王年表（5代〜25代）

王位	王名	在位年数
5	肖古	(166〜214)
6	仇首	(214〜234)
7	沙伴	(234〜234)
8	古爾	(234〜286)
9	責稽	(286〜298)
10	汾西	(298〜304)
11	比流	(304〜344)
12	契	(344〜346)
13	近肖古	(346〜375)
14	近仇首	(375〜384)
15	枕流	(384〜385)
16	辰斯	(385〜392)
17	阿莘	(392〜405)
18	腆支	(405〜420)
19	久爾辛	(420〜427)
20	毗有	(427〜455)
21	蓋鹵	(455〜475)
22	文周	(475〜477)
23	三斤	(477〜479)
24	東城	(479〜501)
25	武寧	(501〜523)

じてくるため、編者は、それをいかに調整し整合させるかで四苦八苦しているわけである。もともとの記録には、神功治世のいつごろの百済王は誰とか、新羅遠征時の新羅王は誰かの記録はあったと思う。

それでは次に、書紀の編者が四苦八苦しながらまとめた年代のもとは、どういう形であったのかを再現していきたい。

応神天皇と阿莘王

日本書記の年代を復元するのに、まず百済阿莘《アシン》王（紀では阿花《あくえ》王）の年代に着目した。百済第十七世阿莘王は、三国史記では三九二年に即位したとある（在位年数は十四年）。これは、日本書紀によれば、応神天皇の三年であるという。

そこで、これを基準にして、この時代の百済本紀と神功、応神紀の年代とを比較検討していくことにした。

応神・神功紀には、百済諸王の年代が記されているのであるが、その中で、まず、阿莘《アシン》王（書紀では阿花王《あくえおう》）の年代に着目した。

百済第十七世阿莘王は、三国史記では三九二年に即位したとある。在位数は十四年である。これは日本書紀によれば、応神天皇の三年であるという。

そこで、これを基準にして百済諸王と神功・応神紀の年代とを比較検討していくことにする。

阿莘王元年は応神三年であるから、王の没年は在位年の十四年を足して、一を引いて応神十六年ということになり、書記でも応神十六年となっていて両者は合う。

次に前代の辰斯王の即位年は、書記では神功六十五年となっている。在位年数は八年であるから没年は応神三年となり、書記でも同じである（三国史記は当年称元法をとっている。前王の没年と新王の即位年は同年となる。現在の日本では当年称元法である。他に越年称年法があり、王が死んだ翌年に新王が即位する方法である）。

更に、その前代の枕流王の没年は書記では神功六十五年とあり、三国史記でも同様である。

更に前代の近仇首王であるが、書記では貴須王《くるすおう》として名が出ている。没年は、書記では神功六十四年とあり、即位は神功五十五年とある。在位は十年であり、三国史記とも一致する。

そして書記では、五十五年肖古王（近肖古王のことと考えられる）が死去したとなっている。

しかし、肖古王の即位年のことには触れておらず、引用もここまでである。

今度は時代を下っていってみよう。

阿莘王の次の腆支王（直支王《ときおう》）は在位十六年であるから（即位は応神十六年）、没年は三十一年となるはずであるが、書記には応神二十五年に没したとある。

書記の神功・応神紀の年代と百済王年代とは百二十年の違いがあるのだが、腆支王に関しては百二十六年の違いがある。おそらく単純なケアレスミスであろうか。

であるから、次の久爾辛王の即位年も当然間違え応神二十五年となった。久爾辛王の没年の記載はない。

直支王は応神二十五年に没したのに、それから十四年たった応神三十九年に、直支王はその妹の新斉都媛《しせつひめ》を遣わして応神天皇に仕えさせたと書記にある（百済は毗有の時代である。直支王は既に十四年も前に没したのにその妹を見舞いによこすのは不思議であるが、この件については後述します）。

こうしてみると腆支王は例外として、書記の年代と百済王の年代は応神三年を基準として百二十年の差をもってよく合い、書記は普通年で現されているようにみえる。

ところがこれは、この部分だけ合っているようにみえるだけである。つまり、書記の編者は、書記と百済王年代が合うように操作したのである。

書記の編纂にあたっては、外国の史料との一致がもとめられたのであるが、一致する事象の一つに応神天皇三年に阿莘王が即位したという記録があったようなのである（他にも、百済王名が似た王がいたとかの事柄があった）。そこで編者は、二倍年暦に引きのばしてる紀の編年表の応神三年を基準として、百済王年代表をそのままスライドさせて当て嵌めたのである。

ところが、あまり先まで当て嵌めようとすると、倍に引き伸ばしているために百済王の年代に合わなくなりすぎるので、百済王年代の引用はそこまでとしたのである。

それでは、はたして日本書紀の編年は二倍年暦であって、それを普通年に引き伸ばして編年したのであろうか。

その問題を応神紀の中から探ってみよう。

応神三年は西暦三九二年の秋であると想定して考察をしていく（応神三年が春か秋かについては、複雑な事情があり、とりあえず秋として考察を進めていきたい）。

二倍年暦は一年を半分に分け、前半を春年、後半を秋年とする。

応神三年を三九二年秋年として二倍年暦で神功紀を遡っていくと、神功紀は六十九年であるから、神功摂政元年は三五七年春年となる。しかし書記の内容から見ると、元年は秋年のようである。私は、正しくは、摂政元年は三五六年秋年であると考えている。紀の記述から考察すると、三五六年春年に逢坂の戦い（高穴穂宮陥落）があったことになるので、皇后の新羅遠征は三五五年秋年のこととなる。仲哀天皇の崩御は三五五年春年となる（理由は後述）。

それでは、単純に二倍年暦であるとして、書記の年代を半分に縮めれば日本書紀の年代が復元できるかというと、そう簡単にはいかないのが日本書紀の年代の複雑なところである。

応神天皇と好太王

日本書紀が二倍年暦であるとの仮説から、応神紀をまず見てみよう。

比較する相手はもちろん、普通暦の外国資料である。その中で着目したのは高句麗との関係であった。とはいっても、日本書紀応神紀には、高句麗との交流は一度しか出てこない。

一方の「三国史記高句麗本紀」には、倭との事は全く出てこない。これだけ見ると、互いに遠隔の地である両国は、古代には全くの没交渉であったようにみられる。

しかし、鴨緑江《おうりょくこう》河岸に残された苔むした石碑には、高句麗と倭の抗争が詳しく述べられている。もし、広開土王碑と呼ばれるこの巨大な石碑が残されていなければ、この両国が没交渉どころか、半島において死闘を繰り広げていたことは、全く知られないこととなっていたのである。好太王を顕彰する石碑の碑文には、数ヶ所にわたって倭との軍事衝突のことが刻まれており、この碑は、好太王の対倭との戦いの勝利を記すのが目的なのではと思われるほどである。

それでは、この石碑を主に、日本書紀等の資料の対外的な記事を中心にして、四世紀における半島の情勢をみていくことにしよう。

但し、「日本書紀」は二倍年暦であると仮定するので、普通暦一年の中に二年分いれた。

この時代の三国史記の年代には一年のズレがみられるが、煩雑さを避けるために修正せずに載せた。

好太王即位年は百科事典では三九一年となっている。

応神天皇没年から仁徳天皇即位年にかけての説明は後述する。

年表の中の「春」「秋」等の季節用語は、書紀中の春とか秋となっている語である。

この年表の中から、碑文の「四〇〇年歩騎五万で新羅を救うという」事件から検討していく。

それには、次のようにある。

「永楽十年（四〇〇年）庚子、将に命じて歩騎五万を遣わし、新羅を救いに行かせた。男居城より新羅城に至ると、倭はその中に満ちていた。官兵（高句麗軍）がまさに至り、倭賊は退いた。……さらに（倭を追って）任那・加羅に至り、城を抜いた。城はすぐに官兵に帰服した。」

この高句麗の行動のきっかけとなった事として、碑文には次のように書かれている。

「永楽九年（三九九年）己亥、百残（百済のこと）は太王への誓いに違《たが》い、倭と和通した。そこで太王は平壌へ巡下した。そこへ新羅が使いを遣わしてきて太王のもとに訴えてきていうには、『倭人がその（新羅の）国境に満ち、城池を遺し破り、高句麗の〈奴客〉である私（新羅王）の民を（倭の）従属民としています。私は太王に帰属し、その命に従いたいと思います』と。太王は新羅王の忠誠を受け入れた。そして自分がその訴えを聞き入れたことを新羅王に報告させるため、新羅の使いを本国へ還した。」

つまりここでは、まず倭の新羅への進攻があり、それに対して高句麗が行動を起こし、倭を徹底的に打ち破り、更に南進して海峡沿岸の任那や加羅まで攻め込んだというのである。（このことから、当時の半島南岸部は倭の支配下にあったものとみられる。）

それでは、この時期における行動を、倭国の記録はどのようであろう。

日本書紀の応神紀を見てみよう。

永楽十年の西暦四〇〇年は、（応神三年が百済阿莘王即位年〈三九二年〉にあたるとするから）応神十八、十九年（日本書紀の年代は二倍年暦とする）にあたる。

ところがこの応神十八、十九年の項には何の記載もない。それではその前年の十六、十七年はというと、応神十六年に、次のような記事があった。

、煩雑をさけるためそのまま載せた。応神3年も秋年にずらした。

新羅本紀	高句麗本紀	好太王碑文
	小獣林王没す 故国壌王即位	
	遼東で燕と戦う	
	百済を征伐	
	百済が南辺を侵す	
	百済来攻	
	<談徳即位　(広開土王 ・好太王)>	倭が渡来、百済、加羅 新羅をその臣民とする
城　高句麗が使者実聖を 高句麗の人質に送る	新羅と修交　実聖が人質に 故国壌王没し談徳即位　百済を攻める	
倭人が金城を５日間包囲 追撃して大敗させる	百済が来攻	
	百済を迎撃	
靺鞨来攻　大敗させる	百済を浿水で破る	
		水軍を率いて百済を 打つ、百済降伏
		朝貢の約束を取り付ける
	百済が倭と和通 平壌に移る　新羅曰く「倭人が国境に満ち・	
	燕に朝貢する 燕来攻	歩騎５万で新羅を救援、倭軍新羅 王都に満ちつ、倭兵を大いに破る

表３

応神天皇年代表

<談徳即位>は絶対年代である。
三国史記は一年のズレがあるが、

紀年代	日本書紀	西暦	百済本紀
神功 55	百済肖古王没す	383	
56 57	百済貴須王が即位	384	近仇首王没す 枕流王即位
58 59		385	枕流王没す 辰斯王即位
60 61		386	高句麗が侵入
62 63		387	
64 65	百済貴須王が没す　百済枕流王即位 百済阿花が年若く、叔父辰斯が王位を奪い王となる	388	
66 67	秦初二年倭の女王貢献	389	高句麗の南辺を侵す
68 69夏	夏４月神功皇后崩御	390	高句麗を討つ
応神元	冬10月狭城盾列陵に葬る 応神天皇即位	391	靺鞨が来冦
2 春 3 冬	百済辰斯王が殺される　阿花王が即位	392	高句麗王談徳来攻関弥城落 辰斯王没す阿莘王即位
4 5秋/冬	伊豆で船を造る	393	関弥城を攻める
6 春 7 秋	高麗人、百済人、任那人、新羅人が来朝	394	高句麗と戦い敗北
8 春 9 夏	百済人来朝阿花王倭に土地を奪われる 武内宿禰九州監察　王子直支来朝	395	高句麗と浿水で戦い敗北
10 11 冬		396	
12春/秋 13	百済王が縫衣工女を奉る	397	倭国と修交腆支を人質に
14 春 15 秋	弓月君が百済から来る襲津彦加羅国へ 百済王が良馬二匹を奉る	398	高句麗を攻めようとしたが中止
16春/秋 17	百済より王仁が来朝 新羅を攻める 直支王帰国　襲津彦帰国	399	兵馬を徴発しすぎ人民逃亡
18 19 冬	百済阿花王没す	400	

新羅本紀	高句麗本紀	好太王碑文
実聖が帰国		
奈勿王没す　実聖が即位　倭国と誼を結び　末斯欣を人質に	燕を攻める	
百済が来攻		
	燕を攻める	倭が無道にも帯方の地に侵入し大敗す
倭の兵が明活城を攻める	燕遼東城に来攻	
	燕来攻	
倭人が東辺、南辺を侵す		歩騎５万で敵を破り、甲冑1万領、無数の武器を得る
倭人が対馬に軍営の情報	使者を北燕に派遣	
卜好を高句麗の人質に送る		
	談徳（広開土王）没し長寿王即位（412）晋に朝貢、高句麗王楽安郡公を除授	
倭人と風島で戦う		
実聖王没す　訥祇王即位		
卜好が高句麗より帰る　末斯欣が倭国より逃げる		

紀年代	日本書紀	西暦	百済本紀
20 秋 21	倭漢直の祖が来る	401	
22/23 春夏秋 24		402	倭に玉を求める
25 26	木満致を問責(百済紀) 百済直支王没す 久爾辛正即位	403	倭国の使者が来る 新羅を攻める
27 28 秋	高麗王が朝貢	404	
29 30		405	阿莘王没す 腆支王即位
31 秋 32	武庫の船火事	406	晋に朝貢
33 34		407	
35 36		408	
37 春 38	阿知使主等に高麗を通り呉に縫工女を求めさせる	409	倭から使者夜明珠を送る
39 春 40 春	百済直支王がその妹新斉都媛を遣わす	410	
41 春 仁徳元 春	応神天皇崩御 阿知使主等が呉から筑紫に到着 <即位年>	411	
2 3		412	
4 春 5	国見をする	413	
6 7 夏/秋	国見をする	414	
8 9		415	
10 冬 11 夏/冬		416	東晋安帝から使者、王に除授
12 秋/秋冬 13 秋冬		417	
14 15		418	倭国に使者

16 秋

420　腆支王没す 久爾辛王即位

427　久爾辛王没し毗有王即位

十六年八月、平郡木菟宿禰《へぐりのつくのすくね》・的戸田宿禰《いくはのとだのすくね》を加羅に遣わした。精兵を授けて詔して、「襲津彦《そつひこ》が長らく還ってこない。きっと新羅が邪魔をしているので滞っているのだろう。お前たちは速やかに行って新羅を討ち、その道を開け」といわれた。木菟宿禰らは兵をすすめて、新羅の国境に臨んだ。新羅の王は恐れてその罪に服した。そこで弓月《ゆづき》の民を率いて、襲津彦と共に還ってきた。

このことから、この時期に、新羅に遠征軍を派遣したことがわかると思う。（内容がそのまま真実であるとはかぎらないが、大要はそうであろう。）

またこの十六年には百済から王仁《わに》が来朝しており、さらにその前年には、百済王は阿直岐《あちき》を遣わして、良馬二匹を奉ったという。その前前年の十四年には、百済王は、縫衣工女《きぬぬいおみな》を奉っていた。そして弓月《ゆづき》の民を迎えに、加羅に襲津彦を遣わしたという。

一方三国史記百済本紀では、三九八年に高句麗を攻めようとしたが中止したとある。そして、三九九年には、兵馬を徴発しすぎて人民が逃亡したとある。

このように三資料を並べ比べてみると、結構相互に関連があることがわかると思う。

つまり三九八、三九九年には、倭百済両国は、連携している行動がみられており、特に倭国は、新羅に進攻、占領をしており、一方百済も軍事行動にはいる準備をしているのである。百済の対象は高句麗であろう。

ところが、次の年の四〇〇年には、日本書紀にも百済本紀にも何の事件も記録されていないのである。何事もなかったかのようだ。

一方の高句麗好太王碑文では、高句麗軍は軍事行動を起こし、新羅から倭を追い払い、半島南端の任那・加羅の地まで進出したと記している。

前述したように、好太王碑文は同時代資料ともいえる一級資料である。王の顕彰碑であるから、内容については王の業績をかなり美化している面はあろうが、かなり正確な記録とみてよい。つまり高句麗は、戦闘において大勝利をおさめたのである。

当然、一方の倭と百済は大敗を喫したのである。特に主体的に行動した倭軍はほとんど半島から駆逐されそうになったほどだ。ところがこれらの不名誉な敗戦のことは、日本書紀にも三国史記百済本紀にも一言も載っていないのである。

その理由は、両国とも自国に不名誉である敗戦の記録は、あえて削除したからであろう。

それではそういう視点（不名誉な事象については記録として残さない）から年代を見ていってみよう。

碑文の四〇四年には次のようにある。

「永楽十四年（四〇四年）甲辰、而《しか》るに倭、無軌（ルールを守らず）にも帯方界に侵入した。……王は倭寇を截《き》り殺し尽くし、遺《つい》やし敗り、斬り殺すこと無数であった。」

四〇四年にまたも倭と戦い、大勝利を得たと記してある。

書紀の四〇四年にあたる応神二十六年、二十七年（四〇二年に三年分入れたため半年ズレている。詳細はＰ273から）には記事はなく、その前年応神二十五年に、「二十五年、百済の直支王が薨じた。その子の久爾辛《くにしん》が王となった。王は年が若かったので、木満致《もくまんち》が国政を執った。王の母と通じて無礼が多かった。天皇はこれを聞いておよびになった。」応神二十年（四〇〇か四〇一年）に「倭の漢直《あやのあたい》の祖が来る」ぐらいしかない。

百済本紀には、四〇二年「倭に使いを遣わして大きな玉を求めた」、四〇三年「倭国の使者が来た。王はこれを迎えて、とくにねんごろにいたわった。秋七月、兵を送って新羅の辺境を侵した。」」、新羅本紀には四〇一年「実聖が帰国」、四〇二年「奈忽王没す」「実聖が即位」「倭国と誼を結び未斯欣を人質に」とある。そして四〇三年「百済が辺境を侵した」とある。

日本書紀、三国史記共に、おおがかりな軍事行動や準備は記録されていないのであるが、碑文によってかなり大きな軍事行動があったことが知れる。しかも倭の軍は、帯方郡の故地にまで侵入したのである。

これらの資料から読み取れることは、この年の作戦の首謀者は倭国であろうことだ。倭は百済に新羅を攻めさせ（新羅は倭と誼を結んで人質を出していたので、倭は直接新羅を攻めることはできないので、百済に軽く新羅を攻撃させた。また百済の木満致《もくまんち》を倭国にわざわざ呼び作戦をねったようである）、新羅救援の為に高句麗軍が南下した隙に、本拠地である平壌を攻略しようとして高句麗本国に進攻したのであるが、結果は無惨なものであった。高句麗軍は、倭の軍勢を帯方郡の故地に迎撃し、徹底して討ち破ったのである。まさに「截り殺し尽くし、遺やし敗り、斬り殺すこと無数であった。」としつこく表現するほどの大勝であった。

翌《あく》る四〇五年、高句麗は倭国に使いを送った。

応神二十八年秋九月、高麗の王が使いを送って朝貢した。その上表文に「高麗《こま》の王、日本国に教う」とあった。太子菟道稚郎子《うじのわきのいらつこ》はその表を読んで怒り、表の書き方の無礼のことで、高麗の使を責められ、その表を敗り捨てられた、とある。

おそらく「教え」は、倭国の軍事行動を責め、いくらやっても高句麗には勝てないからもう出兵するのは止めなさい、ということであったのだろう。太子の菟道稚郎子は、侮辱であるとして表を破り捨てたのである。

その後、応神天皇はまたもや出兵したようである。

日本書紀応神天皇三十一年（四〇六年）に、

「そして船を造ることになり、諸国から五百の船が献上された。それが武庫《むこ》の港に集まった。そのとき新羅の調の使が武庫に宿っており、そこから失火した。その延焼で多数の船が焼けたので、新羅の人を責めた。新羅王はこれを聞き、大いに驚いてすぐれた工匠《たくみ》を奉った」とある。

武庫の港とは神戸のことである。そこに五百もの船を集めたのは、戦の準備のためであろう。今度も、相当おおがかりな準備装備のようであった。侮辱されて怒り心頭、何がなんでも今度こそは高句麗を討ちやぶり、恨みを晴らしてやろうという気概であったろう。

しかしその結果は、碑文に次のようにある。

「永楽十七年（四〇七年）丁未、太王は歩騎五万を遣わして倭寇を掃い尽くした。官兵はこれを追うて平壌を過ぎ、合戦し、斬り殺し、そそぎ尽くした。獲る所の鎧類一万余領、軍資器械は数えることができぬほどの多数にのぼった、」とある。

確かに広開土王碑は顕彰碑であるから、広開土王を思いっきり持ち上げていることはわかるが、それにしても倭軍の敗北はすごいものである。

高句麗は、古来、西方の騎馬民族や中国の王朝から絶え間なく圧迫を受けているため、その兵は強靭で戦闘能力に長けているのである。対する倭は、騎馬で戦闘する風習もなく、兵器や用兵も未熟なものであったと思われる。このころから古墳等に馬具の副葬がみられる等から、高句麗軍に対抗するためにようやく騎馬を兵力として取り入れるようになったようであるが、高句麗の敵するものではなかったようである。

しかし、応神天皇は、これであきらめたわけではなかった。「三国史記　新羅本紀」に、「四〇八年春二月、王は、倭人が対馬島に軍営を置き、兵器と食料とを貯えてわが国を襲うべく企んでいる、という話をきくと……」とあることからみると、またもや、戦の準備を始めたのである。また、百済本紀腆支王五年（四〇九年）、倭国が使者をよこして夜明珠を送ってきたとある。百済と誼を結び協力をもとめたのであろうか。

しかし、応神天皇の覇気もここまでであったようである。天皇は再び兵を起こすことはなかった。

応神天皇の三十七年（おそらく四〇九年）春二月、阿知使主《あちのおみ》、都加使主《つかのおみ》を呉に遣わして、縫工女《きぬぬいおみな》を求めさせた。阿知使主らは高麗国《こまのくに》に渡って呉に行こうと思った。さて高麗についたが道が分からず、道を知っている者を高麗に求めた。高麗王は久礼波《くれは》、久礼志《くれし》の二人をつけて道案内させた。これによって呉に行くことができた。呉の王は、縫女《ぬいめ》の兄媛《えひめ》・弟媛《おとひめ》・呉織《くれはとり》・穴織《あなはとり》の四人を与えた、とある。これらから、高麗とは友好関係になった事がわかる。呉国とは、中国北朝、おそらく北魏ではないだろうか。

これほどまでの敗戦を繰り返しながらも、執拗に半島出兵を続けた事情は何であろうか。

たしかに、半島南端部は歴史時代以前から倭の領土であり、それを自分の代で失うわけにはいかないという信条もあったであろう。

しかし私考するに、その他にも天皇の母である神功皇后の存在がからんでいると思われる。天皇は嬰児の時に皇位についたのであるが、幼かったために母の息長帯姫命《おきながたらしひめのみこと》が摂政として実権を握ることとなった。しかも、天皇が成人してからもその地位を退かず、崩御するまで摂政として君臨していたのであった。その間天皇は、日陰の身であったといってよい。

しかも、対半島政策においては、皇后は数度にわたり遠征軍を派遣し、馬韓南半から任那、加羅一帯をもその支配下に治め、耽羅《たんら》（済州島）をも攻略して百済に与える等、華々しい成果をあげているのである。

それが、母の皇后が崩御し、ようやく実権が天皇自身の手に戻ってきたとき、朝鮮では時を同じくして高句麗王談徳が即位し（三九一年）、失地回復に乗り出してきたのである。

南下政策をとる高句麗は、三九二年百済を破り、新羅から人質（伊飡の大西知の子、実聖）をとった。

このような高句麗の攻勢に対して、応神天皇は大兵を派遣して倭国の権勢を保とうとしたのであるが、結局は数度にわたる大敗を喫することとなった。

これほどまでに執拗に出兵を繰り返したわけは、一つには、有史以前からの倭国の領土を、自分の代で失うわけにはいかないということ、しかも彼の母は、一代で半島での倭国最大の版図を築きあげたのである。それらを息子の自分が失ってしまうわけにはいかないと考えたからである。

これは面子の問題でもあり、偉大すぎる親をもった息子の悲劇でもあった。

四〇七年の敗北のあと、四〇八年（応神三十五年）に対馬に軍営をおいたと新羅本紀にあるが、出兵することはなかった。このころに天皇は病を得たのかも知れない。応神三十九年に百済王直支王は、その妹の新斉都媛《しせつひめ》を遣わしたというが、それは病気見舞いであったのだろう。

応神天皇の崩御は四一一年頃であったろう。表3参照

一方の高句麗王談徳は、天皇の死の二年後、四一二年に没した。

王の死後、人々は都に大きな石碑を建て、その功績を顕彰したのであった。その碑文には、倭との交戦のことが誇らしげに記されているのである。

ここまでの年表を整理してみる。応神三年と阿莘王即位の三九二年を同年として合わせ、応

神紀を二倍年暦とし、二分の一に縮めて「三国史記」や「好太王碑文」と照合してみると、倭国側で対外通交が活発とみられた翌年には、好太王碑文には倭が大敗を喫していることが繰り返されていることから、応神紀の年代は、二年で普通暦の一年分にあたること、つまり、二倍年暦で記されていることが証明されたといってよい。

とすると、日本書紀の古い天皇の年代は二倍年暦で記録されており、書紀に編纂するときに、引き伸ばして普通暦のようにしたと考えられる。

応神天皇の在位は、紀では四十一年であり、春二月十五日に崩御、御歳百十歳であったという。

応神三年が三九二年春年とすれば、崩御の応神四十一年春二月は四一一年春年である（前項で、応神三年は三九二年の秋としたが、摂政元年を三五六年秋年として機械的に並べていけば、三九二年春年が応神三年となる。この件については、「第四章の応神紀の春・秋年」の項で説明します）。

百十歳で崩御とあるが、普通暦では五十五歳である。遡ると三五五年生誕となる。

誕生したときより、母の神功皇后が摂政として政務を執り、応神天皇が実権を握ったのは、母の死後の三九一年からであり、日本書紀では、その年が応神元年となる。

直支王《ときおう》の没年

百済直支王（腆支王のこと）の没年は、応神紀二十五年であるとされている。腆支王の没年は、三国史記では西暦四二〇年となっている。またこれは皇紀では、二九四年のことである。

神功・応神紀に載っている百済王の没年は、既述したように実年代と百二十年、干支二運分の相違がある。

しかるに直支王だけは百二十六年の違いがある。紀の編者が実年代と百二十年の違いで表しているのであれば、当然直支王も百二十年の違いがあるようにしたはずである。

そこで他の王と同じく、直支王も百二十年の違いになるように修正してみると、四二〇年は実年代で動かないので、紀における直支王没年（応神二十五年）を六年動かして、応神三十一年（皇紀三〇〇年）となる。それを何故か間違えたのである。

次に直支王が死んだ応神二十五年から十四年たった応神三十九年に、直支王は、その妹新斉都媛を遣わして仕えさせたとある。応神三十九年の百済王は毗有王（四二九～四五五）のはずである。死んだはずの直支王が妹を遣わせるはずがない。

しかし、新斉都媛の載っている応神紀を二倍年暦であると考えれば、応神三十九年はその半分の応神実年十九・五年となる。つまり応神元年の三九一年（応神三年が阿花王《あくえおう》即位年三九二年である）から十九・五年後の四一〇年となる。この四一〇年は応神天皇の没年に近い。

次に阿莘王は、応神十六年に没すと紀にある。応神三年を三九二年の阿莘王元年と合わせてあるので、三九二年から十三年後の四〇五年が（応神十六年）阿莘王没年となり、百済本紀の記録と合う。

つまり、此の部分は三国史記と書紀は、普通年とみて合致するということである。

次に腆支王没年は応神二十五年であるから、三九二年から二十二年後の四一四年（応神二十五年）となり、百済本紀の腆支王没年の四二〇年と六年の差がある。

ここで先に述べた、百済諸王の没年と書紀の皇紀の食違いが百二十年の中で、腆支王の没年のみが百二十六年で六年多かったことを思いだしていただきたい。つまり、書紀の編者は腆支王の没年を、応神三十一年とすべき所を誤って応神二十五年としてしまったのである。

そう考えるならば、この部分もまた普通年とみて合致するということである。

とすれば、応神紀は二倍年暦ではないということであろうか。しかし、新斉都媛の所では二倍年暦で話があう。

つまり、これはこういうことであろう。

編者は応神紀が二倍年暦であったのを普通暦に引き伸ばした上で、それに百済諸王の年代を当て嵌めたのである。

だから本来、応神紀（二倍年暦）では応神二十九年に阿花王没すとおそらく記録されていたであろう。応神紀をひきのばしたが、外国資料はそのままであるから応神三年から十三年後の応神十六年の所に記載したのである。外国資料優先である。これが紀の二重構造である。

一方の新斉都媛は日本側にのみその記録があったので、そのまま応神紀に記載されていた年代の所に記述したということである。

つまり、新斉都媛は、応神紀三十九年に記録されていたが、外国資料の中にはなかったようである。そこでそのまま修正せずに三十九年の所に入れたままにしたために、ちぐはぐなこととなったのである。

これらのことから、外国と関連のあることは外国の資料をもとに書紀に組み入れ、国内の件については国内の資料をもとに編纂して、合わない場合は外国の資料を採用したことがわかる。

百済辰斯王

辰斯王（三八五〜三九二）は阿莘王の叔父で、阿莘王が幼かったので、代わりに王位に即いた。王の晩年の頃は、半島においては激変の時代でもあった。高句麗では談徳（広開土王、好太王）が即位し、それまで劣勢であった高句麗の勢威を盛り返すために、四方に兵を進め始めた。南方では倭国が進出して来ており、新羅を属国とし、加羅・任那・馬韓南半をその版図としていた。

高句麗王談徳は三九二年、早速行動を起こし、兵四万を率いて百済を襲い、北辺の十幾つかの城を落とした。

百済本紀によると、辰斯王は談徳が用兵に巧みだと聞くと防戦に出ることができなかった。そのため、漢水から北の部落が多数攻め落とされた。十月、高句麗は関彌城を攻略した。王は狗原の行宮で薨《こう》じたという。

この年のことを、日本書紀では応神三年の項に「この年百済の辰斯王が位につき、貴国《かしこきくに》（倭国のこと）の天皇に対して礼を失することをした。そこで、紀角宿禰《きのつののすくね》、羽田矢代宿禰《はたのやしろのすくね》、石川宿禰《いしかわのすくね》、木菟宿禰《つくのすくね》を遣わして、その礼に背くことを責めさせた。紀角宿禰らは阿花を立てて王として帰ってきた」とある。

これらの資料から判断すると、百済は南北から攻撃を受けたようにみえる。

しかし、碑文においては、辛卯年（三九一年）に「倭が海を渡ってきて、百済・加羅・新羅を破り臣民とした。」とある。

そうすると、好太王が百済を攻撃したときには、既に百済は倭の勢力下にあったということである。

一方日本書紀には、高句麗が百済を攻撃しているということは記されておらず、三国史記にもこの時倭人が来たとは記されていない。

碑文が同時代資料であり、もっとも信憑性のおける資料であるから、辰斯王の死は高句麗との戦いにあることは確かである。

とするとこれはこういうことであろう。

高句麗の攻撃を受けた百済は、倭に救援を求めた。そこで、倭は援軍を送ったのではないだろうか。ところが、援軍が着いたときには戦いは百済の敗北となって終わっており、辰斯王は死に、阿莘王が位についた後であったのではないだろうか。この王が交代したことを、書紀は紀角宿禰以下の働きによるものであるように記したものではないだろうか。

辰斯王の最期は、三国史記百済本紀に次のようにある。

「王は狗原で猟をして十日を経ても帰らなかった。十一月狗原の行宮で薨じた」

猟をしてとは、出撃してということである。大勢が決した後も死に場所を求めて戦ったのであろうか。それとも高句麗との敗戦の責任をとらされて殺された（自殺した可能性もある）のであろうか。阿莘を押し退けて王位につきながら、無能を暴露したとみられたからであろう。

武内宿禰《たけのうちのすくね》の九州監察

これまで、書紀において、半島との交流が盛んになった年の後は、半島で軍事衝突がみられるとのべたが、次の年代の後では倭の軍事行動がみられない。

応神五年（三九三）冬十月　伊豆国に命じて船をつくらせた。名づけて枯野《からの》という。

　七年（三九四）秋九月　高麗人百済人任那人新羅人が来朝した。

八年（三九五）春三月　百済人が来朝した。百済記に皇子直支《とき》を天朝に遣わして……。

九年（三九五）夏四月　武内宿禰を筑紫に遣わして、人民を監察させた。

この時期の半島側の情勢を資料からみてみると、

三国史記百済本紀では、
三九三年　兵一万で高句麗を攻める。
三九四年　秋七月　高句麗と水谷城のもとで戦い敗北。
三九五年　秋八月　高句麗を討つが浿水《バイスイ》で大敗す。

新羅本紀では、
三九三年　夏五月　倭人が攻めてきて金城を五日間囲む。追撃して大敗させた。

高句麗本紀では、
三九三年　秋八月　百済が南辺を侵したので、将に命じてこれを防がせた。
三九四年　秋七月　百済がせめて来たので、王は精騎五千をひきいて逆襲してこれを破った。
三九五年　秋八月　王は百済と浿水の上流で戦って、これを大いに破って八千余名を捕獲した。

好太王碑文では、

三九六年　好太王は自ら水軍を率いて残国（百済）を打ち、軍を進めて国都（漢城）に至った。百済王はその攻撃に音をあげて降伏し、今後永久に王の家来になることを誓った。

つまり、三九三年から百済と高句麗の間で小競り合いが起こっていた。目的は三九二年の敗北の失地回復であったろう。ところが、高句麗の逆襲を受け、百済は降伏してしまったのである。

この事変においては、倭国は何の関わりもなかったようにみえる。しかし、当時の半島の勢力分布からみると、倭国は半島南半にかなりの影響力を以ていたはずであるから、高句麗のかような攻勢を座視していたとは考えられない。

半島での大乱のときには、倭国では、百済等との交流が活発になるという、今までの解釈によれば、応神五年から九年までの記事も、半島への軍事介入の準備であったと考えてさしつかえないであろう。この時も、倭国は百済救援のために半島に出兵しようとしていたのである。そのために武内宿禰を筑紫につかわして、準備の様子を監察させたのだ。

しかるに、ここに一つの事件が起きた

応神九年、そのとき宿禰の弟の甘美内宿禰《うましうちのすくね》は、兄を除こうとして天皇に讒言《ざんげん》して「武内宿禰は常に天下をねらう野心があります。いま筑紫にいて、ひそかに語っていうのに、『筑紫を割いて取り、三韓を自分に従わせたら、天下を取ることができる』といっているそうです」といった。天皇は使いを遣わして、武内宿禰を殺すことを命じた。

武内宿禰は都に赴き、探湯《くがたち》をして身の潔白を証明したという。

このような混乱が生じたために、倭国は半島への出兵ができなかったのである。倭国からの救援のないまま、百済は高句麗と干戈に及び、大敗を喫したのである。

応神九年は、応神三年を三九二年秋年とした場合、三九五年秋年にあたる。

高句麗の覇権

執拗な倭国との交戦を、度重なる大勝利で飾りながらも、高句麗は倭国を半島から放逐し支配を確立することができなかった。

大勝利をおさめて、百済を臣従させる約束をさせたにもかかわらず、百済は倭国の後押しをうけて失権を回復しようとしきりに挑発を行い、新羅は、高句麗についたり倭国についたりと動静が定まらなかった。

このように、圧倒的軍事力を持ちながら半島を完全に掌握できなかったのは、高句麗最強の敵の存在があった。

その敵とは、西の方にあって常に高句麗の安全を脅かしていた。そもそもかつて国都を陥とされたり、存亡の危機にたたされたり、そして最終的に滅ぼされたのは、西の方に存在した国や民族によってであった。

この時代にも、西には燕国《エンコク》があり、高句麗本紀には、五世紀初めころにはひんぱんに燕軍の侵入をみたという記録がある。

そのために、南で大勝利を収めても、その地を永く維持することができなかったのである。

しかし、応神天皇の晩年近くになり、ようやく倭国の攻勢が収まり、半島は小康状態を保つようになってきた。

四一二年、好太王談徳は、応神天皇と相前後するように亡くなった。

人々は王の功績を讃えて広開土王の謚号《しごう》を贈り、その顕彰碑を鴨緑江の北岸に建てたのであった。四一四年のことである。

ところで、倭国の半島進出はいつ始まったかについて論じておきたい。

というのは、碑文には次のような文章が存在するからである。

「倭は辛卯年を以て海を渡りて来たり。百済・加羅・新羅を以て臣民となす」

辛卯年とは三九一年のことである。

この碑文をそのまま読むと、倭の半島進出は三九一年にはじまったととれる。

これをもとに、神功皇后の新羅遠征年（三韓征伐）がその年であると解釈している人もいる。

また、皇后の事績と関係なくとも、倭の本格的半島進出はこの年に始まったとみる人もいる。

かくいう私も、皇后が三九〇年に死んだ後、応神天皇が半島での勢力拡大を計って本格的な進出を開始したものと解釈したこともあった。

しかし、どうもそうでないようである。というのは、倭の半島進出はもっと早くはじまっていたとみて間違いないからである。

とすると、この碑文に辛卯年の件が挿入されている事情を解く鍵は、この碑が顕彰碑であることと、この年が好太王の即位年にあたることにあるようである。

まず、顕彰碑であるが、これは生前の王の功績を顕彰するものであり、内容はよいことばかり並べたてることになるものである。

その結果、王の功績は華々しいものが並べ立てられたのであり、王に不利な所は避けて記されているのである。そしてこれは、王ばかりではなく、その親族の功績に対しても同様である。

とすれば、王の親や祖父についても、不利な点は除かれていると考えて良い。

しかし、倭国の進出は現実であり、それを排除したことは王にとって輝かしい功績であるから、どうしても倭国の侵入を記さなければならない。

そこでその侵入の時期を、好太王自身の在位中のこととしたのである。

そうすれば、先祖には傷はつかないし、排除をしたのは自身であるから問題ではないとして、王の在位中、つまり即位年に倭の侵入があったとしたのである。


半島の覇権をめぐって倭と高句麗が死闘を繰り返したのは、はからずも倭の応神天皇と高句麗の広開土王が即位した時であり、両者の没年もほぼ同時であった。両雄の治世の時代はまさに戦いにあけくれる時代であったといってよい。

そのために、多くの人材と資財が戦いの為に消耗されることとなった。

特に倭にとっては、海を渡り、遠く離れた平壌の近くまで遠征し、敗北によって多くの将兵や装備を失っている。それでも応神天皇はめげることなく、何度も敗れても敗れても遠征軍を送り続けた。そのために倭国の国力はかなりの消耗を招いたといってよいであろう。応神天皇の次の時代の仁徳天皇の時代になって、天皇が国見をした所、民の竈《かまど》から烟《けむ》りがあがっていなかったというほどの疲弊《ひへい》を招いたのであった。倭国の中心部ですらそうなのであるから、戦場にもっとも近かった九州や加羅、任那の疲弊は相当なものであったろう。

この項を執筆しながら、私は高校時代に学んだ漢詩を思い出していた。それは杜甫《とほ》の次の詩である。

兵車行　杜甫

車轔轔《りんりん》　馬蕭蕭《しょうしょう》
行人《こうじん》の弓箭《きゅうせん》　各《おのお》の腰に在り
耶嬢《やじょう》妻子　走りて相送る
塵埃見えず咸陽橋
衣《ころも》を牽《ひ》き　足を頓《とん》し　道を攔《さえぎ》りて哭す
哭声直ちに上り　雲霄《うんしょう》を干《おか》す
道旁過《す》ぐる者　行人に問う
行人但云う　点行頻《てんこうしき》りなりと
或いは十五従り　北の河を防《まも》り
便ち四十に至るも西に田を営む
去る時は里正与《ため》に頭《こうべ》をつつみ
帰り来たれば頭白く　還《また》た辺を戍《まも》る。
辺庭の流血　海水と成るも
武皇　辺を開くの意　未だ已まず
君聞かずや　漢家山東の二百州
千村万落荊杞《けいき》を生じるを
縦《たと》い健婦の鋤犂《じょり》を把《と》る有るも
禾《か》は隴畝《ろうほ》に生じて東西なし
況んや復《また》秦兵の苦戦に耐うるをや
駆らるること犬と鶏とに異ならず
長者《ちょうじゃ》問う有りと雖も
役夫《えきふ》敢えて恨みを伸べんや
且《か》つ今年の冬の如き
未だ休まず関西の卒
懸官《けんかん》急に租を索《もと》む

租税何《いず》く従り出《いで》ん
信《まこと》に知る　男を生むは悪《あ》しく
反《かえ》って　是　女を生むは好《よ》しを

女を生まば　猶《な》お　比隣《ひりん》に嫁するを得《う》るも
男を生まば　埋没して　百草に随《したが》わん
君見ずや　青海《せいはい》の頭《ほとり》
古来白骨人の収むる無く
新鬼煩冤《はんえん》し旧鬼哭す
天陰雨湿　声啾啾《しゅうしゅう》たるを

第三章　各天皇の年代

雄略天皇の年代

応神天皇の年代の研究によって、日本書紀の古い部分は二倍年暦で記されていることがわかった。

応神天皇の末年は四一一年であり、仁徳天皇の即位も同年であると推測される。推測という言葉を使ったのは、今までの考察だけでは確定とまではいかないからである。

ここから更に考察を進め、できるだけピンポイントで各天皇の年代を割り出すことにしたい。

倭の五王の中で倭王武が雄略天皇であるということは、ほとんどの人で異存がないようである。武という称号と雄略という漢風諡号がぴったりと合っているようにみえるからかも知れない。もっとも倭の五王は五世紀の王で、漢風諡号は八世紀につくられたものであるが。

九州熊本県の江田船山古墳と埼玉県の稲荷山古墳から出土した鉄剣に入っていた象眼の文字に、ワカタケという雄略天皇の和風諡号のオオハッセワカタケと同じ名がはいっていたことから、雄略天皇は実在の天皇であり、関東から九州まで支配していたことが確認されたのである。

そこで問題はその年代である。

雄略天皇は在位二十三年であり、日本書紀では普通暦で記されている。在位年数における普通暦と二倍年暦の境はこのあたりである。雄略天皇の前の安康天皇までが二倍年暦で、以降が普通暦となっているようなのである。この件については後に詳述するが、このあたりで元嘉暦《げんか》と儀鳳暦《ぎほう》が切り変わったこととも関係しているのかも知れない。

日本書紀によると、雄略天皇の即位年は四五七年丁酉年で崩年は四七九年己未年となっている。古事記分註天皇崩年干支では己巳年とあり、四八九年ではないかとされている。

日本書紀は、雄略天皇からの年代は普通暦であるから、年代のはっきりしている天皇の時代から、在位年を計算して遡っていけばよいのであるが、実際にはそううまくはいかないようだ。

というのは、正確な在位年等が不明な天皇もいるからである。

例えば、継体天皇の崩年は五三一年説と五三三年説とがあり、書紀の編者自体がわからないと書いているのである。その他の事情により、単純に算出できないからだ。

雄略天皇以降の年代においてさえ、多くの人が正確な年代を算出しようとしているのであるが、なかなか一致した結果が出ていないのが実情である。

この点は邪馬台国論争のように、各人のオリジナリティがでていておもしろい。

ところで、雄略天皇を倭王武とすると、中国の史書とは年代において大きな食違いがみられる。

南斉書の倭国伝に「高帝建元元年（四七九年）武の号を進めて鎮東大将軍と号す」とあり、また梁書に梁の武帝の天監元年（五〇二年）高祖即位、「武を進めて征東大将軍と号す」という記事があり、これからみると雄略天皇は五〇二年まで在位していたことになる。

しかし、記紀の記録からみると、雄略天皇はもっと早く亡くなっていたと考えられる。

そこで、まずこの食違いが何故生じたのかから検討していってみよう。

その授号の背景である中国がどのような時代であったのか、からみてみよう。

四七九年は、四二〇年から続いた宋王朝が滅び、斉王朝が成立した年である。五〇二年はその斉王朝も早々と滅び、梁王朝が始まった年である。これらの王朝は一応禅譲《ぜんじょう》により交替したことになっているが、実態は強要して政権を奪い取ったものである。宋の最期の皇帝順帝はやがて殺されてしまう。宋の皇族も一人残らず殺されてしまう。皇族の一人は「もう二度と皇族として生まれたくない」といって死んだという。

このように宋を滅ぼした斉王朝では、残虐な皇帝が相次いで即位し、やがて五〇一年、最期の無軌道な殺戮王は、遠い親戚の蕭衍《しょうえん》によって倒され、梁王朝が建てられたのである（「弱肉強食の法則」徳田隆　講談社刊に詳しい）。このような殺伐とした時代の続く中で、遠国への叙勲等がきちんと調べられた上でおこなわれたのかは、はなはだ疑問である。

坂元義種氏は、五〇二年の武の進号は、「新王朝樹立時の祝賀的任官であって武の直接関知する所ではなく……武の生存資料となるものではない。」としている。

おそらくこれは、新王朝が設立されたときに、祝賀的に手あたり次第に除授したものであろう。

そう考えるならば、この四七九年と五〇二年の除勲は、本人の生存を確かめずに行なわれたものと考えてよい。（また、五王については、九州王朝というのがあり、そこの王のことであるとか、半島の王であるとの説もあるが、根拠が少なく採用できない）。

となると、雄略天皇の没年は日本書紀のとおり四七九年でよいのであろうか。

もう一度　宋書を見てみよう。

孝武帝大明六年（四六二年）詔していわく「倭王世興……新たに辺業を嗣ぐ。宜しく爵号を授くべく、安東将軍・倭国王とすべし」と。

不明年　興死して弟武立ち、自ら……安東将軍・倭国王と称す。

順帝昇明元年（四七七年）倭国使を遣し献物。

昇明二年（四七八年）倭国王武を安東大将軍倭王に除す。

同　年　　武上表文を出す。

これらをみて、まず四七七年の貢献は倭王武である。つまり、倭王武の使いは四七七年に宋の都に到着し、翌る四七八年に皇帝に謁見し上表文を提出し除勲を受けたということである。倭国貢献には三種あることは述べた。

中国の代替わりの時の朝貢は二年に記録されている。それはそうだ。倭国に新皇帝の即位が伝わり、準備して到着するまでには、旅行の日数を考えると、やはり翌年になるであろう。よって、先の高帝建元元年と武帝天監元年の授号は、武のあずかり知らぬものである。

そうすると、昇明元年の順帝即位年の貢献はどうなのだろう。

どうも四七七年の貢献と四七八年の貢献の使者は同じであったようである。つまり、倭の使者が到着した年に新皇帝が即位（当年称元法なので同じ年に前皇帝は崩御している）したが、その年は対外的な公事は行なわれず、翌四七八年に公事が再開されたのである。その結果、倭王武の上表は四七八年に行なわれたことになる。

つまり、この四七七年昇明元年の使者は、もともと新皇帝の即位を祝うための使者ではなく、偶然重なったのである。

以上から武は、四七六年（使者の倭国出発年）までは在位していたことは確実であるが、四七九年と五〇二年の記録は必ずしも武の生存を表すものではないことがわかるのである。

それでは、日本書紀の四七九年雄略天皇崩御の記事は正しいのであろうか。正しいとすれば、雄略治世二十三年であるから、即位年は四五七年なのであろうか。

このことを確定するために、前帝の安康天皇の年代を検討してみよう。

安康天皇の年代

安康天皇は、倭王興ではないかと考えられる天皇である。

安康天皇は短命で在位期間が短く、日本書紀ではわずか三年である。これは二倍年暦であるから、普通暦では一年半ということになる。これは皇后の連れ子の眉輪《まよわ》王に殺されたからである。

倭王興の年代について、

宋書倭国伝では、

元嘉二十八年　四五一年　使持節都督倭……安東将軍は故の如し。

不明年　済死す。世子興、使を遣わして貢献。

大明六年　四六二年　倭王世子興を安東将軍・倭国王とする。

宋書文帝紀、孝武帝紀では、

元嘉二十八年　四五一年　倭王倭済を安東将軍から……。（文帝紀）

大明四年　四六〇年　倭国使を遣わして貢献。（孝武帝紀）

とある。

ここで問題となるのは、四六〇年に貢献した王は誰かということと、世子興が貢献した不明年とはいつなのかということである。

Ｐ161の「中国（南朝）と倭の五王交渉録」で、藤間生大氏は不明年を四六〇年の前にいれているが、後ろでも可能性はある。なにしろ出典がちがうのであるから。

まず、四六〇年の貢献と四六二年の貢献を検討してみよう。

この間は二年開いている。これは微妙な期間である。武の時は、前年に着いて翌年上表している。それは中国に代替わりがあったからである。しかし、ここでは二年の間がある。しかも同じ大明年間である。となると同じ王が二年の短期間でまた貢献するというのはおかしい。

そうみると、四六〇年の王と四六二年の王は別な王であるといってよいだろう。

Ｐ162の不明年の「済死す」の行と大明四年（四六〇年）の行は入れ替えるのが適切である。

となると四六〇年の使者は済の使者であり、不明年とは、四六二年のことである。

四六二年の貢献は新王の即位の挨拶であったと考えられ、興は四六〇年と四六二年の間に即位したとみてよいであろう。

但し、倭国から宋の都に着くまでの時間を考慮しなければならない。

この間のシミュレーションをしてみると次のようになる。

四六二年に使者が貢献したとすると、四六〇年か四六一年に倭国を出発しなければならない。

この王を興とする。

四六〇年に貢献した使者は四五八年か四五九年に出発しなければならない。

当然出発した時にはその王は生存しているが、使者が途上にあるときに崩御することもある。

四六〇年に貢献した王を済とすると、四五八年か四五九年に使者が出発した後、済が死んで興が即位したが、使者は王の死を知らぬままに済の使者として貢献した。ついで四六〇年か四六一年に興の即位の挨拶の使者が出発し、四六二年に貢献したことになる（到着は四六一年とも考えられる）。済を允恭《いんぎょう》天皇だとすると、天皇は允恭四十二年の一月に崩御したというのであるから、使者はその前年の四五八年に出発したものであろう。そして安康天皇が四五九年一二月に即位して安康元年となる。翌四六〇年に済の使者が済の死を知らぬままに中国に到着し貢献している。

安康天皇の使者は、四六二年に皇帝に謁見しているので、途中帰ってくる允恭天皇の使者と遇ったかもしれない。

安康天皇の在位は極めて短い。十二月即位であるから、四五九年の暮の即位となる。倭の使者は、また四六〇年か四六一年に使者を送り出した後、殺されたものと思われる。倭の使者は、またしても主人の死を知らずに中国への途上にあったわけである。

そうすると、倭王武＝雄略天皇の即位は四六一年頃であると考えられ、その年か翌る年に宋に貢献の使者をたてたと単純にこれまでの経過から考えられるのであるが、武が貢献したという年号つきの記事は昇明元年（四七七年）が初めてである。その前は「興死んで弟武立ち、自ら使持節都督倭・百済・新羅・任那・加羅・秦韓・慕韓七国書軍事・安東大将軍・倭国王と称す」という記事であるが、これがいつの事なのか年代が不明なのである。

この文で重要なことは、「自ら……称す」という所である。つまり、中国は武の称号を認めておらず、武は勝手に名乗っているということになる。

これは一体どういうことであろうか。

また、倭王武の貢献は四七七年であるとすると、四六一年に即位したとすれば、何故十年以上も貢献しなかったのであろうか。

更に他の資料と突き合わせると、雄略天皇の年代はどうもすっきりと合わない所がある。

そこで、もう少し掘り下げて安康紀をみてみよう。

雄略紀の年代を考える上で重要な資料が一つある。

それは、一九七一年七月に韓国の公州（熊津）で発見された百済王の墓碑である。その墓碑には武寧王が五二三年に六十二才で死んだとあった。

逆算すると四六一年頃に生まれた事になる。それは雄略天皇の五年のことであると日本書紀に記されているのだ。武寧王の生まれた四六一年は、宋書では「倭王世子興を安東将軍・倭国王とする」とあることからこの年は倭王興の時代と考えられている。

しかるに日本書紀では雄略五年であるから、四六一年の五年前の四五七年が雄略元年となってしまう。（表4）

表 4

安康天皇年表

中国資料	西暦	天皇年代			日本側貢献関係
	458	允恭	安康	雄略	允恭の貢献使者出発
	459	42 (43)	元	元	允恭死去
倭国貢献	460	(44) (45)	元 2	2 3	允恭の貢献使者到着 安康の使者出発・安康死去
<武寧王誕生>	461	(46)	3	4 5	真の雄略即位年 百済武寧王誕生
倭王興貢献	462			6	安康の貢献使者到着

抹消された安康天皇

日本書紀において、安康天皇（穴穂天皇《あなほのすめらみこと》）は次のように記されている。

允恭《いんぎょう》天皇の第二子である。

兄で皇太子の木梨軽皇子《きなしかるのみこ》を自殺させて位についた（伊予国に流したとの説あり）。

天皇は根使主《ねのおみ》に騙されて大草香皇子《おおくさかのみこ》を殺し、その妻の中蒂姫《なかしひめ》を皇后とした。

中蒂姫と、大草香皇子の間には、眉輪王《まよわのおおきみ》という子が生まれていた。

眉輪王は父の殺された真相を知り、親の仇である安康天皇を刺し殺してしまった。

事件を知った允恭天皇の第五子である大泊瀬皇子《おおはつせのみこ》（雄略天皇）は直ちに行動を起こし、兄弟を問い詰めて（何故ぐずぐずしているのかと）白彦皇子《しろひこのみこ》を殺した。眉輪王と黒彦皇子は円大臣《つぶらのおおおみ》の所に逃げ込んだが、大泊瀬皇子に攻め滅ぼされた。

その後、大泊瀬皇子は、従兄の市辺押磐皇子《いちべのおしわのみこ》と御馬皇子《みまのみこ》をも殺した。

そうして、ほどなく大泊瀬皇子は皇位についたのであるが、允恭天皇の崩御以来、皇位をめぐって血なまぐさい抗争が続いていたのである。つまり、雄略天皇は他の皇位継承の資格のあるものを全て殺してその地位を手にいれたのである。

そこで、前の疑問に戻りたい。

① 雄略天皇の崩年が日本書紀の記載通りに四七九年だとすると、在位数が二十三年（普通年）であるから、その即位年は四五七年となる。

② 倭王興＝安康天皇であるとすると、安康天皇は四六〇年か四六一年までは生きていたことになる。

③ 百済武寧王の生誕は四六一年で、これは雄略五年のことであると日本書紀には載っている。これから雄略元年をみつけると四五七年となる（紀の四七九年崩御説からでは四五七年が元年となる）。

というように、安康天皇の治世と雄略天皇の治世が重なり合うことになるのである。

この矛盾は、次のように解釈すればうまく説明がつく。

雄略天皇は、安康天皇の存在を抹消して、允恭天皇の後は直接自分が嗣いだようにしたらしいのである。つまり、一連の皇位継承抗争は、允恭天皇の崩御から始まり、自分の権力掌握をもって終わったとした。その間の安康天皇は、即位していないとしたのである。

その結果、雄略天皇の即位は、安康天皇の即位年ということにしたのであろう（とすると、雄略帝の即位は百済武寧王生誕の四六一年の三年前の可能性がある。雄略紀の元年から五年までは二倍年暦である、と考えられる）。

安康天皇の即位の抹消を裏づける傍証として、次のことがあげられる。

それは、雄略天皇の貢献である。

安康天皇までは、即位後直ちに中国に貢献したのに、雄略天皇は即位後十数年もたってから貢献した。

しかも、中国の資料では、その間「興死んで弟武立ち、自ら使持節都督倭・百済・新羅・任那・加羅・秦韓・慕韓七国諸軍事・安東大将軍・倭国王と称す」（年代不明）とある。

允恭天皇＝済の位よりも、百済が加わり、六国が七国となっている。

しかし四七八年の正式な授号では、倭王済と同じく六ヶ国諸軍事となっている。

「倭国王と称す」とは、四七八年に正式に授号するまで、勝手に称していたということである。それでは、長い間自称していた理由は何であろうか。武が七国諸軍事を要求したのに受け入れられなかったからであろうか。

それとも他に受け入れられなかった理由があったとしたら、何であろうか。

それは、安康天皇の抹消にあったのではないだろうか。

雄略天皇は、安康天皇は即位していないことにして、允恭天皇＝済の後は、自分であるとして中国に貢献したのである。

ところが中国の資料では、允恭天皇＝済の後は興が継ぎ、それを正式の倭国王として承認し授号しているのである。

そこに武が、興はいなかったことにしてくれと言った所で、承認したものを取り消すわけにはいかないのである。武の主張は認められなかった。

そこで武は、長い間宋に貢献を行なわなかったのである。

武の上表文

長い間貢献しなかった武も、四七七年に順帝に使いを送り、上表文を上程した（上表文上程は四七八年）。

「昔より、祖禰みずから甲冑《かっちゅう》をつらぬき、山川《さんせん》を跋渉《ばっしょう》し、寧処《ねいしょ》にいとまあらず」にはじまるあまりにも有名な文である。

私は、武は興の即位を認めなかったと考えたのであるが、この上表文の中に次のような箇所がある。

「臣が亡考済、実に寇讐の天路を壅塞《ようそく》するを忿《いか》り、控弦《こうげん》百万、義声に感激し、方《まさ》に大挙せんと欲せしも、奄《にわ》かに父兄を喪《うしな》い、垂成の功をして一簣《き》を獲ざらしむ。……今に至りて、甲を練り兵を治め、父兄の志を申《の》べんと欲す。」

亡考とは亡くなった父のことである。父兄とは自分の父と兄のことである。

済＝允恭天皇は武の父であり、即位を認めたくなかった興＝安康天皇は武の兄である。

ということは、武はとうとう興の即位の事実を認めたということになるのではないだろうか。

雄略天皇は暴虐な行為で知られており、即位争いの他にも、誤って人を殺したことも多く、天下の人々はこれを誹謗して、「大変悪い天皇である」といったという。

しかし、乱暴な行為を行なった年を書紀で調べてみると、二、五、十一、十二、十三、十四年とあり、十四年を最後にそれ以上は記されていない。

また雄略十九年に、安康天皇の為に穴穂部《あなほべ》を設けたとある。普通ならば、死後まもなく設けられるのであろうが、十六年もたってから設けたのは不思議である。

これらのことから考えてみるに、雄略十五年から十九年の間に雄略天皇になんらかの心境の変化がみられたと考えてよいであろう。

そうして抹消していた安康天皇の即位の事実を認めたのである。

その結果、ここに中国への貢献の路が開かれたのであった。

自称「安東大将軍、倭国王」が正式に中国王朝に認められたのであった。但し、七国諸軍事ではなく、六国諸軍事として。

こうして安康天皇と雄略天皇の確執が解決したからといって、年代の問題が全て解決したわけではない。

諸資料を突き合わせていくと、雄略天皇末期の年代は混乱が相当みられるからである。

しかしこの問題は後回しにして、先に他の四王について調べてみよう。

允恭天皇と反正《はんぜい》天皇の年代

倭王済は允恭天皇であるとして、ではその前の倭王珍は何天皇に当たるのであろうか。単純に考えれば、反正天皇となるのであるが、その前の履中天皇の可能性もある。更にその前の仁徳天皇であるが、彼が珍であることはまず考えられない。

倭王済は四四三年と四五一年に貢献しているから、その即位は四四三年以前である事は確かである。済=允恭天皇の時代は二倍年暦であり、四五八年か四五九年に使者が出発したとした。安康帝の即位が四五九年秋年であるから、允恭帝の崩年は四五九年とすると、允恭在位四十二年（普通暦では二十一年）であり、単純に計算すると即位は四三八年秋となる。

允恭帝は、壮年になって重い病をされたので、皇位を継ぐ事を固辞していたが、妃の忍坂大中姫命《おしさかおおなかつひめのみこと》が、冬の最中に洗手水《おおみてみず》を持って即位をせまったというから、即位は秋年で合う。

ところで珍の貢献は四三八年となっている。

「倭国王珍を安東将軍となす」（宋書文帝紀）

そしてその前に、年代が不明であるが、

「讃死して弟珍立つ。使を遣し貢献す」（宋書倭国伝）

という文がある。

宋書倭国伝のこの記事は、宋書文帝紀と同じ年のことであろう。

また、元嘉七年（四三〇年）の「倭国王、使を遣し方物を献ず」（宋書文帝紀）は、倭国王の名が記されていないが、前王がひき続き行った場合は、王名は省略しているので、この王は讃である。となると倭王珍の即位は四三〇年から四三八年の間となるが、讃が四三〇年に貢献した直後に崩じたとはかぎらないので、四三〇年以前に珍は存在していないということだけになる。

では、反正天皇の事績について検討してみよう。

在位期間はわずか五年（二倍年暦）であるから、普通暦では二・五年である。

反正天皇が春一月に亡くなられ、允恭天皇の元年は（四三八年）冬十二月に即位したというから、丸一年近く空位があったようである。

允恭天皇即位が四三八年秋とすると、空位を加えてその三年前の四三六年春に反正天皇は即位したことになる。

四三八年に中国に貢献する場合、使者は四三六年か四三七年に出発することになる。反正天皇の崩年は春一月二十三日と記されていて、允恭天皇の即位は冬十二月とある。允恭天皇が使者を送るとすれば、どうしても翌年（四三九年）になるはずであるから、四三八年の使者は允恭天皇の使者ではないことになる。

となれば、この使者は四三六年の後半の反正在位中に都を出発したとみてよい。そして、天皇の死を知らぬまま皇帝に謁見したのである。

その前の倭王であるが、宋書では倭王讃とある。讃の在位期間は長い。ところが日本書紀では、反正天皇の前は履中天皇となり、在位は六年（二倍年暦）とやはり短い。普通暦では三年である。

履中天皇は仁徳天皇の第一皇子であり、仁徳八十七年春一月に仁徳天皇が崩御したのち、住吉仲《すみのえのなかつ》皇子の反乱事件があり、春二月一日に磐余《いわれ》の稚桜宮《わかさくらのみや》で即位したという。

前述したように、四三六年春に反正天皇が即位したとすれば、履中天皇の即位は三年前の四三三年元年春二月一日となる。

すると、仁徳天皇の亡くなったのは四三二年となる。

四三〇年の倭王讃の貢献は仁徳天皇とみて不都合はない。次の貢献は四三八年であるが、これは反正天皇であるから、結局履中天皇は貢献しなかった事になる。

次に各天皇の続柄である。宋書には、倭の各五王の続柄が記されている。この五王の続柄と天皇の続柄が一致するかどうかである。

讃＝仁徳天皇　珍＝反正天皇　済＝允恭天皇　興＝安康天皇　武＝雄略天皇

とみて検討してみる。

武は興の弟であるという。

雄略は安康の弟である。

興は済の子である。

安康は允恭の子である。

問題は次である。

「太祖の元嘉二年、讃、また司馬曹達を遣わして表を奉り方物を献ず。讃死して弟珍立つ」

このままでは、讃が死んでその弟が即位したと読んでしまう（原文では、「讃死弟珍立遣使貢献」とある）。

讃が献じたのは元嘉二年（四二五年）である。それでは讃が死んだのはいつかというとその直後というわけではないようだ。というのは元嘉七年（四三〇年）の貢献は讃であるとみられるからである。

四三八年の貢献は珍であり、これまでの考証からでは反正天皇であると考えられる。

ところが反正は仁徳の子であって弟ではない。それで今までは、この続柄の解釈をめぐって五王の系譜と天皇の系譜が合わないとする意見もあったわけである。

ところが、反正は履中の弟なのである。

履中の貢献が不明であることにみられるように、この時代の記述の混乱もみられるようである。

となれば、これは、讃死すと弟珍立つを二つに分けてみるのがよいようである。

そして、弟珍とは履中の弟という意味ととればすっきりする。父の仁徳天皇である讃が没して、次の天皇の履中の弟の反正である珍がたって貢献したと、そう解釈すれば、讃と珍の続柄がうまく説明できる。

結果、履中天皇は宋書の記録には登場していないことになる（梁書に登場する彌が履中天皇であるとする説もある）。

かように、仁徳天皇末期から允恭天皇にかけても、二倍年暦として読み、計算していくとよく解釈でき、中国資料とも一致する。

仁徳天皇の年代と虚構年

倭王讃は仁徳天皇のことで、応神天皇の第四子で大鷦鷯天皇《おおさざきのすめらみこと》という。

讃の初出は、四一三年東晋安帝義熙《ぎき》九年に「倭国方物を献ず」（晋書安帝紀）とある。

この後、四二一年劉宋武帝永初二年「倭の讃朝貢除授を賜う」（宋書倭国伝）、四二五年宋文帝元嘉二年「讃司馬曹達を遣わして上表貢献」（宋書倭国伝）、四三〇年同元嘉七年「倭国王、使を遣し方物を献ず」（宋書文帝紀）と続く。

永初二年と元嘉二年は、共に中国新皇帝の即位への挨拶である。

問題は、初出の四一三年の貢献である。

一つには、讃が即位したことでの挨拶である。

一つには、特に理由のない貢献である。

珍が反正天皇で履中は記録にないとすれば、讃は仁徳天皇ではないかと考えられる。

それでは、仁徳天皇の年代を考えてみよう。

仁徳天皇の在位年数は八十七年である。

今仮に仁徳天皇の即位年を四一一年とする。

そうすると応神天皇の所で論じたように、応神天皇の崩御が四一〇年代の前半であるならば、この四一三年の貢献は新天皇即位の挨拶であるとみてよい。即位してまもなく使者を送ったとすれば、使者の出発は四一二年中であり、即位は四一一年前後であるとみられる（応神天皇の貢献はないが、七支刀の「旨」が応神の漢名であるとみれば、倭国は晋王朝の存在や貢献のことを知っていたとみられる。ならば、仁徳が即位と共に貢献したとしても不思議ではない）。

仁徳天皇の即位に関しては、皇位継承をめぐる抗争があったことが記紀の記録にみられる。

履中天皇の即位が四三三年で、仁徳天皇即位が四一一年となると、仁徳天皇の在位は二十二年ぐらいとなる。

書紀での八十七年は二倍年暦であるから、普通暦では四十三・五年となり、年単位で計算しているのであるから四十四年となり、実数の二十二年を差し引くと二十二年の余剰がでてくる。これは虚構年である。

それでは何故ここに二十二年（二倍年暦では四十四年）という虚構年がいれられたのであろうか。

虚構年とは、何らかの事情で意図的に年数を伸ばすために作られ入れられた年のことである。

その事情を探るために、二倍年暦の最後の天皇である安康天皇の年代から日本書紀の年代を遡って追っていくと、履中天皇の即位年は四〇〇年、仁徳天皇の即位年は三一三年、応神天皇の即位年は二七七年、神功皇后の摂政元年は二〇一年である。

今、仮に、虚構年は仁徳天皇の所に二十二年入っているとして、それを省くと（二倍年暦であるから四十四年）仁徳天皇即位年は三五七年となる。神功皇后摂政元年も四十四年繰り下げると二四五年となる。

この二四五年は、邪馬台国の女王卑弥呼の魏朝への通交の時期に一致するのである。

このことから私は、書紀の編者は神功皇后と卑弥呼を一致させようとして年代を操作したのではないかと考えた。

先に述べたように、書紀の編者は、国内資料のみならず、広く外国資料をも採用して、世界に通用する歴史書を編纂しようとしたのである。

そのため、外国資料と国内資料を突き合わせて、両者が一致するように編纂を進めていったのである。

その時問題となったのが、邪馬台国の女王卑弥呼の存在であった。

卑弥呼の年代は絶対年代であるから、これを操作することはできない。それでいて、卑弥呼が国内資料に登場するだれなのかも確定できなかった。ところが、二倍年暦で年代を整理していくと、偶然にも神功皇后の所で、卑弥呼の年代に近付くことに気がついた。

そこで、卑弥呼は神功皇后ではないかと考え、年代を合わせようとしたのであろう。

先に述べたように、和歌山で皇后が日食に遭遇したという伝承と、新羅本紀の二〇一年に新羅で日食がみられたことを合わせて、仁徳紀を四十四年水増しして調整し、二〇一年を摂政元年としたのである。

魏志倭人伝の記録では、二四五年には卑弥呼は既に高齢であったようであるから、摂政元年をそこにもってくるわけにはいかないので、編者は虚構年を作り、皇后の年代を四十四年も前に持ってきたのである。その虚構年をまとめて仁徳天皇の所にいれたのである。

まとめて入れたことは、極めて重要なことである。もし、満遍なくばらまいていたら、年代の復元にもっと手間どることになったであろうから。

その結果、神功皇后摂政元年は二〇一年となり、二三九年、二四〇年、二四三年、二四五年、二四七年の卑弥呼の通交は、それぞれ皇后の三九年、四〇年、四三年、四五年、四七年そして、二六六年の倭女王の貢献は六六年となったのである。

この、西暦の百の位を除くと、皇后紀と一致するようにみえるのは偶然である。

ここまでで、各天皇の即位崩年を記すと次のようになる。（但しこれは仮である）

表 5
十四代～二十一代
諸天皇即位・崩・末年（仮）

14代 仲哀　即位 352年春年
崩年 355年春年
15代 応神　即位 356年秋年
（皇后摂政元年）
崩年 410年春年
16代 仁徳　即位 411年秋年
崩年 432年秋年
17代 履中　即位 433年春年
崩年 435年秋年
18代 反正　即位 436年春年
崩年 438年春年
19代 允恭　即位 438年秋年
崩年 459年春年
20代 安康　即位 459年秋年
崩年 460年秋年
21代 雄略　即位 461年春年
崩年 479年

第四章　古事記分註天皇崩年干支

古事記分註天皇崩年干支

日本書紀の天皇の年代を二倍年暦によって割り出そうとしてきて、一応雄略天皇までの各天皇の実年代を比定することができたのであるが、一つの資料による検証だけでは確かなものとはいえない。

そこで、別な資料による方法として、日食記事に着目して実年代を確定しようと試みたのであるが、これは失敗した。

そこで今度は、古事記分註天皇崩年干支というものに着目した。

古事記には割り注として、一部の天皇の崩年が干支で記されている。

この干支を正しいものとみて、水野祐《みずのゆう》氏は西暦に換算して各天皇の年代を表している。（表1）

もちろん、この干支を疑問視しているむきもある。理由は、倭の五王等の年代とどうもずれるからである。大概はあたらずとも遠からずといった見方、参考程度といった所である。

私も、自分の出した年代とはあわないので、参考程度にしかみていなかった。

しかし、改めて考えてみると、古事記の年代がそうそうでたらめに記載されているものでもないだろう。やはり、なにかの根拠があって掲載されているのではないかと考えた。

まず、古事記分註天皇崩年干支を西暦で表したものと、私の天皇崩年の想定年を（表5）くらべてみる。

古代においては、二倍年暦が使用されていたとして検証をしてきたのであるが、とすると、古事記分註天皇崩年干支も二倍年暦で表されているのではないかと考えてみた。

ある意味、これはとんでもないことである。年を干支で表すという方法は、中国の戦国時代にはじまったといわれ、それ以来ずっと六十年毎に干支が繰り返されてきており、それは万国共通であって、時代や地域によって異なるというものではないからである。

当然日本でも、中国と同じ干支が使われていたはずである。よって、思うだけでもばかばかしいことかもしれない。

しかし、ものは試しである。かりに起点を崇神天皇の崩年にとって、年表を作成してみた。西暦年の前半を春年、後半を秋年とし、二倍年暦には②をつける。

十干に気をつけてご覧いただきたい。それと、私の表5の各天皇の想定年も見てほしい。

仮に、崇神天皇古事記崩年干支の戊寅は通説である西暦三一八年の春年とする。この年を起点として、一年に干支を二つずついれていく。三一八年は戊寅②と己卯②である。三一九年は庚辰②と辛巳②である。三二〇年は壬午②と癸未②である。という具合にずうっと並べていくと、次のようになる。

古事記分註天皇崩年干支は表1をご覧ください。

仲哀崩年の古事記天皇崩年干支は壬戌であり、私の想定年の三五五年が壬辰②である。

応神崩年は甲午であり、四一一年春年が甲申②である。

仁徳崩年は丁卯であり、四三二年秋年が丁卯②である。

履中崩年は壬申であり、四三五年春年が壬申②である。

反正崩年は丁丑であり、四三七年秋年が丁丑②である。

允恭崩年は甲午であり、四六一年春年が甲子②である。

安康崩年は記されていない。

雄略崩年は己巳であり、四七八年秋年が己巳②である。

このように見てくると、古事記分註天皇崩年干支（以後記崩年干支と略す）は、十干の部分では私の算出した年代とかなり一致することがわかる。

となると、十二支の部分を調整することにより、各天皇の崩年が検出されるのではないだろうか。

仲哀天皇の年代

仲哀天皇の崩年は、皇后の摂政元年が三五六年であるから、その前年の三五五年と算出した。春二月五日とあるから、三五五年春年となる。

それでは、この年代は、記崩年干支とうまく符合するであろうか。

仲哀天皇の記崩年干支は壬戌とある。

そして在位年は、九年②とある。

ここで、仲哀天皇崩年三五五年春年を基準として、前後の年代を検証していってみよう。（表6）

三五五年秋年は、皇后の新羅遠征年であり、応神天皇の出生年でもある。

三五六年春年は、皇后の東征開始年である。

三五六年秋年は、皇后が摂政位についた年である。

三五五年春年が、仲哀九年②であるとすると、仲哀元年は三五一年春年となる。記崩年干支を二倍年暦であるとみると、崩年は壬戌②であるから、即位年の干支は甲寅②となってしまう。とすると、その前代の成務天皇の崩年は、三五〇年の秋年癸丑②となるのだが、記崩年干支では乙卯年となっている。

こうなると符合しないようにみえる。

ところが、仲哀天皇の崩年（死亡年）は三五五年春年であり、皇后摂政元年（応神天皇即位年）は三五六年秋年であるから、三五五年秋年と三五六年春年は空年となる。

とすると、問題は空年の処理である。

ここで空年は生じさせないものとして見てみよう。仲哀天皇の在位は九年（②）であるとし、三五六年春年を仲哀九年とする。そうすると、仲哀元年は三五二年春年（丙辰②）となり、成務の最後の年は、三五一年秋年となり、この年の記崩年干支による干支は乙卯②となる。成務

表6

成務・仲哀・神功　年代表Ⅰ類

西暦 干支	351 辛亥		352 壬子		353 癸丑		354 甲寅		355 乙卯		356 丙辰		357 丁巳	
記干支	甲寅	乙卯	丙辰	丁巳	戊午	己未	庚申	辛酉	壬戌	癸亥	甲子	乙丑	丙寅	丁卯
年代	59	60	元	2	3	4	5	6	7	8	9	元	2	3
即位・崩・末年		成務天皇崩年	仲哀天皇即位						仲哀天皇崩年	応神天皇生年	仲哀天皇末年	神功摂政元年		

天皇の記崩年干支は乙卯と記されているので合致する。

つまり、記崩年干支は、天皇の実際の死亡年（崩年）を記しており、天皇の在位（空年も含む）の最後の年（末年）ではないということである（允恭は例外）。

天皇によっては、崩年と末年が異なる場合があるということである。

仁徳天皇から安康天皇まで

応神帝の即位年（神功皇后摂政元年）がわかった所で、次は仁徳帝以降の年代を検証してみる。

これらの諸天皇の時代は倭の五王の時代であり、仁徳天皇は倭王讃、履中天皇は記録なし、反正天皇は倭王珍、允恭天皇は倭王済、安康天皇は興、雄略天皇は倭王武、として宋書等から各年代を算出した。そこでより正確をきすために、記崩年干支を用いて年代を確定していきたい。

まず、仲哀帝の二倍年暦の干支をそのまま伸ばしていくと、この五王の時代の所では、十干があうが、十二支はあわない。

仲哀天皇崩年を壬戌年②として、そこから時代を下っていくと、仁徳天皇崩年（四三二）は丁酉年②となり、丁卯年②（記崩年干支）とはならない。

履中天皇崩年（四三五）は壬寅年②となり、壬申年②とはならない。

反正天皇崩年（四三七）は丁未年②となり、丁丑年②とはならない（表5とは半年ズレる）。

ここでも十干は合うが、十二支は合わないのである。

そこでとりあえず十干だけを使って年代を並べてみよう。

ここは、宋書の記録を考慮しながら照合していってみる（表8）。

四三二年の秋年の丁②を仁徳天皇崩年として、各天皇の記崩年干支②をいれていく。

仁徳天皇の崩年は丁②の年であるから、四三一年か四三七年になるが、四三八年に珍（反正天皇）が安東将軍に任命されているから、間に履中天皇が存在していたことを考慮すれば、仁徳天皇の崩年は四三二年の秋年であることになる。ここを記崩年干支のとおりの丁卯年②とする。

ついで履中天皇即位は、四三三年春年となる。

履中天皇は在位六年②で中国への貢献はない。

履中・反正間では、履中天皇は春三月になくなられ、反正天皇は翌春一月に即位している。ここに一年②の空位があったようである。

履中天皇は病気になられて、身体の不調から臭みが増してきたとある。その外にも履中紀には不可解な所がある。まず、即位の時にいざこざがあったらしいこと。他にもしっかりと政務等がとれなかった様子がみられる。春三月になくなられ、身体から臭みが増してきたとあるが、死んだまま放置されていたのではないだろうか。どちらにしろ、一年②の空年があった。

四三三年春年に履中は即位し六年②の在位で、末年は四三五年だが崩年は四三五年春年となる。

四三五年春年の十干は壬②であり、記崩年干支の壬申を入れる。

反正天皇の即位は四三六年春年となる。在位五年②であるから、末年は四三八年春年となる。

崩年はその前年の四三七年秋年となり、（十干は丁②であり、記崩年干支の丁丑をいれる。

反正・允恭間は、日本書紀では二年間の空位がみられる。反正天皇の次の天皇はなかなか決まらず、允恭天皇の妃の忍坂大中姫命《おしさかおおなかつひめのみこと》は冬のさなかに洗手水《おおみてみず》をささげて即位をせまったという。

そしてこれが元年一二月のことという。

反正天皇は、五年春一月に亡くなられたというので、まる一年近く空位だったことになるが十二月即位であるので、一年の空位ということになる。

允恭天皇の即位は、四三八年秋年の十二月である。元年は三十日もなかったことになる。

日本書紀では、翌る四三九年即位としたようだが、記崩年干支では当年が元年となる。

以上のことを年表にしてみると次次頁表8のごとくなる。

これをみると、仁徳天皇崩年干支を丁卯②として干支②を並べていくと、各天皇の崩年の干支が不都合なく一致することがわかる。

表7
古事記分註天皇干支の初め

西暦	二九一 辛亥		二九〇 庚戌		二八九 己酉		二八八 戊申	
Ⅰ類	乙卯	甲寅	癸丑	壬子	辛亥	庚戌	己酉	戊申
Ⅱ類	乙酉	甲申	癸未	壬巳	辛巳	庚辰	己卯	戊寅

しかし、これは仲哀・応神天皇の二倍年暦の干支ではない。だが、この連なりの干支②が合うことは認められる。

そこで、このタイプの二倍年暦干支をⅡ類とし、仲哀・応神天皇の干支②の並びをⅠ類とする。

二八八年は、一般の干支では戊申である。記干支は、崇神崩年の戊寅の年から始まる。この表によると、崇神崩年はⅡ類ということになる。

一般の干支が戊寅となるのは三一八年であり、この年にⅠ類戊申Ⅱ類戊寅となる。

次は応神・仁徳間である。

応神天皇崩年は四一〇年か四一一年である。その間の干支②をⅡ類で表すと（表9）のようになる。

記崩年干支では応神天皇の崩年は甲午であるが、Ⅱ類の中にはみえない。また、Ⅰ類の中にもみえない。十干はあっているとするならば、応神崩年は四一一年春年となるのであるが、甲

表 8

仁徳・履中・反正・允恭年表　Ⅱ類

西暦 干支	431 辛未		432 壬申		433 癸酉		434 甲戌		435 乙亥		436 丙子		437 丁丑		438 戊寅		439 己卯		440 庚辰	
記干支	甲子	乙丑	丙寅	丁卯	戊辰	己巳	庚午	辛未	壬申	癸酉	甲戌	乙亥	丙子	丁丑	戊寅	己卯	庚辰	辛巳	壬午	癸未
年代					元	2	3	4	5	6	元	2	3	4	5	元	2	3	4	5
即位・崩・末年				仁徳天皇崩年	履中天皇即位				履中天皇崩年	履中天皇末年空年	反正天皇即位			反正天皇崩年	反正天皇末年	允恭天皇元年 12月				

申②であって甲午②ではない。一方十二支の午②は四一〇年春年であるが十干は壬②である。

応神天皇の崩御の後、大鷦鷯尊《おおさざぎの》と菟道稚郎子《うじのわきいらつこ》が互いに位を譲りあって、なかなか次の天皇が決まらなかったとある。そして皇位は空いたまま三年②になったという。応神天皇崩年は四一〇年春年の二月であり、仁徳天皇即位は四一一年秋年の一月（即位はほとんど一月と記されている）であるから、事実上三年②の空位ではある。

これらから考えるに、どうやらこの部分は干支②を取り違えたようである。崩年の干支②の壬午②と末年干支②の甲申②とをごっちゃにしてしまい、記崩年干支応神天皇崩年を甲午と記したと考えられる。（表9）

允恭・安康・雄略間について

允恭天皇の即位は、四三八年秋年己卯年②である。在位は四十二年②とある。
即位年の四三八年秋年から四十二年②くりさげていくと、四五九年春年となるが、そこはⅠ類では庚寅②、Ⅱ類では庚申②となる。しかし、記崩年干支では、允恭天皇崩年は甲午である。これではⅠ類Ⅱ類どちらにも合わないどころか十干すら合わないのである。

表9
応神・仁徳年表　Ⅱ類

西暦 干支	410 庚戌		411 辛亥		412 壬子	
記干支	壬午	癸未	甲申	乙酉	丙戌	丁亥
年代	39	40	41	元	2	3
即位・崩・末年	応神天皇崩年 2月	空年	応神天皇末年	仁徳天皇即位 1月		

ついで安康天皇であるが、干支の記録はない。しかし、先の五王の考証では安康天皇即位は四五九年であろうとなった。そして雄略天皇の即位は四六一年である。
四五九年春年が允恭天皇の崩年で同年秋年は安康天皇の即位年となる。（元年は翌年とした）
四六一年が雄略即位年である。安康天皇の在位は三年②である。崩年は四六一年春年となる。
そこで、二倍年暦干支Ⅰ類で当て嵌めてみると、四六一年春年は甲午②であり、允恭天皇の

表10　允恭・安康年表　Ⅰ類

西暦 干支	457 丁酉		458 戊戌		459 己亥		460 庚子		461 辛丑		462 壬寅		463 癸卯	
記干支	丙戌	丁亥	戊子	己丑	庚寅	辛卯	壬辰	癸巳	甲午	乙未	丙申	丁酉	戊戌	己亥
允恭年代	38	39	40	41	42	(43)	(44)	(45)	(46)					
安康年代						元	元	2	3					
雄略年代						元	2	3	4	5	6		7	
即位・崩・末年					允恭天皇崩年 1月	安康天皇即位 12月	安康天皇即位 1月	安康天皇崩年	允恭天皇末年 安康天皇崩年	真の雄略天皇即位				

記崩干支の甲午と同じである。となると、安康天皇の崩年と允恭天皇の崩年が同年となってしまう。

前に、安康天皇の即位前後と治世中は動乱の時代であり、在位期間も短く次の天皇である雄略天皇により、その時代は抹消されてしまったとした。つまり、雄略天皇の即位年を繰り上げることにより、安康天皇の時代を消し去ったのである。

しかし、この記崩年干支の件から考えるに、どうやらもう一つの系列の記録があったようなのである。（表10）

その系列の記録では、やはり安康天皇は即位しなかったことにしたのであるが、その在位期間は允恭天皇の在位期間の中に繰り入れてしまった。

その結果、允恭天皇の在位は四十六年②となり、末年は安康天皇の崩年と同年の四六一年春年甲午

表11
雄略年表　Ⅰ類？

西暦干支	478 戊午		479 己未		480 庚申	
記干支	戊辰	乙巳	庚午	辛未	壬申	癸酉
年代	22		23		元	
即位・崩・末年		雄略天皇崩年(記)	書紀の崩年		清寧天皇即位	

②ということになったのである。
そうなると雄略天皇の真の即位年は四六一年秋年となる。紀では十一月十三日に即位したとあり、季節は合う。
しかし、日本書紀が編纂される段になって、安康天皇が復活し、結果允恭天皇の在位は本来の四十二年となったのである。
つまり、安康天皇に関しては、当時三つの年譜が存在していたということになる。（表10）
最後に雄略天皇の崩年である。
記崩年干支では己巳となっている。Ⅰ類では己巳②は西暦四七八年の秋年がそれにあたる。Ⅱ類では己亥②となる。ここではⅠ類が合うこととなる。（表11）
ところで、日本書紀では雄略天皇の所から普通暦で記されていて、その崩年は西暦四七九年己未八月であるとされている（雄略天皇初期の元年から五年までは二倍年暦である）。
記崩年干支の己巳②の西暦四七八年とは一年違いである。

表12
雄略天皇崩御前後の年表

中国史書	三国史記 (百)百済 (新)新羅	西暦	雄略年代	日本書紀 他
	百済滅亡(新)	474	18	
<百済滅亡>	百済滅亡(百) 蓋鹵王死、文周王即位	475	19	安康帝の穴穂部を設ける (雄略の使者出発)
		476	20	百済滅亡記事
倭国貢献 順帝即位	<文周王死> <三斤王即位>	477	21	汶州王即位、百済再興 (雄略使者到着)
倭王武の上表	文周王死(百) 三斤王即位(百)	478	22	(上表文を上呈) 古事記による雄略崩年
南斉の成立 武の号を進める	三斤王死(百) 東成王即位(百)	479	23	文斤王死去、雄略崩年 東城王を即位させる

(百)百済本紀 (新)新羅本紀 <>絶対年代 ( )は推測

それでは、記、紀のどちらが正しいのかとなると、他の資料と突き合わせて結論を出さねばならぬのであるが、表12にみられるように、この年代の日本書紀・百済本紀・新羅本紀の記録が一致していないのである。

となると、雄略の崩御年は、清寧以降の諸天皇の年代を考慮した上で検出する必要があるようである。が、その考証は、またの機会に行い、発表したいと考えている。

この後、記崩年干支は推古天皇まで十二代のうち六代が記されている。この欠落があることから、後世古事記に書き加えられたものだとの説が生じたと思うのであるが、私もそう考えている。もともとこの干支は、日本書紀の編纂のときに資料として集められていたが、書紀で採用された年代や干支と合わなくなったので不採用となったものであろう。それを誰かが、古事記の中に分註としてすべりこませて残したものであったと考えるものである。

以上、仲哀天皇から雄略天皇迄の各天皇の年代について考証してきたのであるが、古事記天皇分註天皇崩年干支が二倍年暦によって記録されていたものであり、かつ、日本書紀の年代は安康天皇までは二倍年暦であったことが証明できたと思う。

応神紀の春・秋年

第二章で応神天皇と好太王の項の年代について後述するとしたが、何故天皇紀を半年ずらしたかについて述べたい。

日本書紀には、元年の春一月一日とか二年春三月三日等の形で年月日を載せているが、年月日の他に、季節を表わすと思われる春・夏・秋・冬という語も記されているのが特徴である。

この季は、各年で一つというのが多いことから、書紀の年代は二倍年暦であり、普通暦の前半年が春、後半年が秋と記されているとみられていた。

事実、春と秋が交互の箇所もみられるからである。

そこで、これらの事をもとに、応神紀の季を改めて考えてみることにした。

神功・応神紀の年代であるが、三五六年の秋年を摂政元年として、皇后の治世が六十九年②、応神の治世が四十一年②であるから、応神帝の末年（在位最終年）は四一一年の春年となる。

これでいくと、応神三年は三九二年の春年のこととなる。

（P204の表または表3では、応神三年は三九二年秋年であるとして年代を並べていった。阿莘《アシン》王《オウ》即位は秋遅くであったからである。そのため、皇后崩年から応神即位年までを四年のところを三年にして調整した。

また、日本書紀の応神三年の項には、冬十月、東の蝦夷が朝貢する記事があり、その後に阿莘王（阿花王《あくえ》）の記事がくる。）

ところが、三九二年春年を応神三年とすると、日本書紀の春・夏・秋・冬の季の表記が、各年の春・秋と逆転している箇所がみられ、座りが悪くみえる。（年表13）

表13
応神紀の春秋

皇季天年	季語	西暦
神功68 69		390
応神元 2	春春	391
3 4	冬	392
5 6	秋冬春	393
7 8	秋春	394
9 10	夏	395
11 12	冬	396
13 14	春秋春	397
15 16	秋春	398
17 18		399
19 20	冬秋	400
21 22	春夏	401
23 24	秋	402
25 26		403
27 28	秋	404

そこで、この応神紀の季について調べてみた。

この機械的に並べた年代を、応神三年を三九二年秋年にと（表3またはP205の年表）、一つずつずらすと、季節の座りがよくなる。

しかし、神功紀仁徳紀等全体をずらすわけにはいかない。問題はどこで調整しているのかということになる。

そこで、神功崩御時の記事をもう一度みなおしてみた。

「六十九年夏四月十七日、皇太后が稚桜宮《わかさくらのみや》に崩御された、年一百歳。冬十月十五日、狭城盾列陵《さきのたたなみのみささぎ》（奈良市山陵町字宮の谷）に葬った。この日に皇太后に諡《おくりな》をたてまつって、気長足姫尊《おきながたらしひめのみこと》という。この年、太歳己丑《つちのとうし》。」

崩御は夏とあり、葬ったのは冬とあるから、各一年、都合二倍年暦で二年ということになる。つまり、六十九年は普通暦一年分として（三九〇年と三九一年にまたがる。）ここで調整した。となると、紀の二倍年暦は越年称元法であるから、応神帝の即位は、翌る秋の年ということになる。これは三九一年秋年ということになる。

そうなると、神功紀全体をずらす必要はなく、応神紀を一年（②）ずつずらして応神三年は秋年ということになる。

ところが、やはり応神紀の全体をずらすわけにはいかないので、どこかで調整をしなければならない。それは四〇二年の応神二十二年の所にある。「二十二年春三月五日、天皇は難波《なにわ》においでになり、大隅宮におられた。……夏四月、兄媛《えひめ》は難波の大津から船出した。……秋九月六日、天皇は淡路島に狩りをされた。……」とあり、春三月から秋九月までの一連の話が載っており、これらは、普通暦での一年分の話であるとみてよい。

つまり、二倍年暦の二年分の話を、二倍年暦の一年分の話として詰めているのである。

本来は二十二年の話と二十三年の話と別にするものを、一緒にして二十二年の話として四〇二年春年に入れてしまい、応神二十四年は四〇二年秋年としたのだ。

それによって、応神末年はそのままということになった。

しかし、応神元年をズラしたことにより、季をもズラすこととなった。季だけを入れ換えたのか、内容も入れ換えたのかは不明である。

日本書紀の季は必ずしも各年の季節に一致するものではなく、例えば、即位年は全て春となっていたりとか、意図的な面もみられる。それでは何故、一年ズラさなければならなかったのであろうか。

そこで、応神三年の件をもう少し考えてみよう。

応神三年の半島に関する記事は次のようである。

「この年百済の辰斯王《しんしおう》が位につき、貴国《かしこきくに》（日本）の天皇に対して礼を失することをした。そこで紀角宿禰《きのつののすくね》・羽田矢代宿禰《はたのやしろのすくね》・石川宿禰《いしかわのすくね》・木菟宿禰《つくのすくね》を遣わして、その礼に背くことを責めさせた。そこで百済国は辰斯王《しんしおう》を殺して陳謝した。紀角宿禰《きのつののすくね》らは阿花《あくえ》を立てて王として帰ってきた。」

これは三国史記百済本紀の阿莘王即位のことであるが、三国史記とは内容がまるで違う。三国史記では、百済辰斯王は高句麗王談徳（好太王）に攻められ敗死し、その後阿莘王が即位した。季節は冬十一月である。

（尚、好太王碑文には、「而倭以辛卯年来渡海破百残」の記事がある。辛卯年は三九一年であり、この年に高句麗は百済を攻めたことになるが、となると碑文の意味は？となる。）

よって応神三年は、三九二年秋年がそれで該当するはずである。ところが、摂政元年三五六年秋年からの年代表では、前述したように、応神三年が三九二年春年となってしまう。

そこで紀角宿禰の行動を考えてみると、彼らは百済の救援にでかけたが、到着した時には事は既に終り、阿莘王が即位した後であったろう。それは三九二年春年のことである。

しかし、紀角宿禰らは、それらの功績は自分らの活躍の結果であるとして帰ってから報告したのである。

それが三九二年春年だとすれば、阿莘王の即位は三九一年秋年のこととなり、三国史記での記録の（三九二年十一月）一年前となる。

ところがである。三国史記のこの時代の年代は、好太王碑文の年代（正しい年代とされる）より一年遅れている。となると、阿莘王即位の正しい年代は三九一年秋年ということになる。さすれば、日本書紀の年代（表13）は三国史記のようなずれはないということになる。

時は移り、日本書紀の編纂の歳、阿莘王の即位年をどうするかとなった時、日本側の史料の応神三年の記述と三国史記の記述が半年食い違うこととなった。そこで、外国の事件は外国史料優先の考えから、応神三年を半年ずらし三九二年秋年とし、三国史記（一年のずれがある）の三九二年の秋に合わせた。（季も春秋の順になるように調整した）

一方、仁徳記に影響が及ばないように、途中の応神二十二年の所で再び調整したのである。

その結果、表3のような年代表となったのである。以上から考えるに、日本書紀を編纂する際に、編者たちは多くの日本側の資料を集め、それらを年代順に並べ、初めはふつうの一年に二倍年暦の年を二年ずついれた年代表を作っていて、、それは西暦とも合う正しい年代表でもあった。

そして、それを元に安康紀の所から二倍に引き伸ばして普通暦と同様（二倍年暦での一年を普通年の一年とした）にしたのである。

さらに卑弥呼と神功皇后を合わせるために、仁徳紀に虚構年を加え、百済王の年代を元の年表から切り離して、応神三年と阿莘王即位の三九二年を基点として、普通暦に引き伸ばした年代表に改めて当て嵌めていったのである。

これが日本書紀の年代のからくりである。

二倍年暦はどこから来たのか

これまでの考察により、雄略天皇以前の日本書紀の年代は、二倍年暦によって記されていることがわかった。

民俗行事が年二回くりかえされていることや、古代の各天皇の年令や在位年数が、平常の倍ぐらいの年数で記されているのも、古代日本において二倍年暦が使用されていたことから説明できることとなった。

日本書紀の年代が異常に長かったのも、その二倍暦で記録されていた資料を普通暦としてそのまま表したことに原因があった。二倍年暦を知りながら何故そのまま普通暦としたのかの謎はいまはさておき、二倍年暦はどこからきたのかを考えてみたい。

国内において二倍年暦が使用されていたのではないかと推測される最も古い記録は、隣国中国における三世紀の記録である「三国志魏志東夷伝倭人」の逸文に「魏略に曰く、其の俗正歳四節を知らず、但、春耕秋収を計って年紀となすのみ」とあることから、倭国では、一年を二回として数えていたのではないかといわれている。春期と秋期なので春秋暦ともいう。

また、古代天皇長寿の謎でものべたように、古代の天皇が亡くなっているのは四十五才から百六十八才であるから、一年に二回歳をとったと数えれば普通の年令となる。

このことは、隣の朝鮮でもおこなわれていたようで、古い記録では、一年二倍年暦で数えたと思われるものもあるという。

また、中国・エジプト・ギリシャ・アイヌにおいても二倍年暦は使われていたと論じている人もいる。

さて先程の「春耕秋収」であるが、春に耕して一年、秋に収穫して一年という意味であるが、元々これは、「春収秋収」であったのではないだろうか。

たしかに日本の農業は、古来、水田耕作が中心であり、春耕秋収であるが、外国では春収秋耕もある。それは麦作をしている地域である。麦作では、秋に耕し、春に収穫するのである。

つまる所、この二倍年暦は、中国からきたものであろう。中国では、年二回穀物が収穫できる。古代中国の中心である華北では、春には麦類が収穫され、秋には粟や高粱《コウリャン》が収穫されるのである。よって中国では春収秋収で年二回の収穫があり、春秋暦が生じたとしても不思議ではない。

それが日本では、麦作は発達せず、結果、魏志倭人伝の時代では春収秋収ではなく、春耕秋収で年季を数えることになっていたのである。

安本美典氏は一年二歳論に触れ、次のような論文を紹介した。

「また、一年を二歳に数える風習は、古くは、中国の殷等にも、あったかも知れない。貝塚茂樹氏編集の『古代殷帝国』（みすず書房刊）には、次のように記されている。陳夢家氏は『季』に関しておもしろい仮説を提出した。結論だけいうと、卜辞では、われわれの『今年』や『来年』と同じ使い方で、『今歳』『来歳』ということがある。

この『歳』を陳氏は年のこととせず、半年の『季』をさしていると考えるのだ。一年は、陳氏によれば、禾《か》季（上半年、すなわち後世の春夏）と麦季（下半年）とにわかれる。

禾季は、禾類（黍・秬《くろきび》等）のできるとき、麦季は麦類（むぎ・来等）のできるときだ。卜辞の『春』『秋』はそれぞれ禾季と麦季にあたる。そして『今歳』や『来歳』は今季・来季のことで『歳』は半年単位のシーズンをさしているのだと。この説の良否をここでゆっくり検討するひまはないが、たしかに一考を要する新説である。「来」という字は、もともと「麦」のことである。「来歳」は殷代においては「麦の歳」の意味であったかもしれない。」

これらからみて、私は日本の二倍年暦は中国から入って来たものだと考える。そしてその時期は、殷または周の時代であったと考える。

日本における殷文化の影響を調べてみよう。

まず、中国固有の三足土器が日本からも出土している。

三足土器は、中国では新石器時代に始まり、のちに青銅器でも作られている。その三足土器が、日本でも四点見つかっているという（青森県産）。

また同じく東北地方で青龍刀型の石器がある。この石器の特徴は、単にかたちが刀剣に似ているというだけでなく、刃の部分に溝があるということである。

この青龍刀型石器は中国の青龍刀等を模したものと考えられる。金属が手にはいらなかったので、石で代用したというわけである。また刀のかたちをした刀銭というのもある。

また実際に、青銅製の刀子が山形県の縄文遺跡から発見されている。

更に、魏志倭人伝をみると、朝鮮半島の帯方郡治（ソウル）から、倭国邪馬台国の都までの行程の里数が一里六十七・五ｍで記載されているが、これは殷（周）の時代の里単位ではないかと考えられる（付録「メジャーで辿る邪馬台国」を参照のこと）。

これらから考えるに、かなり古い時代に日本と中国とはかなり交流があったことや、殷（周）の文化が日本の東北地方にまで及んでいたことがわかる。

私は、これは一一四〇年の箕子《きし》朝鮮の成立と関係あると考えている。

殷の末、殷の重臣の箕子が朝鮮に移住し、箕子朝鮮をたてたという事件である（殷の道衰え、箕子、去りて朝鮮に之く、其の民に教うるに礼儀、田蚕、織作を以てす）。

この説については、まだ定説とはなっていないのであるが、古代日本において、日本人は、かなり頻繁に朝鮮半島と交流をしており、その際、殷の文化（時代は周初）を移入していたのである。

年季を春と秋それぞれを一年とする数え方も、そのとき日本に入ってきて使われたと考える。

一方、二倍年暦について、否定的な見解がある。

というのは、二倍年暦とみられる暦が、中国でも朝鮮でも確認されていないからである。二倍年暦は創始以来連綿と年に二つずつの干支で記録されていなければならないが、そのような暦は存在しないからである。倭人伝の記事も年を数えるには、であって暦のような記録ではないようである。

ただ、民間においては、春と秋に一年ずつという数え方が、年令等について、また行事においてもあったようである。その民間の年の数え方と、中国からわたってきた干支を組み合わせて、日本書紀の紀年に使われたというのである。

どちらにせよ、日本の古代史の年代の探求ははじまったばかりである。今後はこの二倍年暦も含めて、日本古代史を従来とは異なった観点からみていくことを期待するものである。

この倭国の文化形成に大きな影響を与えたと思われる「箕子《き》朝鮮」について、二つの書から引用して説明したい。

「世界の歴史6　隋唐帝国と古代朝鮮」（武田幸男・礪波護編著　中央公論社）

「檀君《だんくん》」神話と「箕子」伝説

さて第四に、檀君神話で目につくのは「檀君」から「箕子」へと動く、歴史の流れの方向である。例の『三国遺事』は「周の武王は、即位した己卯《きぼう》のとしに箕子を朝鮮に封じた。檀君は……その後また阿斯達《あしたつ》に隠れ、山神になった。寿命は一千九百八歳であった」と伝えている。

この神話にみえる「箕子」は中国の殷《いん》末の聖人で、箕国に封じられて箕子と称した。ときの紂《ちゅう》王の無軌道ぶりを諫めていれられず、狂人をよそおって奴《と》となった。やがて周が殷を滅ぼすと、東方の朝鮮に逃れでて、周の武王は箕子をその地に封じ、箕子は礼儀や田作・織作を教え、〈犯禁八条〉をつくって生活の規範としたという。八条の全部は伝わらないが、殺人には殺人、傷害には穀物での弁償、窃盗すれば奴隷にされたという。

この「箕子東来説」は、中国の有名な故事として知られ、箕子は朝鮮教化の開祖として、後々までも尊崇された。つまり、北東アジアに君臨した檀君にかわって、中国人の箕子が東来し、檀君のあとをおそったのである。檀君が朝鮮開国の始祖ならば、箕子は中国きっての聖人であった。神話・伝説の中に生きる檀君と箕子とは、それぞれ朝鮮と中国、自民族と他民族、内と外とを象徴しながら競いあい、そのときどきの時代潮流につれて上下し、浮沈する。考えてみれば、両者が象徴するものは、神話的空間や歴史的時間の中だけでなく、各人個々の心情のレベルにおいてもせめぎあい、いまなお葛藤しているのではなかろうか。

かつて箕子を祀った箕子廟とともに、伝箕子墓も実在した。このごろとんと箕子の噂はきかないが、檀君は現代によみがえりつつある。「古朝鮮」の子孫たちにとって、現代はいわば檀君の時代といって間違いない。

「邪馬一国への道標」(古田武彦　講談社より)

『この箕子は史記(殷本紀《いんほんぎ》、宋微子世家《そうびしせいか》)に登場する有名な人物です。それによると、殷末、殷王朝の親戚《しんせき》として宰相であったが、天子紂王は暴虐をきわめ、箕子のいさめを聞かなかった。箕子の心友・比干《ひかん》がこれをいさめた所、紂王はこれを殺し、〝聖人の心肝《しんかん》を観よう〟と称して解剖された。ついに箕子は絶望し、いつわって「発狂」し、奴隷に身をやつした。その時、みずから悲しんで琴の歌を作った、と。これを箕子操といって世に伝えています。

嗟嗟《ああ》、紂無道を為し、比干を殺す。
嗟《ああ》、重ねて復《また》嗟。独り奈何《いかん》せん。
身に漆《しっ》して厲《らい》と為《な》り、被髪《ひはつ》以《もっ》て佯狂《ようきょう》せん。
今、宗廟を奈何せん。天なる乎《かな》、天なる哉《かな》。石を負いて自ら河に投ぜんと欲《ほっ》す。
嗟、復嗟。社稷《しゃしょく》を奈何せん。

(箕子、箕子操)

このあと、周の武王による「革命」が起き、殷は滅ぼされました。

そして武王は、箕子を朝鮮に封じたが「臣」とはしなかった、と史記（宋微子世家《そうびしせいか》）に書かれています。殷の名家でもあり、民衆に人望の高かった箕子に対して礼をつくしたわけでしょう。

しかし、その後、箕子はみずから「革命」後の周の天子に「朝」した、と言います。例の「天子への直接拝謁《はいえつ》」です。その、都（鎬京《こうけい》。長安付近）へ向う途次、「故《もと》の殷墟《いんきょ》」を過ぎた所、かつて繁栄していた殷の宮室は毀壊《きかい》し、ただ禾黍《かしょ》（いねやきび）が生いしげっていた、といいます。そのときの箕子の心境を司馬遷は次のように描写しています。

「箕子之《これ》を傷《いた》み、哭《こく》せんと欲すれば則《すなわ》ち不可。泣かんと欲すれば、為其れ《しわざ》、婦人に近し、乃《すなわ》ち麦秋《ばくしゅう》の詩を作り、以て之を歌詠す」。そしてその詩の一節が載せられています。

○麦秀でて漸漸《ぜんぜん》たり。
禾黍油油《ゆうゆう》たり。
彼《か》の狡僮《こうどう》よ。我と好《よしみ》せざりき。

この「狡僮」というのは、〝小利口な男〟といった意味、亡《ほろ》び去った紂王のことです。殷の民は、この歌を聞いて皆涕《なみだ》をながした、といいます。

（中略）

ところで、箕子が封ぜられた、朝鮮の地は、故《もと》の「蓋国《がい》」です。ピョンヤン（平壌）は、もと「箕城」と言われていました。

箕子のいた地を意味する言葉です（前言往行録、清白監司）。

とすると、箕子にとって〝周辺の夷蛮〟とは。その第一に当るのは、蓋国の南に接していた、倭人《わじん》の地に他《ほか》なりません。すなわちここではじめて倭人は箕子を仲介として中国の天子に〝接触した〟わけです。』

山海経、海内北経に、

蓋国は鉅燕の南、倭の北に在り、倭は燕に属す。

三国志の魏志東沃沮伝に、

東沃沮は高句麗の蓋馬大山の東に在り。

蓋馬大山とは朝鮮半島北部の白頭山（標高二七四四ｍ）のことであり、蓋とは笠のことで天蓋等と使われる。白頭山は火山であり、その形状が笠のようなことからついた名である。火山噴出物は白く、白頭の名はそれからついた。十世紀初期に大噴火を起こし、その火山灰は遠く青森県にまで降りそそいだ。

渤海国が滅亡した一因であるとの説もある。

景行天皇の年代

神功皇后・仲哀天皇の実在とその年代については、これで証明できたと思う。

それでは、この年代算出法によって、それ以前の天皇の年代を算出することは可能であろうか。まず、景行天皇の年代を検証していってみたい（この頃の末尾の年代表をご覧ください）。

この時代の人物の年令や行動を、実際の人間の年令や行動様式に当て嵌まるように、ライフサイズでもってみて検証をしていくのである。

この天皇を選んだ理由は、逸話が多いからである。つまりそれだけ、年代を算出する材料が多いということである。

景行天皇（大足彦忍代別天皇《おおたらしひこおしろわけのすめらみこと》）は、第十一代・垂仁天皇（活目入彦五十狭茅天皇《いくめいりびこいさちのすめらみこと》）の第三子であるという。

景行天皇紀には数多くの著名人が登場しており、彼らの行動から年代を推測していくことになる。

まず、日本書紀の景行天皇紀の年代に関する事項を掲げてみる。

垂仁天皇の三十七年に皇太子となったという。二十一才であったという。

四年　八坂入媛を妃とし、妃は七男六女を産んだ。（このことから、十三年以上の治世であったとれる）

四年春　美濃国造事件（景行の子の大碓皇子《おおうすのみこ》は性能力のある年令である）。

二十五年　武内宿禰を東国の視察へ派遣。

二十七年　日本武尊《やまとたけるのみこと》（小碓尊《おうす》）を熊襲征伐に派遣。尊十六才。

四十年　日本武尊の東国征伐。

四十三年　日本武尊の死。年三十才。

五十一年　後の成務天皇と武内宿禰が宴会の警護をする。

五十三年　東国巡行。

五十八年　滋賀の高穴穂宮に移る。

六年　冬十月崩御、年百才。

ついで成務天皇（稚足彦天皇《わかたらしひこのすめらみこと》）について。

成務天皇は景行天皇の第四子である。景行四十六年に二十四才で皇太子になる。

成務三年には武内宿禰を大臣に任命しているが、成務天皇と武内宿禰は同じ日に生まれたという。

考証①

仲哀天皇即位は三五二年春年である。末年は三五五年春で在位は九年②である。

この仲哀天皇の末年の三五五年春年が基点となる。

仲哀天皇は年五十二②、二十六才で死んだので、生年は三二九年である。

仲哀天皇の即位年は三五二年末年である。よって成務天皇の崩年は三五一年秋年である。

仲哀が二十才にもならぬのに父日本武尊は死んだという。二十才は二倍年暦であろうから、日本武尊の死は三三七年春頃であり、三十才（これは普通暦である）で死んだとあるから、生年は三〇七年頃とみられる。日本武尊は景行の第二子（双子）であり、景行十七才の時の子とみると、景行の生年は二九〇年頃である。

考証②

次は神功皇后の所で登場した武内宿禰である。彼は長寿でも有名で三百才生きたという説もある。景行から仁徳まで五朝に仕えたという。

彼の紀の初出は、景行三年に「武雄心命《たけおごころのみこと》は阿備《あび》の柏原にいて、神祇《しんぎ》を祀った。そこに九年住まわれた。紀直《きのあたい》の先祖菟道彦《うじひこ》の女影媛《かげひめ》を娶って、武内宿禰《たけのうちのすくね》を生ませた。」とある。

これからみて、九年住んでいるうちに生まれたというが、おそらく三年くらいで生まれたとみられる。つまり、景行六年生まれとみてよい。

武内宿禰は長寿であったとされ、仁徳天皇に召された最後の記録（仁徳五十年）では、しっかりとした言動であった所から、その時の年令は百五才ぐらいであったと考えられる。

仁徳の在位年八十七年は二倍年暦であり、虚構年が四十四年②あるので、在位は実年二十一年である。

仁徳五十年を比例でだしてみると、実年は十二年となる。

仁徳の実年十二年は、即位年が四一一年であるから、四二二年となる。

四二二年から百五年遡ると、三一七年となり、そこが武内宿禰の生年と推測される。

三一七年が景行六年とすると、景行元年は、三一五年か三一四年となる。

景行の在位は紀では六十年②で、享年百六才②である。ともに二倍年暦である。

三一五年から実年三十年たつと三四四年、これが景行天皇の崩年となる。

となると、成務天皇の在位六十年、享年百七年は虚構となる。


ここまでが、紀の人物と活躍年代からみた景行天皇の年代である。つぎは、これ以外の資料による検討にはいる。それは、住吉大社神代記《すみよしたいしゃじんだいき》である。

大阪の住吉大社に「住吉大社神代記」という古文書が伝わっている。

それには、崇神、垂仁、仲哀、応神の各天皇の即位年と崩年が干支で記されている。

崇神崩年　戊寅
垂仁崩年　辛未
仲哀即位　壬申　　崩年　庚辰
応神生誕　庚辰

これらのうち、仲哀・応神については、日本書紀の記録と同じである。

ところが崇神については、古事記分註天皇崩年干支の干支が記されているのである。

とすると、垂仁についても、記崩年干支の干支とみてよいであろう。そして、記崩年干支はすでに論じたように、二倍年暦である。

垂仁崩年の干支辛未（②）は二倍年暦のⅡ類では、西暦三一四年秋年である。

これからみて、景行天皇即位年は西暦三一五年の春となる。

これは、先の日本書記の記録からみた年代と一致するものであり、系統の違う二つの資料が一致するのであるから、景行天皇即位年は三一五年春年であると決定してよいであろう。

次に外国資料の三国史記新羅本紀の記事である。

訖解王《きっかいおう》三年（三一二）春三月、倭国の王が使者をよこして子のために妻を求めてきたので、阿湌《あじき》の急利の娘を送った。

同三十五年（三四四）春二月、倭国が使者をよこして婚姻を請うてきたが、すでに女子がひとり国を出て嫁いでいることを理由に断った。

同三十六年（三四五）二月、倭王が文書でもって絶交。

同三十七年（三四六）倭兵がにわかに風島に来て辺境の民家を掠奪し、また進んでは金城を包囲して激しく攻めた。

いずれも婚姻をめぐる記事である。

三一二年の件は、私の考える景行天皇即位年の三一四年か三一五年とみるとそれに近く、景行天皇の年令が二十五才ぐらいとみられることから、垂仁天皇が息子の景行天皇のために妻を求めたのだと推測できる。

しかし、三四四年からの件は、これは私が景行天皇没年と考えている年である。そうすると、景行天皇は、晩年に息子の成務天皇の為に婚姻を求めたと考えられる。

新羅に対し、天皇家のために女を差し出せということになったとすると、二度も女を求めるということは、新羅が大和朝廷の配下に入ったことを意味することでもある。

そのため新羅は断ったのであろう。その結果、大和朝廷は怒り絶交し、軍勢を発したということになる。

かくして、この婚姻をめぐる軋轢は、大和朝廷側の事情とも一致することがわかった。

こうして、垂仁天皇の末年までは、その年代を明らかにすることができた。

次は更に遡り、神武即位年へと進むことになるのであるが、それが果たして私が前著で想定してある西暦一二〇年代となるのかどうかである。

表14
十代～二十一代諸天皇即位・崩・末年表

10代	崇神即位　　?	崇神崩年　288年春年 Ⅱ類
11代	垂仁即位　288年秋年 Ⅱ類	垂仁崩年　314年秋年 Ⅱ類
12代	景行即位　315年春年	景行崩年　344年秋年
13代	成務即位　345年春年	成務崩年　351年秋年 Ⅰ類
14代	仲哀即位　345年春年 Ⅰ類	仲哀崩年　355年春年 Ⅰ類
	仲哀末年　356年春年 Ⅰ類	
15代	応神即位　356年秋年 Ⅰ類	応神崩年　410年春年 Ⅱ類
	応神末年　411年春年 Ⅱ類	
16代	仁徳即位　411年秋年 Ⅱ類	仁徳崩年　432年秋年 Ⅱ類
17代	履中即位　433年春年 Ⅱ類	履中崩年　435年春年 Ⅱ類
	履中末年　435年秋年 Ⅱ類	
18代	反正即位　436年春年 Ⅱ類	反正崩年　437年秋年 Ⅱ類
	反正末年　438年秋年 Ⅱ類	
19代	允恭即位　438年春年 Ⅱ類	允恭崩年　459年春年 Ⅰ類
	(允恭末年　461年春年 Ⅰ類)	
20代	安康即位　459年秋年 Ⅰ類	安康崩年　460年秋年 Ⅰ類
	安康末年　461年秋年 Ⅰ類	
21代	雄略即位　461年秋年 Ⅰ類	雄略崩年　478年秋年 Ⅰ類

書紀では479年

◎景行天皇前後の実年代表

・才は各人の享年

・年は天皇の在位年

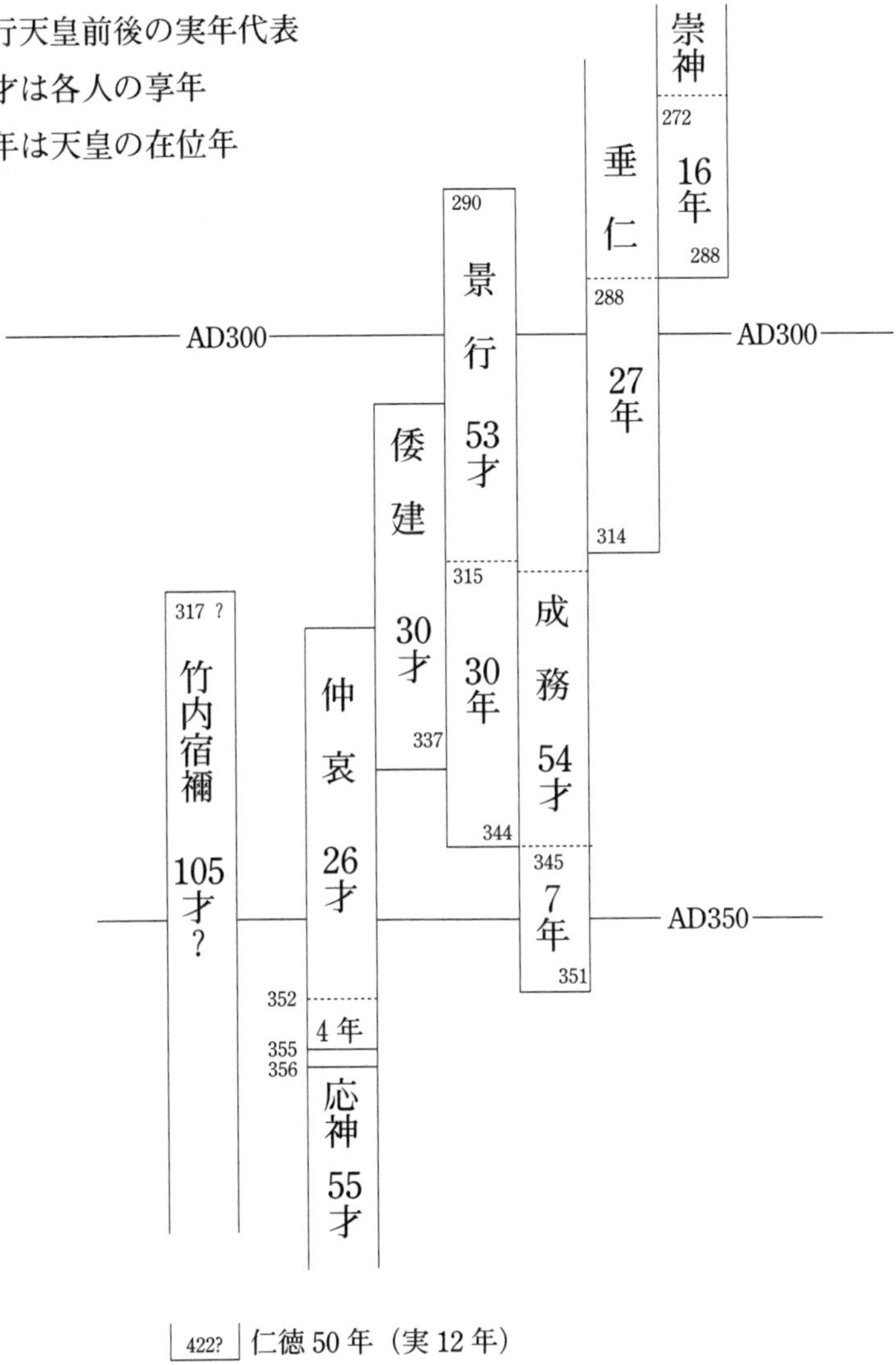

おわりに

吉野ケ里の発掘を契機に古代の研究に手を染めることになり、まず邪馬台国の発見をめざして研究を進め、佐賀県小城の地に卑弥呼の都を発見することができた。当初は発見だけでよいと考えていたのであるが、邪馬台国の考証を続けていく中で、必然的に邪馬台国を中心とした時代の倭国の情況や始原についても研究は広がっていくことになり、それらを邪馬台国のみならず、高天原・出雲・近畿地方との相互の関係をとらえた通史としてまとめることができた。

そして今回、神功皇后の実在を証明する作業に取り組むこととなった。

そのきっかけは、安本美典氏の講演会において、神功皇后の新羅遠征の件を聞き、皇后の新羅遠征の成功は津波によるものではないかと考えたことにあった。

始めは、自然科学により、事跡や年代を特定しようと考えたのであるが、そう簡単に事は運ばなかった。

結局は、諸文献の事象を、人間の行動心理や昔より進んだ科学的目で考察することにより、神功紀が決して奇想天外な説話の記述ではなく、現実的な事象であることがわかり、記紀の編者による創作とは言えないことが確実になってきた。

古代史最大の謎の一つであり、記紀創作説の根拠ともなった日本書紀の年代の問題も、二倍年暦に着目することにより、普通年暦に戻し、各天皇の年代も解決することができた。

なかでも、古事記分註天皇崩年干支が二倍年暦で表記されていることに気づき、それにより天皇在位年等を更に細かく割り出すことに成功したのは望外の収穫であった。

こうしてみると、今まで編者の造作であると言われていた日本書紀の崇神以降の年代はかなり正確であり、説話についてもまんざら虚構であるとばかりは考えられなくなってきた。

記紀は、皇室や諸家、神社の他に、民間伝承をも元に編纂されたのであり、民間の伝承は、聴衆向けにとかく誇張され、不可思議な現象や特異な人物が登場するものである。

しかし、それをもって全否定していては研究にならない。

説話にしろ年代にしろ、資料を取捨選択し、虚飾を取り除き、いわゆる辻直樹氏いうところのライフサイズの目でもって一つ一つ検証していけば、古代の人々の活躍した世界が浮かびあがってくるはずである。

このようにして記紀を多角的な視点から見直し研究を進めていくと、また古代の新たな世界がみえてくると思うものである。

付録　メジャーで辿る邪馬台国

第一章　倭人の住む所

一　九州の地

「馬」の意味する所

魏志倭人伝に登場する国々の中に、「馬」のつく国名がいくつかある。「邪馬台国」「斯馬《しま》国」「投馬《とうま》国」「対馬国」「邪馬国」の五ヶ国である。邪馬台国は戸七万、投馬国は戸五万であり、邪馬国と斯馬国はその余の旁国《ぼうこく》であるという。

現在の地名でも「マ」のつく地名がある。関東では、入間・座間・恵留間・鶴間等がある。

また、九州においても「マ」のつく地名がある。

対馬・熊（本）・薩摩・嘉間・志摩等であり、関東よりも広い地域をさしているようである。

つまり、これらのマは地域をさす言葉であるようなのである。

例えば「対馬《つしま》」は「対《つい》のマ」である。対馬は、北と南の二つの島（実際は一つ）からなり、両島とも形も大きさもよく似ており、並んで位置している。このような状態を「対《つい》」になっているという。よってここ対馬は「対になっている所」という意味でついた地名である。

この「マ」は、住居の間仕切りの「間」と同じで、客間・居間・土間等に使われる「間」である。「間」は、大きな地域をいくつかに分けた一地域を指す言葉で、九州はかつていくつかの「間」で区切られていたようだ。そして、更にその中にいくつかの国が存在していた。ちょうど江戸時代に、陸奥《むつ》国や出羽《でわ》国のような国の中に、津軽藩や南部藩というようないくつかの藩が存在していたような状態といってよい。

九州は次のような「間」に分けられるようである。北部九州が邪馬（その余の旁国中の邪馬国とは別）、熊本県が球磨《くま》、鹿児島県西部が薩摩《さつま》、宮崎県と鹿児島県東部が投馬《とうま》、北へ海を渡り、長崎県対馬《つしま》が対馬《つしま》、韓半島南部が任那《みまな》となる。

現在では、この「間」にあたる語を、さまざまな漢字で表記しているが、当時の中国人は、

「馬」という漢字を使って表記した。中国人は、外国人の言葉を漢字で表記する際に、同義語には同じ漢字を使用したようなのである。

更に考えるならば、倭人伝の国々の国名は、中国に記録された時の最初の表記でその後も表記されたとみることもできる。

つまり、「漢の武帝、朝鮮を滅ぼしてより倭の入貢があった」という紀元前一〇八年当時に使用された漢字の音で読むのがよいと考える。原則として、漢音の上古音《じょうこおん》で発音するのが正しいのである。

ただ、対馬については、国境に近いため、倭人は「ツイマ」と呼んでいたが、中国人は倭語の「ツイ」に漢語の同じ意味の「対」の字をあて、「マ」については、他の国々と同じく「馬」という字をあてた。

よって中国人は「タイマ」と読み、倭人は「ツイマ」と呼んでいた。現在「ツシマ」と呼ぶのは、「対の間」が「対の島」となり「ツシマ」と変化したものであるが、漢字表記は、対馬のままで二千年が経過している。

「奴」の意味する所

「馬」が「間」で地域を表すものであり、その中にいくつかの国が存在したとした。倭人伝の中に出てくる国のほとんどは、それらの「間」の中に存在した国々である。

ところが、それらの国々の国名に、一つの特徴的な表記がみられる。

それは「奴」という字である。国々の中でこの字を使っている国をあげてみる。

奴国・弥奴国・姐奴国・蘇奴国・華奴蘇奴国・鬼奴国・烏奴国・奴国・狗奴国とある。

倭人伝中の国名三十一ヶ国の中で、三十パーセント近くを占めているのである。

まず、この問題は、この「奴」を当時なんと発音していたかである。

古代史学界において、「奴」は「ナ」と発音することが現在定説となっており、ほとんど専門在野を問わず、研究者はそれを認めている。

しかし、もともとは、「奴」に「ナ」という読み方はなかった。角川漢和中辞典でも、漢音で「ド」、呉音で「ヌ」とある。

「奴」を「ナ」と発音するようになったのは比較的新しく、戦後の邪馬台国研究の分野から発生したものである。

その事情は後述するとして、「奴」は漢音の上古音（漢字の発音は時代地域によって異なるものがあり、古代中国の漢音でも、上古音・中古音・漢音とある。また呉音《ごおん》というのもある。漢音は中国北部の発音で、呉音は中国中部の発音とみればよい。）では、「ト」または「ド」と発音していたようである。匈奴《きょうど》・奴隷《どれい》という具合である。

それでは、倭人はどのような意味でこの国名にトまたはドという言葉を使ったのであろうか。現在の地名の中にも、ト、ドの音のつく地名が多く見られる。平戸・崎戸・宇土・西都・佐土（原）・志登・瀬戸・音戸・山門・長門・怡土・本渡・大和等がみいだされる。

これらの意味の一つは、「戸とか入り口」等の意味である。そしてもう一つは、土地・集落・国という意味である。九州を大きく間仕切りをして、その中に存在した国々を家にみたて、戸という言葉で表したのである。それを中国人は知っていながら戸《と》と同音の奴《と》という字を当て嵌めたのである。

ただ、時代が違うと異なった字を使ったようで、例えば「倭面土国」の「土」も「奴」と同じく国を意味する言葉への当て字なのであるが、時代が異なる（倭面土国の登場は西暦一〇七年であるが、奴の表記は紀元前からであろう）ことと、通訳の発音がトよりはっきりしたドであったとも考えられる。なお倭面土は「イメンド」と発音するのが正しい。

二　邪馬台国への道

類縁地名から辿る邪馬台国への道

倭人伝を読んでみると、邪馬台国への行程上の国名に似た地名が北部九州に見られることがわかる。しかもそれらが、倭人伝の行路順に並んでいるようにみえるのである。

ここは一つ、倭人伝と北部九州地名を合わせながら一般的な解釈で辿ってみることにしよう。

「郡より倭に至るには」郡とは帯方《たいほう》郡で大韓民国の京城《ソウル》であるとされる。

「海岸に循《したが》って水行し」半島の西海岸に沿って航行するのである。

「韓国を歴《へ》て」郡の南には韓族の国があった。馬韓《まかん》国が魏志韓伝にある。その韓国をへて進むというのである。上陸せずに航行を続けるとする。

「乍《あるい》は南し乍は東し」あるいは南へあるいは東へと解釈するのが大勢である。

「其の北岸狗邪韓国《くやかんこく》に到る七千余里」「其の」とは倭のこと。当時半島南岸も倭の領域であり倭の北の端であった。後に伽耶《かや》と呼ばれるようになったので、クヤがカヤに転訛したものと考えられる。狗邪韓国は倭の中に入る。都は金海《キメ》といわれ、郡からここまで七千余里である。

「始めて一海を度る千余里、対馬国《つしま》に至る」ここで、始めて沿岸航行ではなく、本格的な航行となる。金海《キメ》から千余里進む。対馬国は対馬島のことであるが、対海国《ついかい》と記述する書もある。

「いる所絶島、方四百里ばかり」いる所は絶遠の島で、四方は四百里ばかり。

「舟に乗りて南北に市糴《してき》す」舟に乗って、南北に行って交易をする。

「また南一海を渡る千余里、名づけて瀚海《かんかい》という」瀚海という海を渡る。千余里である。

「一大国に至る」一支《いき》国の誤記で壱岐島のことである。

「方三百里ばかり」四方は三百里ばかりある。

「また南北に市糴す」ここも南北に交易をする。

「また一海を渡る千余里、末盧《まつろ》国に至る」また海を千余里渡ると末盧国に着く。方角は書いてないが南北に市糴とあるから南である。南は松浦地方である。末盧国は松浦と変化したとみられる。

「草木茂盛し、行くに前人を見ず」草木が盛んに茂り、前を行く人がみえないほどである。

「東南陸行五百里にして、伊都国に到る」東南とあるが、これは東の誤記か魏使の方角間違いである。東に怡土《いと》という地名があるので、前原《まえばる》市付近のことである。

「東南奴国に至る百里」東南に那《な》の津とよばれた博多《はかた》の地がそうである。奴はナと読む。

「東行不弥《ふみ》国に至る百里」東に宇美《うみ》という地名がある。フミがウミと転訛した。
「南、投馬《とうま》国に至る水行二十日」南に航行すると投馬国に至る。投馬の地は諸説がある。
「南、邪馬壱《やまい》国に至る、女王の都する所、水行十日陸行一月」壱は臺の間違い。邪馬台であり、ヤマトと読む。奈良県の大和説と福岡県の山門説が主流であるが、諸説がある。

まとめてみるとこうなる。

狗邪韓国→対海（馬）国→一大（支）国→末盧国→伊都《いと》国→奴《な》国→不弥《ふみ》国→投馬《とうま》国→邪馬《やま》壱（臺）国

金海→　対馬　→　壱岐→　松浦　→怡土→那の津→宇美《うみ》→　？　→大和か山門

不弥国までは現北部九州の地名と見事に融合する（させた）。ところがそこから先がどうにもできないのである（不弥の弥は漢音ではビであるが、フミと読み慣らされている）。

また、これらの経路地は語呂が合うということに主眼がおかれており、方角や地勢等はあまり考慮していないか、語呂に合わせて記述を変えており、終着点はヤマトであることになっている。そして、その元は江戸時代の儒学者である新井白石をもって嚆矢《こうし》となすのである。

以上の説の中で、奴の読みであるが、これは、初めは「ヌ」と読まれていた。ヌが転訛して「ナ」となったとされていた。ところが、この読みでは、奴国不弥国以外は漢音読みなのに、ヌでは呉音読みとなってしまう。魏は華北の国であるから、漢音で記されているはずなのに、呉音読みの字が混じっていてはおかしいのである。しかし、当時の漢音は上古音の時代であることから、上古音では何と読んでいたか調べた所、不明であることがわかった。そこで、博多の那ノ津が奴国で間違いないのであるから、奴はナと読んでいたのであろうということで、現在「奴国」は「ナ国」と読むことになっている。つまり、狗邪韓国から伊都国までは行路に間違いはないのであるから（奴国の次の不弥国の宇美は博多の東にある）、奴国は博多で間違いはないという思考に固執しているのである。決して、時代を経るうちに消滅した地名であるとは考えない。

また、投馬国についても、その比定地はイズモ・トモ等トウマに似た音の所を比定している。終着地の大和についても、ヤマタイに音が似ているとか、台はトと読んでいたとかで比定するようである（または大和朝廷とヤマタイ国を結びつけて考えている）。

かようにして、初期の邪馬台国論争は地名比定からスタートした。

地名による比定という方法をとったのは、資料が少なかったからやむをえないともいえる。

かくいう私も、とくに其余の旁国の比定においては、類似地名をその傍証とした所も多い。

尚、邪馬台国の表記であるが、魏志倭人伝では邪馬壹国となっている。そのほかの書では、邪馬臺国である。壹も、臺も旧字であるので、本書では壹は壱を、臺は台の字を使用している。

「一里」は何mか

魏志倭人伝の研究において、最も注目されているものの一つは、邪馬台国はどこにあったのかということである。魏志倭人伝には邪馬台国までの行程が、方角や距離までも細かく明示されており、そのとおり進むと簡単確実に女王の都する所、邪馬台国に到達できることになっているように思われるが、実際に地図上で辿ってみると理解しがたい表現があり、途中で混迷の道に迷いこみ、その結果が今までだれも辿り着いた者はいないという状態である。邪馬台国はどこかにあったはずであり、魏使もそこに行ったはずであるが、その所在地が確定できないでいる。

その原因を一つ一つ洗い出して、再検討を行なうことによって、女王の都を見つけだしていきたい。そのためにはまず、倭人伝の一里が一体何mであったのかという問題がある。

中国の距離の尺度である里は時代によって異なっており、「角川漢和中辞典」（昭和三八年発行）の付録では、次のようになっている。

周・春秋戦国・秦・前漢（前十世紀～前一世紀）一尺＝二二・五㎝　一歩＝一・三五m
一里＝四〇五m

新・後漢（一世紀〜三世紀）　一尺＝二三・〇四cm　一歩＝六尺で一・三八二四m
一里＝三〇〇歩で四一四・七二m

魏（三世紀）　一尺＝二四・一二cm　一歩＝六尺で一・四四七二m
一里＝三〇〇歩で四三四・一六m

隋（六〜七世紀）　一尺＝二九・五一cm　一歩＝六尺で一・七七〇m
一里＝三〇〇歩で五三一・一八m

ちなみに、最近の日本では一里＝約四kmである。また中国の一歩は、片足を出し、更にその前に片足をだして一歩となるので、日本の二歩にあたり、約一四〇cmである。

魏志倭人伝は魏の時代の記録であるから、魏の一里の四三四・一六mであるとして、倭人伝の里数を計算していた。それは当然である。

しかし、これで計算すると倭人伝に記されている、「郡より女王国に至る万二千余里」は、郡(帯方郡《たいほう》、現大韓民国京城《ソウル》)から邪馬台国までの総距離数が五千数百kmというとてつもない距離になってしまう。これは京城から直線でオーストラリア北部近くまでの距離なのである。

更に「南投馬国に至る。水行二十日。」とか「南邪馬台国に至る。水行十日陸行一月。」まで考慮すると、とても推測するような所はない。

大概の研究者は、倭人伝の里の表記は信用できないとしてあまり考慮しない傾向がある。しかし、この里数は全くの出鱈目ではなく、各国間の里数を比較すると比率では大体合うようだ。

そこで、倭人伝の尺度は特殊であるという説が現れ、魏の時代では二つの尺度（長里と短里）が併用されたとか、極東だけ特殊な尺度であった等の説が現れた。

しかし、それでもぴたりと一致する尺度は見いだせなかった。

「一里」を算出する

比率では合うらしいということは、各国間の一里の単位が共通しているということである。果たして、倭人伝の一里は何を根拠として決められているのかをまず検証してみよう。

私が注目したのは、壱岐島と対馬南島である。

倭人伝に出てくる一大国とは、壱岐島であることは間違いないと思われる。対海国《ついかい》は対馬南島である。前述したように、対馬は地域を表わすものであり、対馬は北島と南島から成っており、それぞれ別の国があったものと考えられる。

壱岐島が方三百里で、対海国が方四百余里だと記されているのであるから、この比率からみて対海国は対馬南島である。対馬全島では壱岐島の三倍近くある。

壱岐と対馬の大きさについてであるが、中国では土地の大きさを表わすのに、「方」、「周」、「東西、南北」という表現がある。「周」はその通り一周の長さである。「東西、南北」はそれぞれの辺の長さを表わしている。となると、「方」は一辺の長さということになる。

まず、壱岐島からみてみよう。大きさは方三百里である。

形は地図でみると円形に近い。当時は正確な地図もなく人々は感覚的に形をとらえていたであろうから、はっきりと円形とか方形等とはとらえていなかったであろう。倭人伝は、中国人が書いた中国人のための書物であるから、当然、中国の側（半島）からみて書かれている。とすれば、郡使は北西より壱岐にやってきたのであるから、島の北西側のことを言っているのであり、視覚的にとらえたであろうから、付近の島もその大きさの中に含んでいる可能性もある。なお、大きさとして方三百里とあり、余がついていないことから、三百里以下であるかもしれない。壱岐にしろ対馬にしろ、北西の方向から見た「方」であるから、島の西側の長さを記したものとみられる。

壱岐島は十七・一㎞、対馬南島は二十六・一㎞、これを図で表わすと次のごとくである。

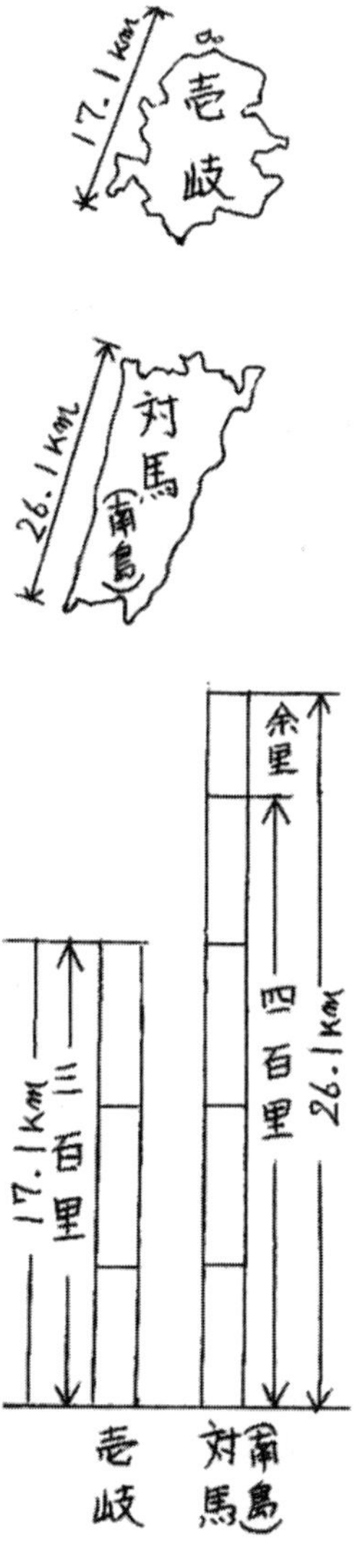

まさに壱岐を三とした場合、南島が四とあと少しということがわかり、倭人伝中の距離は、各国間の比率では正しいことがわかる。そこから一里の長さが算出できる。

十七・一㎞が三百里とすると、一里は五十七ｍとなる。ただ、方三百里は余がついていないことから、実際には二百数十里であるかもしれない。仮に二百六十里とすると六十五・八ｍとなる。

これから、一里は五十七ｍから六十六ｍの間とみることができる。更に、各国間の距離を調べて、この値をできるだけ確実なものとしていく。

三　女王国への道

海峡を渡る

半島からの出航地は狗邪韓国《くやかん》とある。ここから末盧《まつろ》国までは各国間が千余里で、計三千余里とされている。千里はざっと五十七から六十六㎞であるから、千余里は七十数㎞である。ただ問題は、各間の距離がどこからどこまで測られているかということである。

従来は、各国の都から都までという見方とか、次への最短距離の所等を寄港地、上陸地としているのであるが、対馬一つとってみても、南北七十㎞ぐらいはあり、ざっと千余里の違いがある。どこに寄港するかによって、距離が大きく違ってくる。

半島からの出航地のある狗邪韓国であるが、倭人伝では「其の北岸」とある。「其の」とは「倭」という意味であり、ここは倭の領域と考えられ、韓半島の南岸部を指しているとされている。

後漢書《ごかんじょ》には、「その西北界拘邪韓国《くやかん》」とあり、倭人伝の北を更にくわしく、西北と表しているとみてよい。そうすると、従来の見解である狗邪韓国の都があったといわれる金海《キメ》と見る必要はかならずしもない。大体、順天湾から釜山にかけての海岸のどこかと考えてよい。

ところで、この狗邪韓国については、官名が記されていない。同じく記されていない国は行路国の中では末盧国《まつろこく》がある。末盧国は、佐賀県松浦郡のことである。

末盧国であるが、唐津付近の弥生時代の遺跡は、初めの頃は西唐津に多いが、後には東の方の鏡山周辺に移っているという。ということは、魏使が来た弥生時代後期には、末盧国の政治の中心は鏡山の方へ移っていて、古くからの上陸地は迎賓館だけになっていたと考えられる。

ということは、末盧国の上陸地は都とはかぎらないということである。

そして狗邪韓国であるが、ここも都が出航地であるとはかぎらないとみてよい。

となると両国の共通点は、両国の都は邪馬台国への行路上からはずれていたということである。それを表わすために、両国の官名を記していないのである。

そこで参考にしたのは、後世の元寇（一二七四年と一二八一年）の時の、元軍の航路である。

私は、航路というのは、古来固定していてあまり変化はないものと思っている。航海は自然の制約を受けるものであり、古くからよく知られている便利なコースを使うのが安全で合理的なのである。よって、元軍の襲来航路は、古代からの航路を進んできたと考えられる。

当時元軍は、半島南端の巨済島や馬山あたりから（あまりの軍船の多さのため一ヶ所に集結できなかった）出航し、対馬南島西岸の小茂田浜《こもだはま》を襲っている。ついで豆酘崎《つつざき》をまわり、壱岐島の北部勝本に上陸している。そして松浦半島東南部の西唐津の藤崎通りに押し寄せている（主力は直接博多を襲っている）。

対馬においては、東側の厳原《いずはら》が島の中心となったのは後世であり、当時は小茂田浜が西からの玄関であった。周辺には水田も多い。

次に壱岐島である。対海国から千余里である。ここには一大国があった。島の南部にある石田はその転訛ではないかといわれている。近くには原ノ辻《はるのつじ》遺跡があり、壱岐島の中心地であったとみられている。この辺りが寄港地であるとみたいが、次の末盧国である松浦までの距離が短くなってしまう等の難点があり、詳細は後述するとして、結局、元軍の最初の上陸地である北部の勝本であると考えた。

次の上陸地は末盧国である。一大国からやはり千余里とあり、方向は書いていないが南であることは間違いない。

壱岐島の南は佐賀県松浦地方となる。この松浦は末盧国の転訛であると考えられる。

問題は上陸地である。候補地は二ケ所あり、ひとつは松浦半島の北端の呼子《よぶこ》、もうひとつは半島の南端の唐津である。

この二ヶ所が候補地となるわけは、倭人伝に末盧国から東南に陸上を進むという記述があるからである。つまり、上陸地点から東南方向へ陸地を進める地勢ということである。しかし、呼子も唐津も東南へ進む道があるのであるが、問題とされたのは、次の伊都国のある前原《まえばる》が唐津からでは東になってしまうことである。そこで、呼子《よぶこ》に上陸して東南の道を進み唐津へでるという説がある。しかし、呼子では壱岐島からの距離が短すぎるという難点がある。呼子に上陸して南下して唐津にでるが、唐津は港があるので、初めから直接、壱岐から唐津に着くのが合理的である。よって呼子上陸説はなりたたない。

唐津とはその名のとおり唐（韓）との通行の拠点としての港（津）という意味である。古来より、佐用姫《さよひめ》伝説等に見られるように、ここが大陸や半島と日本本土との接点であった。

大島が自然の防波堤をなし、西唐津は山が海にせまり、風よけとなっていて、天然の良港となっている。当時の船は風を利用する、逆にいえば風に弱いので風よけのある所が良港となっている。現在も、唐津港と呼ばれるのは西唐津である。

東側の松浦川河口一帯は浅瀬が多く、流砂により水路も変化するため、船を寄せるのは難しいようである。

西唐津のどの地点に上陸したかであるが、まず範囲は北の佐志川から南の妙見社までの間と考えられる。佐志川の近くの八幡町には、背後の山に後世浜田城が造られており、用水等に不足はなかったようである。

私は、ここ八幡町に魏使を迎える迎賓館があったと考える。

ここにあったのは迎賓館であって、末盧国の宮処ではない。この頃宮処は、鏡山方面にあったようである。そして、魏使は末盧国の都に寄らずに邪馬台国への道を辿ったのである。

東南陸行

末盧国の次は伊都国に到るとある。「東南陸行五百里伊都国に到る」と記され、方角と距離が並記されている。

八幡町からは陸路にかわるとされ、「草木茂盛して行くに前人を見ず」とあることから、前を行く人がみえないほど草や木が生い茂っているということである。

まず、これは原生林ではない。原生林内は光が届かず、大きな下草なぞは密生しないので、暗くても意外と見通しがよい。とすれば、木は疎林状であり、背の高い草が密生している所を進んでいったとみてよい。また、距離的、面積的にも、かなりの広さを占めている所といってよい。そして平地である。

平安時代に、女性が書いた「更級日記《さらしなにっき》」という書がある。この日記は、作者が十三歳の秋（一〇二〇年）に上総《かずさ》（千葉県）から帰京する東海道旅行に始まっているが、次のような描写がある。

「今は武蔵の国になりぬ……むらさき生ふと聞く野も、芦、荻のみ高く生いて、馬に乗りて弓もたる末、見えぬまで高く生い茂りて、中を分け行くに竹芝という寺あり」（竹芝寺＝東京都港区三田台町清海寺）。武蔵野台地が海に接し、遠浅の浜の続く陸地化したばかりの土地である。

もちろん平地であり、まだ森林の形成されていない時期である。

とすれば、末盧国にもかような平地があり、そこを魏使の一行が通過したとみてよい。

そこは、松浦川の流域である。

弥生時代、松浦川流域は山本のあたりまで入江が入り込んでいたといわれ、末期には土砂に埋められ陸地化したばかりの状態で、一面芦等の生い茂る半湿地と、入ってきたばかりの木々がまばらに生えている平坦な地帯であった。

おそらく魏使ら中国人は華北の出身であり、ステップ状の草原を見慣れた目には、芦や荻の高く生い茂る草原は珍しかったのであろう。「前人を見ず」と、特にその形態を記している。

邪馬台国行程　唐津周辺図

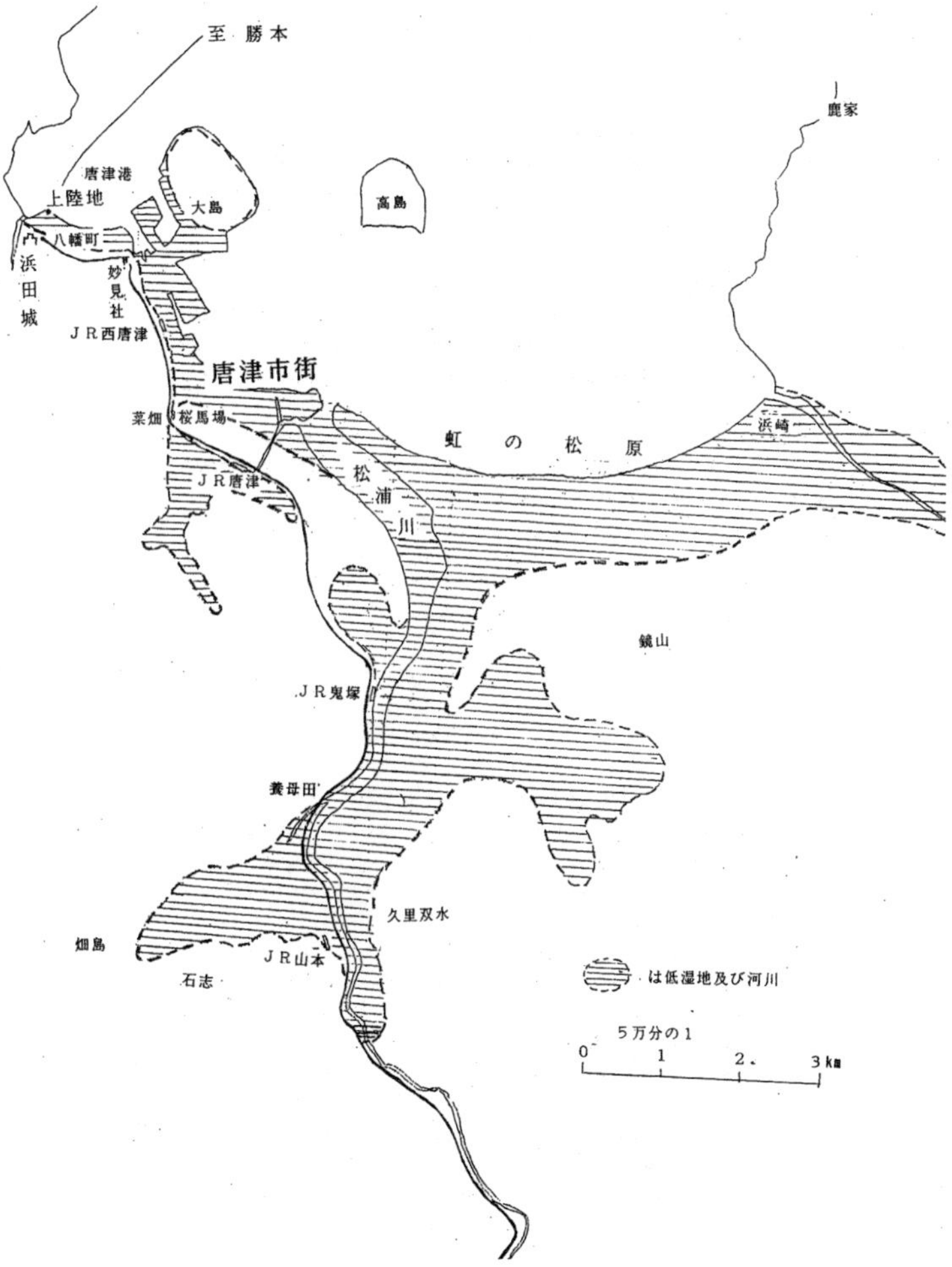

そうして、魏使一行は松浦川に沿って東南へと進んで行ったのである。

東南は東を指す？

ところで、定説では伊都国は福岡県糸島半島の西部の前原市《まえばる》あたりということになっている。ここが伊都国とされた理由は、江戸時代の儒学者、新井白石《あらいはくせき》にまで遡る。

新井白石は邪馬台国を捜し出す過程で、倭人伝に出てくる諸国を後世の似た地名の中から探しだし、順番に当て嵌めていった。そして、末盧国の次の伊都国を同音のイトという地名を持つ怡土《いと》郡に当て嵌めた。前原市《まえばる》はその怡土郡にある。

しかし、末盧国から東南陸行という倭人伝の方角とは異なるのである。前原は、松浦半島や唐津からみて東の方向となる。

正確な地図のない江戸時代において、新井白石が地名音だけで諸国を比定したとしてもやむをえないが、近代の研究者においてもこの前原伊都国説は絶対的な地位をしめており、前原が伊都国であるとしてその先を論じている。

季節により日の出の方角が異なるので、方位も季節により異なっていたとか、東と記す所を間違えて東南と書いたとか、誤写であるとか、最初の一歩が東南であったからだとか、諸説がある。最初の前提が誤っているとは決して考えない。

また最近では、考古学の成果を取り入れて説明するようにもなってきた。確かに怡土《いと》郡には日本屈指の弥生遺跡が存在し、その質量からみてかなりの文明が存在していたことは疑いなく、それに伊都国を重ね合わせたいのである。

しかし、倭人伝では東南と記述されているのに、前原は東なのである。となると、伊都国という国は文献に登場するものであるから、その文献に違えて伊都国前原説を主張するためには、それ相応の証拠がなければならない。例えば、伊都国と刻んだ石標や木簡が出土した等である。現在、それに匹敵する遺物遺構は出土していない。

また、末盧国に上陸し海岸の前原まで陸行するのもおかしい。松浦まで船できたのであるなら、港のある前原までも船で行けばよい。唐津から前原までの海岸沿いの道は、後世でも通行はむずかしかったという。

伊都国前原説の根拠は、イトという国名と同音のイト郡という地名が存在しているということしかない。しかし、言語学が進歩した結果、都は古代中国ではタと発音していたらしい。つまり、伊都国はイタ国と発音するのが正しいようである。

伊都国の都

倭人伝の記述通りに、西唐津の八幡町から東南方にほぼ一直線に、陸路松浦川に沿って進んでいく。笹原峠《ささばる》を越えると多久《たく》盆地に入る。東南五百里であるからざっと三十㎞である。

多久盆地のどこに伊都国の都があったのであろうか。従来の比定法では、邪馬台国時代の遺跡を探りだしてそことするのが常道であるが、遺跡の場合は未発掘の場合があるので、そればかりに頼るわけにはいかない。

そこで、倭人伝をもう一度詳しく読んで伊都国の都を探してみる。

倭人伝には、伊都国の次に奴《と》国と不弥《ふみ》国への行路が記録されている。

奴国へは、「東南奴国に至る百里」とある。

多久《たく》盆地は小さい盆地であるから、東南方へ抜けうる道は限られてくる。もちろん、道は人が最も通行しやすい所を通っている。

多久盆地で東南方へ抜けうる所は二ヶ所である。盆地の東端の多久川に沿って南下するコースが一つと、盆地の中央部の南の鈴山峠を越えるコースの二つである。

百里はざっと六、七㎞であるから、多久川沿いでは砥川《とかわ》地区、鈴山峠越えでは肥前山口の山口集落となる。砥川地区と山口地区は隣り合わせで約三㎞の距離である。

砥川地区も山口地区もその南は有明海の干潟であるから、逆算すると砥川《とかわ》地区からは古賀山が、山口地区からは庄集落が都の所在地候補地となる。

この奴国は、戸二万の大国である。

奴国のトは、戸口を意味する場合もあるとした。

九州北部を邪馬とするならば、山口という地名は邪馬口と解することもできる。砥川は奴川《と》、戸川ともとれる。

ここに、日本では縄文時代には縄文人が全土に渡って居住し、後世弥生人が渡来したという民族観にとって好適な例がある。

長崎大学医学部による人骨の調査によると、佐賀平野以東と江北町以西とは弥生時代、民族が異なっており、以西では縄文人の特徴が濃いということである。

大陸から渡来した新民族が北部九州の平野部を占拠し、縄文人を駆逐、彼らを彼杵《そのぎ》半島方面に閉じこめ（かつてイギリスで、大陸から渡ってきたアングロサクソン人が原住民のケルト人を打ち破り、ウェールズに閉じこめたように）、その境界に置かれた国がこの奴国なのである。

そしてその後も、江北町を拠点にじりじり西へ南西へと領土を広げていったことから、戸二万余の大国となったのである。

不弥の港

伊都国の都を確定するためには、もう一つ、不弥《ふみ》国の都を探る必要がある。

不弥国は、奴国の記述の次に「東行不弥国に至る百里」と出てくる。

長い間、奴国の次が不弥国であるとされていたが、昭和二十三年、榎一雄氏は、伊都国からの放射式読解法を発表し、伊都国以降の各国は伊都国を起点として考えるべきだと説明した。それによれば、不弥国は奴国を経ず、直接伊都国より出発したこととなる。

この放射式読みは画期的な読解法として脚光を浴び、邪馬台国所在地の新たなる見方をもたらしたものである。

また、古代史書の読解についても、一字一句細かく分析検討がなされるようになってきた。例えば、倭人伝中の「至」と「到」についても、実際に行った、行かなかった、という使い分けがあった等の論も生じたのである。

倭人伝の記述を検討して行く中で、私はこの「至」「到」ではなく、「行」の字に着目した。

末盧国に上陸してから、行路の記述は次のようになる。伊都国については「東南陸行五百里到伊都国」。奴国については「東南至奴国百里」。不弥国については「東行至不弥国百里」。投馬国については「南至投馬国水行二十日」。邪馬台国については「南至邪馬台国女王之所都水行十日陸行一月」。

伊都国へは「陸行」、不弥国へは「行」とあるのに、奴国には「行」の字がない（投馬国・邪馬台国については後述します）。なお、対馬・壱岐・末盧については「渡」の字が「行」と同じ用語である。

「行」の字に着目して考えてみると、これは行路上の国、つまり、実際に通る国については「行」をつけ、寄り道となる国には「行」は使わなかったと解釈できる。実際、奴国の都を山口や砥川とすると、東は当時干潟であり、東へは行けない。

よって、東行とは「東へ行く」という意味になる。

それでは、多久盆地から東へ一本松峠を越えて佐賀平野へと入り、不弥国はどこかということになる。百里であるから、ざっと六〜七㎞である。

不弥国の位置を確定するには、次の投馬国への記事を検討する必要がある。

不弥国の次に出てくる投馬国には、「南は投馬国に至る。水行二十日」つまり船で行くとある。となると、不弥国のどこかに南へ船出できる港があったということになる。

この辺りには、まず、祇園川という川があるが、水量が少なく船が通れないようである。小城《おぎ》市西部にもそれらしい川はない。

しかし、晴気《はるけ》川という小さな川が流れており、その河道周辺の地名をみてみると、牛津江川・舟田・大江・寺浦等と、船が通行できたような地名が並び、流域は南北に長い盆地状になっている。

そこで、有明海の海底地形図を調べてみると、晴気《はるけ》川に向って海底谷の一つが北へと延びている。つまり、昔は小城《おぎ》の西には入江が深く入り込んでいたようである。

名前は「牛津江」。

晴気《はるけ》川が小さな川であることから流量が少なく、土砂の運搬量が少ないために、入江は簡単に埋め立てられずに弥生時代にも残っていたと考えられる。

そしてその入江を下り、二十日で投馬国に到着できるというのである。港は大江であろう。

となると、不弥国の都はその近辺である小城市小城町の不二《ふじ》町であろう。

不二町から西に六〜七㎞（百里）の所は庄集落である。庄集落から東南へ六〜七㎞は山口集

有明海北部海底地形図

有明海の研究グループ1965より一部修正

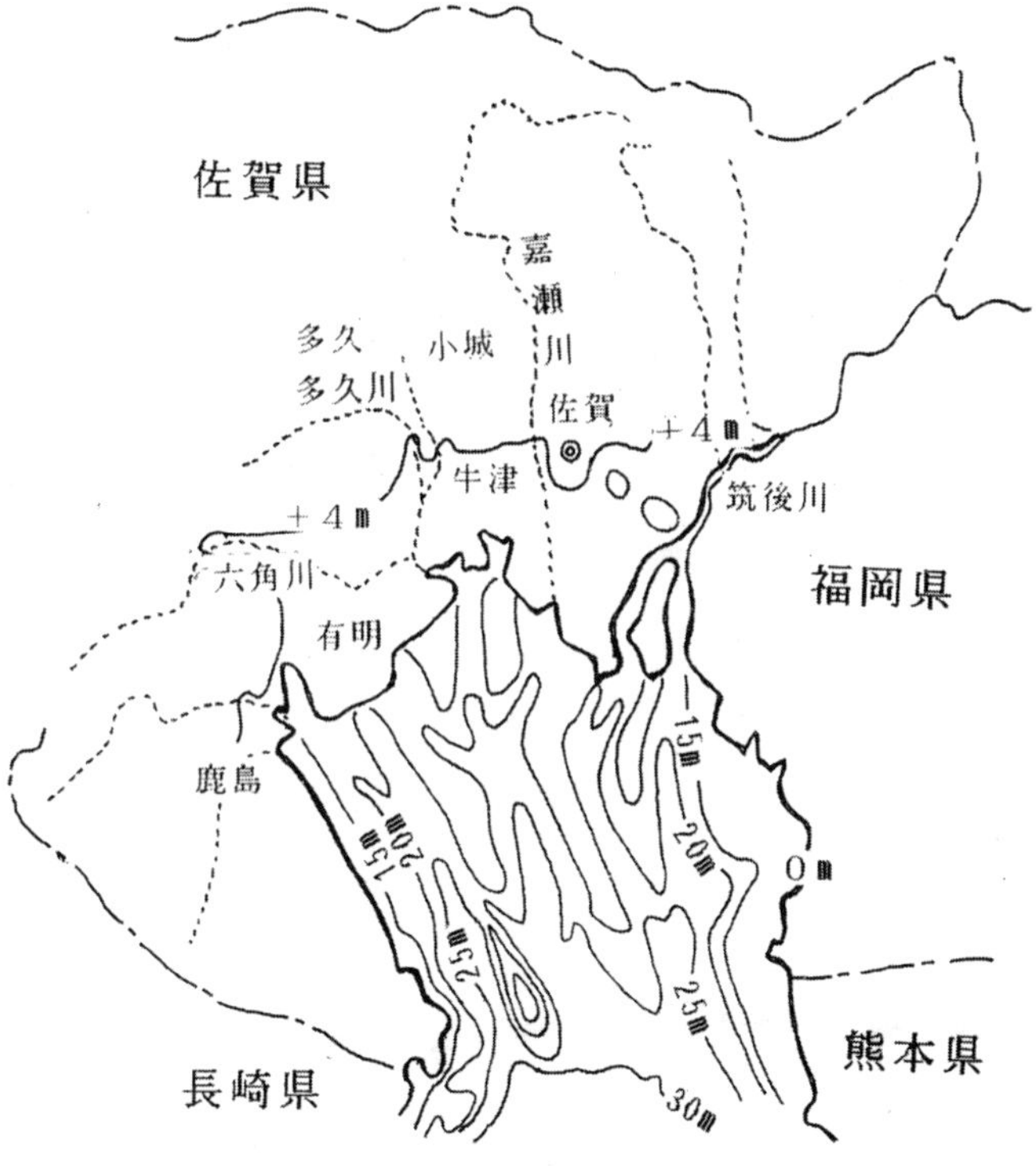

落である。このことから、伊都国の都は庄集落にあったことは確実である。おそらく宮処は延寿寺《えんじゅ》であろう。延寿寺は、陣内館跡《じんのうちやかたあと》にあり、陣内館とは建久年間（一一九〇～九九）に多久太郎宗直が摂津から多久に下向し最初に居を構えた館といわれる。

各地を探訪してみて感じたことだが、各地方の行政の中心地は、古代においてもその地方の中心地であったことが多いのではということであった。

とすると、多久宗直が屋敷を構えたこの地も、もともと多久地方の中心地であったと考えられる。

ところで、この延寿寺の北端から小城市不二町までは六・八㎞であり、肥前山口の山口集落までは、やはり六・八㎞である。双方ともに百里であるから、一里は六十八ｍとみられる。

ここに、伊都国と、奴国と、不弥国の都の位置が確定した。

伊都国は、多久市南多久町下多久字外廻庄集落の延寿寺である。

奴国は、杵島《きしま》郡江北町山口集落である。

不弥国は、小城市小城町不二町である。

問題はここから先である。

不弥国に接して

いよいよ、邪馬台国の都への到着となる。

もう一度倭人伝をみてみよう。

「南至投馬国水行二十日」（南は邪馬台国に至る。水行二十日である）

そして、

「南至邪馬台国女王之所都水行十日陸行一月」（南は邪馬台国に至る。女王の都する所。水行十日陸行一月である）と続く。

これをそのまま読むと、不弥国から南に船出して二十日で投馬国に着き、更に南に船で十日進んで上陸して陸を進むこと一月で女王の都する邪馬台国に至るということになる。

しかし、この二文は、それまでの行路記事とは異なっている。

それまでの行路記事と同様の記述法をとるならば、

「南水行二十日至投馬国」

「南水行十日陸行一月至邪馬台」

となるはずである。

後世、唐の時代に記された太平御覧《ぎょらん》には、次のように記されている。末盧国からの行路のみを抜き出してみる。

「太平御覧」　　　　　　　　「魏志倭人伝」
又渡海千余里至末盧国　　　　又渡一海千余里至末盧国
東南陸行五百里到伊都国　　　東南陸行五百里到伊都国
又東南至奴国百里　　　　　　東南至奴国百里
又東行百里至不弥国　　　　　東行至不弥国百里
又南水行二十日至投馬国　　　南至投馬国水行二十日
又南水行十日陸行一月至耶馬台国女王之所都　　南至邪馬台国女王之所都水行十日陸行一月

これからわかることは、太平御覧では、方角の次に「行」を入れて統一していることである。(奴国は原文に「行」がない)。つまり、編者は魏志倭人伝を読んで、後ろの二行は理解し難かったので、読者に判りすいように改変したのである。

編者は魏志倭人伝の文章を直線読みにしていたということであり、それに沿って改変したのである。

つまり、後世の中国でも、日本同様、女王国之都へは不弥国から水行一月陸行一月旅行しなければならないと読解されていたらしい。太平御覧の編者は実地の行路は知らなかったからである。

それほどこの部分は難解で、邪馬台国行路問題の最大の難所となっていたのである。問題は、何故この二文だけが異なった記述をしているのかということだ。

私は、「行」の字に着目し、各国に魏使は行ったのかどうかを考え、「行」が方角の次に記されている国は行路上にあり、そうでない国は行路上になかったとみた。東南陸行の伊都国、東行の不弥国は通過し、奴国には行かなかったとした。

よって、「南至投馬国水行二十日」は「南水行」となっていないので、投馬国へは行かなかったとした。

となると、「南至邪馬台国女王之所都」では、魏使は邪馬台国に行かなかったことになってしまう。これは、「南行至邪馬台国」となるか、「南水行十日陸行一月至邪馬台国」とならなければならない。

しかし、それまでの文章の記述からみて、不弥国の次は、投馬国にいかないとすれば邪馬台国になるはずである。

また、倭人伝の記述や半島・倭の地勢等を考慮した場合、不弥国付近が最終目的地の直近となる。不弥国まで方角・距離・国名を記してきているのであるから、次にでてくる邪馬台国は、不弥国からそう遠くはない、または、相接しているのではないかということになる。

そうなると、この「南至邪馬台国女王之所都」と「水行十日陸行一月」は分けて読むのが正解ということになる。

後ろの「水行十日陸行一月」は、郡より邪馬台国までの総日数を記したものである（投馬国については、不弥国から出航するが、魏使は行っていない）。

この道順の最後に時間を入れるのは、我々が日常において道を聞かれた際、「山田さんの家は、ここをまっすぐ百メートルぐらい行って、コンビニの角を曲がって、左の三軒目ですよ。三分ぐらいですよ」という説明のし方とおなじである。

つまり、道の説明の後に時間を付け加えるという方法である。わざわざ「三分」という時間の前に「ここから山田さんの家までは」とつけなくとも理解できるのである。

となると、不弥国は小城市小城町の不二町であるから、邪馬台国の都はその南に「接して」、つまり、小城市街地の南部の甘木《あまぎ》地区を中心に広がっていたのである。

よって、邪馬台国の都は、佐賀県小城市小城町三日月町甘木地区である。

邪馬台国主要部

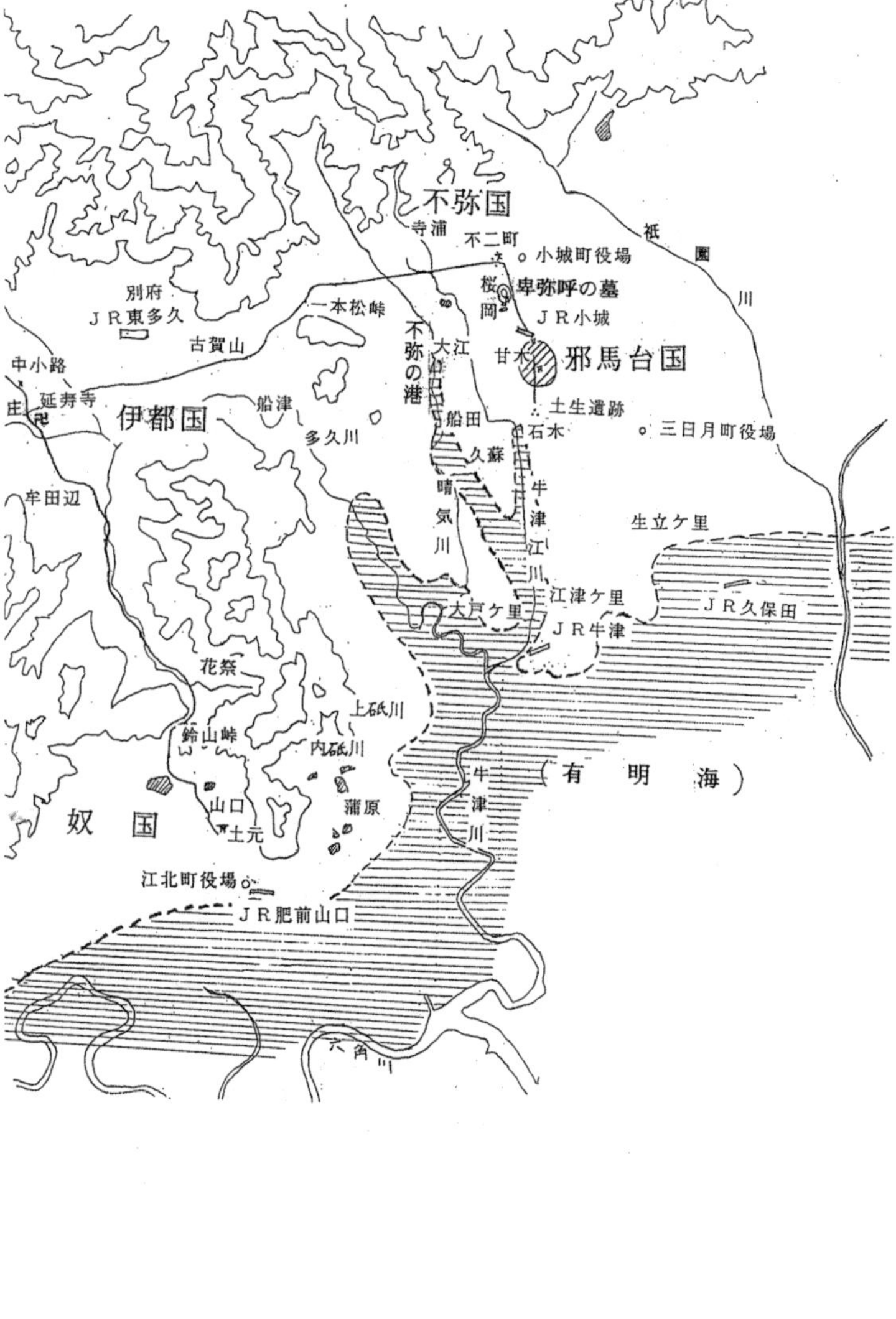
不弥国
寺浦
不二町
小城町役場
祇園川
桜岡
卑弥呼の墓
JR小城
別府
JR東多久
一本松峠
古賀山
不弥の港
大江
甘木
邪馬台国
中小路
延寿寺
庄
伊都国
船津
土生遺跡
多久川
船田
石木
三日月町役場
久蘇
牟田辺
晴気川
牛津江川
生立ケ里
江津ケ里
大戸ケ里
JR久保田
JR牛津
花祭
上砥川
鈴山峠
内砥川
（有明海）
牛津川
山口
蒲原
奴国
土元
江北町役場
JR肥前山口
六角川

（この説明では、まだ皆さんは不満足であると思います。詳細は第二章二以降で説明いたします）。

第二章　周の文化の影響

一　距離を測る

総里数と部分里数の齟齬

倭人伝には、「郡より女王国に至る万二千余里」と総里数が記している。ところが、郡より女王国までの行路上の各国間の距離を全て足し算すると、郡より狗邪韓国間まで七千余里、次の対海国まで千余里、次の一大国まで千余里、次の末盧国まで千余里、次の伊都国まで五百里、奴国へは行かないので、次の不弥国まで百里、投馬国へは里がない。そして最後の邪馬台国も、里数が記されていない。そうするとここまでの里数を合わせると万六百余里となる。これは総里数とされる万二千余里に千四百余里たりない。つまり、邪馬台国まではもう千四百余里どこかで進まなければならないということになる。そこで、「南邪馬台国に至る。女王の都する所。水行十日陸行一月」がそれにあたるのではないかと考えられた（投馬国へは別ルート）。水行十日陸行一月が総日数ではないと考えられる一因である。しかし、千四百余里ばかり進むのに水行十日陸行一月はかかりすぎで非現実的である。そうすると、この総と部分の里数の差の千四百余里はどうなっているのだろうか。

また、何故投馬国、邪馬台国の所は里数ではなく日数表記になっているのだろうか。何故、邪馬台国へは方角の次に、「行」の字がついていないのだろうか。

諸々の情況からみて、魏使は邪馬台国の都に行ったはずであるのだが。

これらの疑問を解くために、実際に郡から邪馬台国まで地図の上で進んでみよう。

韓国内陸行

まず「郡より倭に至るには、海岸に循《したが》って水行し韓国を歴《へ》て、乍《あるい》は南し乍は東し、その北岸狗邪《くや》韓国に到る七千余里。」とある。

郡よりとあるが、これは帯方郡《たいほうぐん》の郡治があったと思われる現大韓民国の首都の京城《ソウル》とした。京城より西に海岸（仁川《インチョン》）に出て、船で海岸に沿って南下していき、半島の南西端を回り、東へ海岸沿いに進み、狗邪韓国の都と目される金海へ到着するという説が定説となって支持されている。これは仁川から（または京城から）金海まで全行程船で進んだということである。

しかし、乍南乍東では、水行なのか陸行なのか判然としない。南へ進んだり東へ進んだりでは陸地にのりあげてしまう。

かつて、模造古代船による仁川から松浦まで全行程水行の実験航海が行なわれたが、半島の西海岸は、潮の干満の差が激しい遠浅の海岸であり、六〜八キロメートルも海岸線が移動する所だという。だから、夜間の航行は座礁の危険があるため、日中しか航行できないという。その結果、航路八百キロメートルを四十七日かかったという。

継体天皇の時代でも、半島西南端を船で回るのはむずかしかったらしく、継体紀二十三年春三月「百済王は下哆唎《あるしたりの》国守穂積押山臣《くにのみこともちほづみのおしやまのおみ》に語って『日本への朝貢の使者がいつも海中の岬を離れるとき、風波に苦しみます。このため船荷を濡らし、ひどく損壊《そんかい》します。それで加羅《から》の国の多沙津《たさつ》をどうか私の朝貢の海路として頂きとうございます』といった。」とある。

また、ずうーっと後世の江戸時代においても、朝鮮通信使は京城から釜山までは陸路を使った。

地勢の面からみて、韓国内は陸行のほうが利があったと私は考える。

それでは、倭人伝の文をもう一度見てみよう。

ここで注目したのは、「歴《へ》る」という言葉である。単純に「経《へ》る」ではなく、特別な意味があるとみた。「歴る」の字を使っているのは、ちょっと寄っただけでなく、その中を通過していったから使ったとみた。「東アジア民族史Ⅰ」（井上秀雄　他訳註　東洋文庫）では、「韓［族］の国々を歴て」、と韓国内陸行をとっている。また、この「歴」は、「歴観」という意味である。「けみする」と訓じ、つぎつぎに見るという意味である、という。（「邪馬台国はなかった」古田武彦　朝日新聞社）

つまり、韓国内の諸国をつぎつぎと見ながら進んでいったということである。

とすると、海岸に沿って水行した後、韓国の港に上陸したはずである。当時の韓国の中心地は扶余《プヨ》だったようであるから、そこに入る玄関としての港は郡山《クンサン》である。扶余はそこから錦江《きんこう》を遡ること五十㎞であるが、逆コースになるため、倭国への行程の中には入れない。韓国のこの地域は馬韓であり、多くの国々で成り立っていた。

郡山より韓国内を東へ進み、参礼《サムニョ》に出てそこから南下、百十㎞の地点の求礼《クレ》に着く。半島の南西部には蟾津江《セムシンガン》が流れているが、河岸は難路であるため、現在でも鉄道や道路は川沿いを避け、東の内陸を通っている。郡使もその路を通ったものと思われる。

求礼からは東へと道を折れ、三十数㎞で河東《ハドン》に到着する。河東からさらに東へであるが、海岸近くに低い山地が東西に連なっていて、山地の北を通ったのか南を通ったのか定かでないが、距離は大差ない。そして泗川《サーチョン》へと出る。道は更に東南へと向かい、固城《コソン》に到着。固城の市街は、現在は海に面していないが、古代には市街地まで固城湾が入り込んでいて、市街地に港があったものと思われる。

求礼から南下して蟾津江の河口や海に面した泗川等が舟出の地とならなかった理由であるが、蟾津江の河口は巨大な州が広がり、流路が一定せず、潮の干満の差が激しく、舟が座礁するおそれがあることから港として不適なのである。泗川もそうである。半島西南部の岸に近いあたりはどこも遠浅で港として不適なのである。遠浅砂泥の少ない固城あたりになってようやく港として機能するのである。各地点間の距離はＰ348を参照して下さい。

京城から固城までの道のりは、五百三・六㎞である。これを一里＝六十八ｍとして割ると、七千四百五里となり、郡より狗邪韓国に至る七千余里の記述に当て嵌まる。

これで、邪馬台国への半島からの出航地は固城《コソン》（小加耶）と決めてよいであろう。

次の目的地は対馬であるから、狗邪韓国の都の金海までいくのは遠回りとなる。狗邪韓国の都と末盧国の都へは行く必要がないことを表わすために、官名を記していないと考える。

倭人伝の尺度

ここで、倭人伝の一里は何mなのか、再度正確な値を出してみよう。

各国間の距離等を比較したり測定したりしている中で、一里は六十八m弱であるらしいことに気づいた。そこに至った経過については紙数の都合等で省略するが、これで間違いないと思いつつも、決定的なものがなかった。

倭人伝の一里について、福永晋三氏は、とある諺からその長さを導き出した。

「五十歩百歩」という諺である。

五十歩逃げた者と、百歩逃げた者とではどちらが臆病なのかという意味の諺であるが、この諺が何故五十歩と百歩という数にしたのかについて、彼は五十歩とは一里のことであるとし、一里逃げた者と二里逃げた者とではという比較であるとした。

この諺は周の時代のものであるから、周の時代では一里は五十歩であったというのである。「角川漢和中辞典」の付録によれば、一尺は二二・五㎝であり、一歩は一・三五㎝である。となると、一里が五十歩だとすれば六七・五ｍということになり、周尺の一里は六七・五ｍということになるという。これは私の算出した六八ｍ弱にほとんど同じである。となると、倭人伝の行程記事の尺度は一里＝六七・五ｍで、周尺であることがわかった。

「角川漢和中辞典」では周・春秋・戦国・秦・前漢の時代は一里＝四〇五ｍとしてあるが、これは秦代以降のようである。秦の始皇帝は度衡量を統一した際、それまでの里を六倍したようだという。

始めて一海を渡る

狗邪韓国から「始めて一海を渡る千余里。対海国に至る。」とある。

しかるに、水行するのはこれが初めてではない。半島西岸を水行して来たのに、ここで「始めて」という表現をしている。これは西岸の水行と対海国への水行がその性質において異なっているということを表わしている。西岸の水行は沿岸行なのに対して、対海国へは海峡を、つまり外海を水行するということを表わしているということである。

それでは、外海はどこから始まるのであろうか。

実際に、固城《コソン》から小茂田浜《こもだはま》へ向けて船出してみればよい。地図上で航行してみる。固城を出航して固城湾を抜け、左にリアス式海岸を見ながら島々の間を南下していくと、やがて島々は後方へ去っていき、眼前に小島が一つ姿を現してくる。

それが鴻島《ホンソム》で、半島から続いてきた島々の最後の一つである。朝鮮海峡での、よい目印となる島だそうである。固城を出航して六十八㎞、そこから小茂田浜までは五十四・四㎞の行程である。千余里とある。

つまり、「始めて一海を渡る」の起点は、鴻島なのである。固城から鴻島までは内海航路なので一海の中に入らない。

次に、小茂田浜から豆酘崎《つつざき》をまわって壱岐の勝本までの航路を見てみよう。

小茂田浜から豆酘崎まで十七・五㎞である。豆酘崎から勝本までは五十五・四㎞である。一里は六十七・五㎞であるから、それぞれ二百五十九里と八百二十里である。この八百二十里を千余里としている。鴻島から小茂田浜まで五十四・四㎞で千余里とされているから、目標物の少ない海上においては五十数キロで千余里と、倭人伝では記録しているとみてよい。

となると、この固城《コソン》・鴻島《ホンソム》間の千余里と、小茂田浜《こもだはま》・豆酘崎《つつざき》間の二百五十九里はどうなったのであろうか。

どうもこれは、省略されていたようなのである。

『三国志』について、南朝宋代の裴松之《はいしょうし》は、

「ところが裴松之は、その同じ上表文の中で『三国志』の欠点をも指摘している。すなわち、叙述が簡略すぎて脱漏さえ見られること（失在于略、時有所脱漏）記事が錯綜して矛盾が多いこと（注記紛錯、毎多舛互）明らかに誤っていて論理的でない叙述があること（紕謬顕然・言不附理）等である。（「ウドンゲ花咲く邪馬台国」原田実　批評社）

陳寿は編纂の際、省略した部分があるらしいことがわかる。そのために総数と部分の合計があわないのである。

固城《コソン》・鴻島《ホンソム》間千里と小茂田浜《こもだはま》・豆酘崎《つつざき》間二百五十九里の合計千二百五十九里がまず省略された。不明は千四百余里であったから、不明の残りは百四十一里である。

壱岐の勝本から島の東北端の赤瀬鼻まで九・五㎞で百四十里、赤瀬鼻から末盧国の上陸地の西唐津八幡町までは四十九・一㎞で海上なので千余里。となると、勝本から赤瀬鼻間の百四十里も省略されていたことになり、残った不明は一里となる。

先に、不弥国と邪馬台国の都は接しているとしたが、それでも若干の距離はある。それが不二町から甘木までは約一㎞で十五里となる。これで不明の里は全て解消したことになる。

ここまでの省略されたと思われる部分も含めた総里数は、一万二千十四里となる。

倭人伝には「郡より女王国に至る万二千余里」とあるから、この里数でぴったりである。よって女王の都は、ここ佐賀県小城市小城町三日月町甘木で確定である。

念のため、キロ数でも計算してみよう。

京城・小城市甘木間は七百九十八・六㎞である。

ここで注意することは、外海は、いずれも五十㎞ぐらいで千里となっていることである。千里は六十七・五㎞であるが、五十㎞余で千余里としているのは海上部は正確さに欠けるからである。目測が効かないことや、潮流や風による影響等を考えて、距離を割り増ししているものと考えられる。

よって外海上の千余里を全て六十七・五㎞として計算しなおすと八百四十二・二㎞となり、これを一里＝六十七・五ｍで割ると一万二千四百七十七・〇里となり、一万二千余里となる。

表にまとめると、Ｐ348の表のようになる。

倭人伝に記載されている部分里数の合計（一万六百余里）が、総里数とされる一万二千余里に千四百余里不足していたのは、固城《コソン》・鴻島《ホンソム》間等※で示した箇所の里数が省略されていたからである。これを加えると左表のようになる。

これで、部分里数と総里数が一致したことから、邪馬台国の卑弥呼都城は佐賀県小城市に存在したことが証明されたわけである。

万二千余里を信じるならば、ここ小城をもって邪馬台国の都とみなければならない。実に、不弥国の港である大江は、都城の甘木の南方にある。邪馬台国の首都は、不弥国の都に接していたのである。

京城～固城	7000里
固城～鴻島	※1000里
鴻島～小茂田浜	1000里
小茂田浜～豆酘崎	※ 259里
豆酘崎～勝本	1000里
勝本～赤瀬鼻	※ 140里
赤瀬鼻～八幡町	1000里
八幡町～庄	500里
庄～不二町	100里
不二町～甘木	※ 15里
合計	12014里

(余里は省いて計算)

(※は倭人伝に記載されていない里数)

路程を検証した結果は、倭人伝には省略された部分があり、それらを合わせると、郡から不弥国までは万二千余里になるのであるから、それ以上に東行することも南行することも北行することも必要ないのである(但し百里未満)。

		京城～仁川	33.5ｋｍ
鴻島～小茂田浜	54.4ｋｍ	仁川～群山	210.4ｋｍ
小茂田浜～豆酘崎	17.5ｋｍ	群山～参礼	34.5ｋｍ
豆酘崎～勝本	55.4ｋｍ	参礼～求礼	113.5ｋｍ
勝本～赤瀬鼻	9.5ｋｍ	求礼～河東	33.7ｋｍ
赤瀬鼻～八幡町	49.1ｋｍ	河東～泗川	49.3ｋｍ
八幡町～庄	33.3ｋｍ	泗川～固城	28.7ｋｍ
庄　　～不二町	6.8ｋｍ		
不二町～甘木	1.0ｋｍ	半島内合計	503.6ｋｍ
日本国内合計	227.0ｋｍ	固城～鴻島	68.0ｋｍ

総キロ数（固城鴻島間含）

798.6km

海峡部分（鴻島～小茂田浜、豆酘崎～勝本、赤瀬崎鼻～八幡町）
は、千余里67.5㎞として修正して計算すると

修正総キロ数

842.2㎞である。

直線読み法のごとく、更に南に船で三十日進んで、更に陸を三十日進める所など日本にはない。不弥国まで詳細に国名や里数を挙げているのに、そこから急に日数となり、大雑把な記述しかないのはおかしい。

二月も進めば、その間多くの国々が存在したと思われるが、それらの記録が一切ない。

以上からも、邪馬台国の都は不弥国の都の南、百里未満の地に存在していたとしかみれないのである。

それでは水行十日陸行一月とは、何であるかということになるが、前述したように、これは総日数である

としかみれない。

郡より小城までの部分部分の和が省略されている部分を加えると、万二千余里であるから、その先の日数の表記は総日数を表しているとしか解釈できないのである。

誰が距離を測ったのか

倭人伝の距離が、周尺を使って測量されていたことはわかった。

しかし、邪馬台国に来たのは魏使であるから、魏の里単位である一里＝四三四ｍで測量され表記されなければならないのに、何故このようなことになったのであろうか。

今までは、この詳細な行路里数を記録したのは当然魏使であると考えられ、誰も疑問を差し挟む者はなかった。しかし、魏使は魏の時代人であるから、もし彼らが測量したのであるならば、当然魏の尺度の一里四三四ｍで測量記録するはずである。魏使が、太陽の位置を確認しながら、道無き道を悪戦苦闘しながら進み、測量していったと考えられていた。

しかし、万二千余里を魏尺とすると、既出したように五千二百余㎞もあり、非現実的な所へ着くが、周尺で測量したとすれば、倭国内におさまり現実的な距離となる。

邪馬台国行程　京城・勝本間

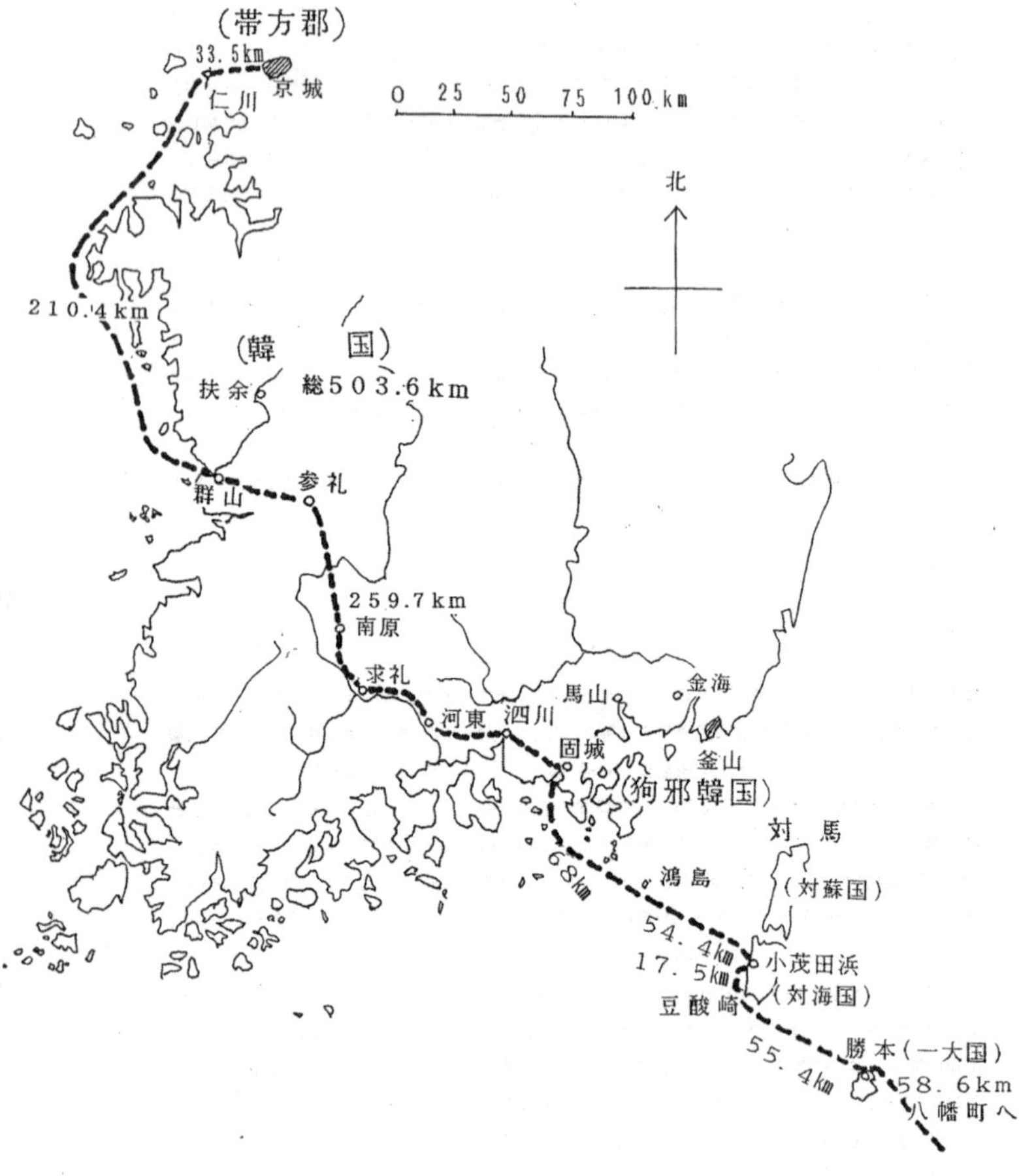
(帯方郡)
33.5km
京城
仁川
0 25 50 75 100 km
北
210.4km
(韓　国)
扶余
総503.6km
群山
参礼
259.7km
南原
求礼
河東
泗川
馬山
金海
固城
釜山
(狗邪韓国)
対　馬
68km
鴻島
(対蘇国)
54.4km
17.5km
小茂田浜
(対海国)
豆酘崎
勝本(一大国)
55.4km
58.6km
八幡町へ

邪馬台国周辺図

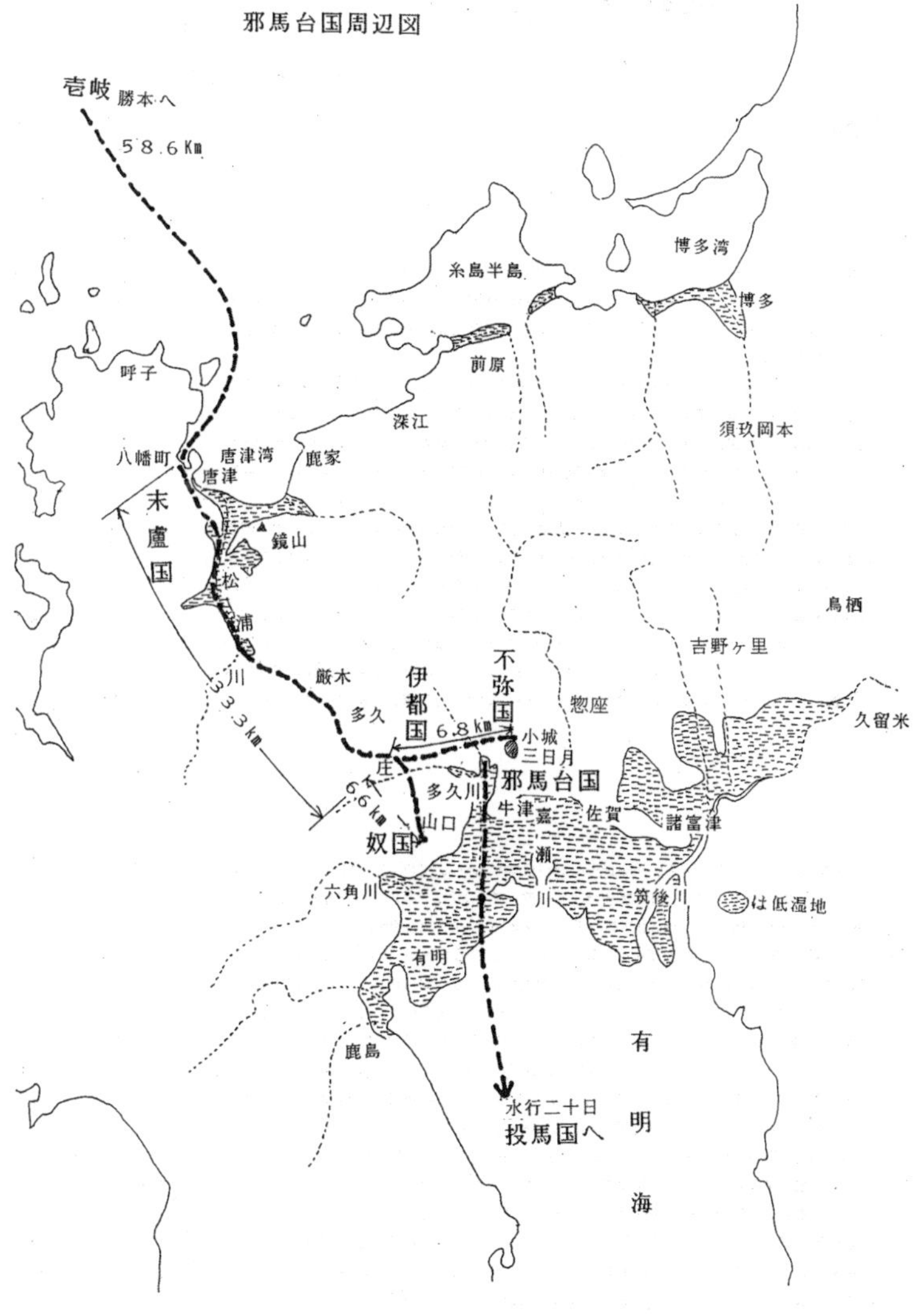
壱岐
勝本へ
58.6Km
呼子
八幡町
唐津湾
唐津
鹿家
末盧国
鏡山
松
浦
川
33.3Km
糸島半島
前原
深江
博多湾
博多
須玖岡本
鳥栖
吉野ヶ里
厳木
多久
伊都国
6.8Km
不弥国
小城
三日月
邪馬台国
惣座
久留米
庄
6.6Km
多久川
山口
奴国
牛津
嘉
瀬
川
佐賀
諸富津
筑後川
は低湿地
六角川
有明
鹿島
水行二十日
投馬国へ
有
明
海

となると、この測量は少なくとも魏代の人間がおこなったものではない。周尺を使う人が測ったのであり、その記録が晋朝の陳寿の目に止まったのである。

かつて倭国と半島に周尺を使う人々が居たのである。既出したように、殷の末に箕子が半島に亡命して来て、中国の文化を東夷に伝えたのであるが、その時に中国で使われていた周尺が持ち込まれたとみられる。

その周尺で倭国までが測量され、漢が半島を制圧し、楽浪郡他の四郡を設置した時に漢が朝鮮の記録を手にいれた。それを陳寿《ちんじゅ》が閲覧したのである。

二　二つの異なる資料

陳寿の入手した資料

Ａ　朝鮮の資料

陳寿は『三国志』を編纂する際に、手に入る限りのおびただしい量の資料を集めたであろう。それらの中から取捨選択して著述したのであるが、中でも東夷伝に関する資料は、大きく分けて二種あったようである。一つは、漢の時代に記録された、又は入手された記録類である。もう一つは、魏人が半島や倭国について記録した資料である。そして陳寿は、これら二つの資料から、魏志倭人伝をまとめあげたのである。

更に、当時の事情にくわしい人に直接話を聞いた事もあったであろう。

それでは、朝鮮から入手した資料から見ていきたい。

陳寿が入手した邪馬台国への行路記事の記録は、周代や前漢の時代に作成されたそのものであるとすると、理解に苦しむ点が二、三ある。

それでは、もっと後世のものと考えてみよう。つまり、公孫《こうそん》氏の時代である。

公孫氏は、倭国で卑弥呼が君臨していた時代に、遼東から半島北部にかけてをその勢力範囲とし、魏《ぎ》・呉《ご》・蜀《しょく》の三国と並ぶ独立国の状態であったが、他の三国からみれば狭小であった。公孫氏は、楽浪《らくろう》郡を割いて帯方《たいほう》郡を置いたのであるが、私はこの新設された郡は狭すぎるのではと思っていた。

その背景を考えるならば、公孫氏は他の三国に対抗するために、自己の勢力を過大にみせようとしていたのではないだろうか。そのために、郡の数を増やしたと考えられる。

漢の旧領の楽浪郡を支配下に置いたとき、郡が保管していた諸々の文書も共に入手したであろう。その中には箕子《きし》朝鮮、衛氏《えいし》朝鮮の文書も含まれていたであろう。そしてその中に、倭への行程を記した文書もあったのである。公孫氏はその文書を基にして、新たに倭国までの行程記事を作成した。そのため、出発地は帯方郡とした。

一方、里の尺度は自国勢力範囲を過大にみせるために、周尺のままに記したのである。

しかし、行程記事の終着点は、邪馬壱《やまい》国の当時の都である吉野ケ里であった。

何度も口を酸っぱくしてして言ってきたが、当時は（公孫氏時代）邪馬壱国であり、その北内郭に（現在復元されている）卑弥呼は居たのである。（小城・吉野ヶ里間十八・五㎞）

その文書には、郡より女王国まで万二千余里と記されていた。

そして「東行至不弥国百里」の次に、「東行至邪馬台国（吉野ケ里）倭国之都二百七十四里」とあったであろう。総里数は、郡～不弥国が約一万二千里であったので、郡～吉野ケ里間は一万二千二百七十四里であり、一万二千余里の範囲となる。

つまり、総里数は、吉野ケ里から小城に遷都して距離が短くなった分を差し引いても、万二千余里は変わらないこととなった。

魏尺での万二千余里は、実態よりも六倍も長い距離なのであるが、倭国までの本当の距離など知らぬ陳寿にとっては、違和感はなかったのではないだろうか。陳寿は他にも多くの資料を見ていた。例えば前漢書では、西域の国々には万二千余里と記録されているものもあり、それらを見たであろうから、倭国への万二千余里との表記も違和感を感じず、そのまま正しいものとして、つまり行路記事はそのまま使えるとして、東夷伝中に採用したのである。

B　魏使の資料

魏使が訪問した邪馬台国の都は、遷都後の小城の地であった。

よって魏使の報告書には、小城時代の邪馬台国の様子が記述されていたであろう。

それでは、どの部分が魏使の報告なのかということになるが、この場では行程記事に限って論じていきたい。

魏志倭人伝の行程距離は、永らく魏使が測量したものか、倭人から聞いた距離を記録したものであるとされてきた。しかし、この行程記事を直線読みしていくと、どうにも理解しがたい不合理な点が多々あるのである。不弥国から急に日数に変わったり、それもとてつもなく遠方までいくような表現なのである。

しかし、ここに倭人伝の行路記事は、周文化と魏使の記録とを陳寿が合体させたものであるならば、疑問は氷解するのである。

そもそも魏使は、邪馬台国への里数は測量していなかったのである。事実、その後の隋の裴世清《はいせいせい》の記事をみても、里数は載っておらず、日数すら記されていないのである。

倭人からの聞き書きについては、隋書東夷伝倭国に「夷人里数を知らず。ただ計るに日を以てす。」とあることから、倭人は後世、里数を測ることをしなくなったことがわかる。日数で計ったのである。

更に、遷都の問題がある。

倭国の都であるが、卑弥呼の都は小城であるとしたが、丁度、彼女の時代に吉野ケ里という立派な遺跡がすぐ近くに存在し、困ったと思っていたのであるが、吉野ケ里は三世紀末に集落が消滅しているということを知り、二三〇年代に卑弥呼は吉野ケ里から小城に遷都したことがわかった。

一方、委奴《いと》国（邪馬台国の前身で金印奴国《きんいんなこく》のこと）は、西暦四〇年代に倭国を統一し、その結果、後漢より金印を賜ったのであるが、その頃に吉野ケ里に遷都したものと考える。吉野ケ里は西暦五〇年頃、北辺に墳丘墓を取り込んで大規模で各所に出入口を持つ外濠ができた。（「吉野ケ里遺跡『魏志倭人伝の世界・第一部』〈七田忠昭　著〉」というから、この時に整備されたものであろう。

それ以前については、多婆那《たばな》国（好古都《こうこと》国）の都が倭国の（都の）東北一千里の所にあるということから逆算し、多婆那国の都の、香椎《かしい》の宮から西南千里（六十七・五㎞）というと、背《せ》振《ふり》山を迂回して吉野ケ里を過ぎて佐賀市の北方、大和町の惣座《そうざ》という所に着く。惣座遺跡があり、張り出し部分のある環濠集落である。肥前国府の近くであり、嘉瀬川《かせがわ》河畔である。吉野ケ里の前は、ここ惣座が都であったと考えられる。（小城・惣座間八・五㎞　百二十五・九里）

それ以前は、多久盆地に都を構えていたようである。邪馬台国人は、初めは唐津に上陸し、ついで多久盆地に進出し、そこで勢力を蓄え、やがて佐賀平野に進出、まず惣座に拠点を構えたのである。やがて、西暦四〇年代に倭国を統一して（出雲の国譲り）吉野ケ里に遷都し、西暦五七年「漢委奴国王《かんのいとこくおう》」の金印を賜った。そして卑弥呼の在位中の二三〇年代に、小城に遷都したのである。

陳寿は、魏使の報告書等から、邪馬台国の新都は不弥国の南に、ほとんど接するように存在したことを知ったのであろう。よって、吉野ケ里までの行程距離を削除し、周代の行路記事の不弥国の次に、魏使の報告書の「南、邪馬台国に至る。女王の都する所。水行十日陸行一月。」をくっつけたのである。しかし、万二千余里は修正しなかったようである（直接の行路記事から離れていたからか、大して違いがないとみたのか）。

魏使の報告書には、都が遷都されたこと等ももう少し記述されていたものと思われるが、陳寿は編纂する際に、かなりの部分を整理し簡略に記述したのであろう。

よって周文化の文書では、吉野ケ里（または惣座）までの里数が記載されていたものと考えられる。つまり、倭人伝の投馬国と邪馬台国の行路記事は、魏使の報告書によるものである。

投馬国

不弥国より南、投馬国に至る水行二十日とある。不弥国の港は小城市の大江であるから、そこから南へ有明海を抜けて九州西岸から薩摩半島を回り、宮崎県に到着する。

この二十日は、倭人からの聞き書きであろう。魏使が末盧国まで使用した船と異なり、倭人の手こぎ同様の船では日数は多くかかったのではないだろうか。

宮崎県西都市《さいと》を中心とする地域には、西都原《さいとばる》古墳群がある。もちろんこれらの古墳は邪馬台国時代とはなんの関係もない。ここ西都市も三宅の国分に国府が置かれており、このあたりが弥生時代以来のこの地方の中心地であったことがわかる。

宮崎県には「都」のつく地名が散在している。「都」の読みであるが、「ツ」と「ト」の二通りがあるが、都於郡《とおのこおり》からみるように、この地方では都は「ト」と元来発音していたようである。現在「ツ」と発音している地名も「ト」と発音していたとみられる。

都万（ツマ）神社、都農（ツノ）神社とあるが、これらはトマ神社トノ神社であったかもしれない。投馬国のトウマは遠い国を意味する。つまり、倭の本拠の邪馬（屋間）からは遠い国なのである。官を弥弥《みみ》といい、副を弥弥那利《みみなり》というが、近くに耳川という川がある。五万余戸とある。宮崎平野を中心に、大隅地方まで入れてそれくらいの戸数はあったであろう。当時はまだ畑作中心である。

「間」は地域を表わし、数カ国が存在したとのべたが、投馬国も同じように複数の国から成り立っていたものと思われる。中心は西都市と書いたが、西都の都が「奴」にあたり、国を表わす。近くに佐土原《さとばる》があるから佐奴国《さと》ともいえる。

どうも、九州南部が倭国に組み入れられたのは弥生時代中期後半の時期であったようである。宮崎県は日向《ひゅうが》の国といわれ、記紀神話と関係のある神社が多いが、これらは全て奈良時代以降、神話に基づいて造られたものである。

倭国の極南界なり

後漢書倭伝に次のようにある。

「建武中元二年（AD五十七）倭奴国《いと》奉貢朝賀す。使人自ら大夫と称す。倭国の極南界なり。」

倭奴国が倭国の極南界、つまり最南端であるというのである（倭奴国《いと》は以降委奴国とする）。

しかし委奴国の都は、AD五十七年には吉野ケ里に都があり、倭国統一後十数年はたっているはずである。そうなると、倭国全土（名古屋以西の西日本）をその勢力下に置いていたはずである。なのに何故、倭の極南界と記録されたのであろうか。

まず問題は後漢書《ごかんじょ》の成立年代である。

後漢は魏より古いのであるが、後漢書の成立は三国志魏志が二八五年に対し、南朝宋の時代の苑曄《はんよう》により四三二年頃に成立したものであり、後漢が滅んでから二百年以上もたってからである。後漢書を編纂する際にもやはり多くの資料が集められ、取捨選択されて編纂された。建武中元二年の記事を書く際、この朝賀は倭国が統一されてから十数年たったものであるが、委奴国自体についての資料は倭国統一前の資料であり、それには倭国統一前の情況、則ち、倭国（委奴国《いと》）の都が極南界であったと記されていたわけである。それを苑曄《はんよう》は統一をした後の委奴国と区別せずに、以前のままに記してしまったのだ。

それでは、委奴国が倭国の最南端といわれた時代には、筑後川以南は倭国ではなかったのであろうか。どうやら、筑後川以南は倭国ではなかったようなのである。もう一度、中国の文献をみてみよう。

前漢書《ぜんかんじょ》　楽浪《らくろう》の海の中に倭人が住んでいて、別れて百余国……

後漢書《ごかんじょ》　倭は韓の東南大海の中にあり、山島に依りて居をなす。

三国志魏志　倭人は帯方《たいほう》の東南大海の中にあり、山島に依りて国邑をなす。

晋書《しんじょ》　倭人は帯方の東南の大海の中におり、山島に依って国をつくっている。

宋書《そうじょ》　倭国は高麗《こうらい》の東南大海の中にあり。

南斉書《なんせいしょ》　倭国は、帯方東南の大海の島中にあって、漢の末葉以来、女王をたてて……
梁書《りょうじょ》　倭は太伯《たいはく》の後裔と自称している。一般的な習俗にも文身がある。
隋書《ずいしょ》　倭国は百済・新羅の東南にあり。水陸三千里、大海の中にありて……
旧唐書《くとうじょ》　倭国は古の倭奴《いと》国なり。京師を去ること一万四千里、新羅東南の大海。

ここであげられている倭と倭国と倭人は微妙に異なるようである。

どうやら、倭人が居住する所が全て倭国もしくは倭とはなっていないようなのである。

特に初出の前漢書では「楽浪の海中に倭人あり」と倭人として出てくる。

更に宮崎、鹿児島東部は数カ国が存在したと考えられるのだが魏志倭人伝では、投馬国として一括されていて、他の国々とは記述が異なっている。そして、投馬国のトウマは遠間国を意味するとした。

となると、南九州が倭国の領域となったのは、委奴国が倭国統一に成功した西暦四〇年代であるとみてよい。

そうなると、それ以前の書には投馬国の記述はなかったといえる。

そして、小城が都であったこともなかったのである。つまり、投馬国と小城の都の部分は魏使の報告書から取り入れたものである。

（投馬国については、魏志倭人伝においては、小城市の大江から出航したとみられるが、小城遷都以前は、吉野ケ里南方の港から出航したと思われる。よって魏志倭人伝では、投馬国の記事は同じく移動した邪馬台国と一緒の表示法となったのである。これは、魏使の記録によるものである）。

水行十日陸行一月

投馬国と邪馬台国の日数が、魏使の報告書に基づくものだとすれば、里数の記述から日数の記述への突然の変化は納得できる。

水行十日陸行一月は、総日数であると考えるのが自然である。これを、女王の都からの道順に従って数えてみよう。

都を出発して不弥国を通過して、伊都国に到着し一泊。あくる日は厳木《きゅうらぎ》で一泊。三日目に山本に一泊し、四日目に末盧国の八幡町の迎賓館に到着する。

ここから船に乗って壱岐の勝本に到着し一泊。翌日は対海《ついかい》国の小茂田浜《こもだはま》に到着し一泊。あくる日は、鴻島《ホムソン》の島影で停泊、四日目に固城《コソン》に到着となる。

ここまでの陸上は四十一・一㎞を四日、一日に十・二㎞である。

海峡を渡るのに二百五十三・九㎞をやはり四日、一日に六十三・四㎞である。

ついで韓国内陸行となる。固城から郡山《クンサン》まで二百五十九・七㎞であるが、一日十・二㎞で進んだとして、二十五・四日、則ち二十六日である。

郡山から船に乗り仁川《インチョン》に上陸。仁川まで水行二百十・四㎞、（京城《ソウル》郡山間は二百三十二・〇㎞であるが、仁川からソウルまでは三十二・八㎞は陸行したとみて）一日六十三㎞、つまり三・三日で四日かかる。

仁川からソウルまで、陸路三十三・五㎞で四日かかる。

北部九州の陸行部の四日をもし三日で進んだとすると、一日あたり、十一・一㎞進むことになる。これでいくと、固城—群山間の陸行は二十四日となり、陸行総日数は三十二日となる。

陸行行程は、それぞれ状況が異なるであろうから、陸行は一日に十㎞から十五㎞の間と考えられる。

水行についても、海峡横断と海岸に沿って進むのでは、やはり状況が異なるので海峡部の平均を当て嵌めるわけにはいかない（海峡部の距離を二百九十七・五㎞に修正した場合もことなる）。西海岸は浅瀬等の障害も多く、海峡よりも平均して一日に進む距離は少なかったであろう。

倭人伝も、水行十日陸行一日と数で表されているのであるから、大体この日数で合うとみてよいだろう
郡より小城までの道程が周尺で万二千余里となり、総日数では水行十日陸行一月に合うとするならば、「南至邪馬台国女王之所都水行十日陸行一月」の日数が不弥国から邪馬台国までの日数であるはずがないのである。郡から邪馬台国までに所要する総日数なのである。

第三章　邪馬台国の都

一　女王の都する所

卑弥呼の墓

邪馬台国の都の小城《おぎ》の地は、北は背振《せふり》山地、西に牛津江と湿地帯、東も湿地帯、南は干潟を通して有明海に至る三つの湿地帯に囲まれた舌状の台地上の要害の地に造られた都なのである。

ここ小城郡は、かつては肥前の国の中でも最も人口の多かった所でもあり、江戸時代には佐賀藩の支藩が小城町に置かれ、桜ケ岡とその周辺は藩庁の庭園として造作され、神社等が設置

卑弥呼墳丘墓周辺図

´91年当時

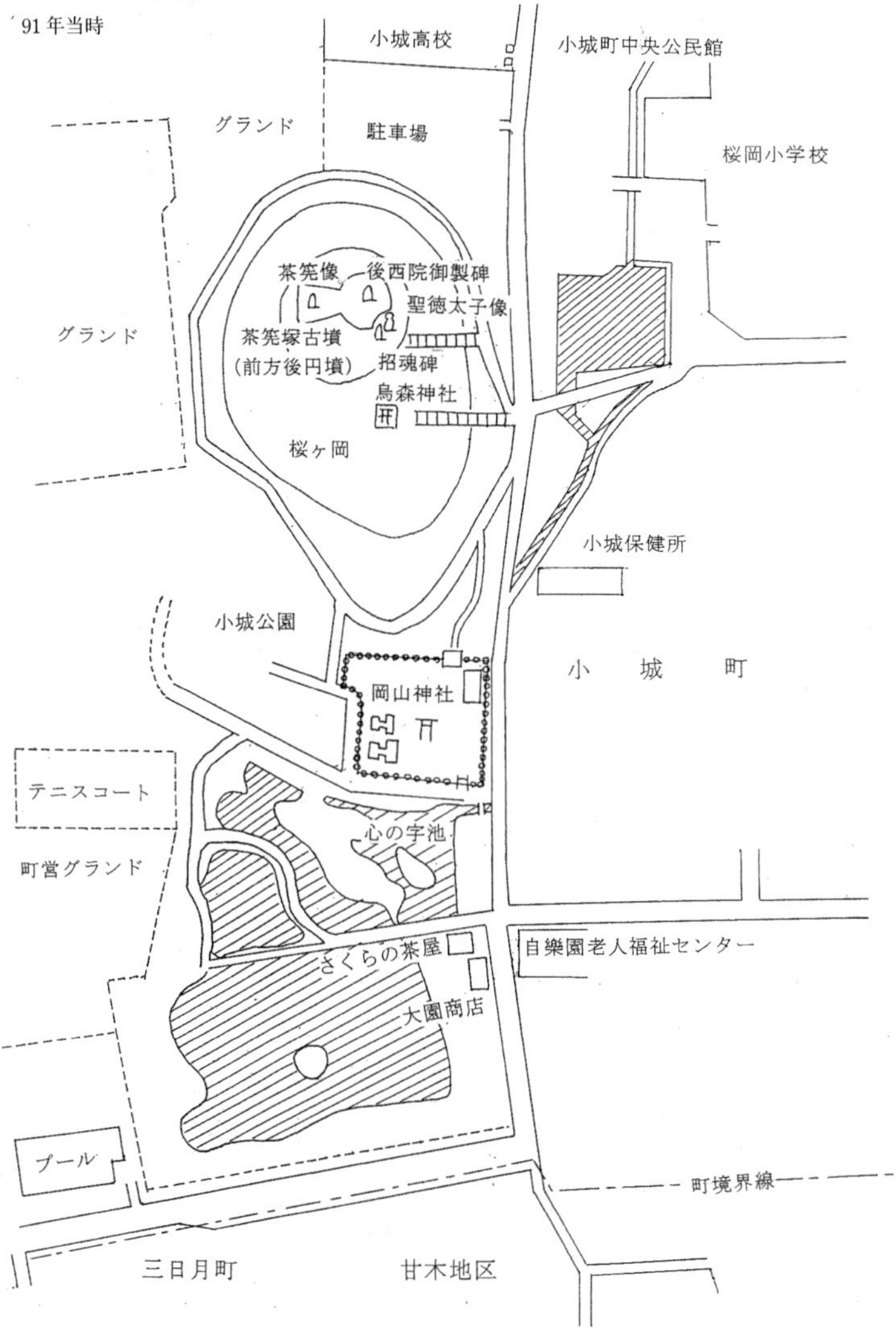

されたのである。明治以降も公園として使用されたため、さまざまな記念碑等が設置、遊歩道やグランド等も造られ、市民の憩いの場となっている。

卑弥呼の墓は、小城市街地のど真ん中にあった。小城の名所小城公園の桜ケ岡がそれである。この岡は、現在は桜ケ岡と呼ばれているが、古くは娑婆岡《しゃばおか》と呼ばれていた。天正時代の記録には、人骨が出土して、それがもとで娑婆岡と呼ばれるようになったと記されている。人骨の量は記されていないが、おそらく娑婆の名をつけられたくらいであるから、相当数の出土をみたものと思う。（骨は、仏教用語で舎利《しゃり》であるが、シャリでは露骨すぎるのでシャバとしたようである）それが鯖岡《さばおか》となり、藩制時代に藩邸の庭園となり、桜の木を多く植えたことから桜岡《さくらおか》と名づけられたという。

古《いにしえ》より人骨や石棺が出土していたという。近代においても、「小城郡誌」（小城郡教育会昭和八年）によれば、故西正豊氏（旧小城藩家老）の話として、御製碑南側にある松田男爵記念碑建設の際に、地ならし中に多くの土器と鉄製の直刀が出土したという。その他にも、石棺や石槨等が出土したこともあった（「小城の歴史三〇号」小城郷土史研究会編）。

私が歩測した所、中国式歩数（一歩が日本式の二歩にあたる。約百四十㎝）で南北百三十七歩（約百九十二ｍ）、東西百十歩（約百五十四ｍ）の卵型で、高さは十六ｍであった。

倭人伝に記された大きさは径百余歩であり、この岡が該当すると思う。大塚を造ると記されているが、桜ケ岡は自然丘（風化堆積岩）であり、それを墳墓のように体裁を整えたものであろう。卵型ではあるが、倭人伝には形については記載がない。

頂上部には茶筅塚《ちゃせんづか》古墳（前方後円墳）があり、その上には後西院天皇之御製の碑があり、その南には聖徳太子像等が設置されており、その一段下には鳥森神社があり、丘の下には岡山神社が鎮座している。丘の南には心の字池と四角い大きな池がある。池は丘の北にも存在したといい、古墳を取り巻く周濠のようにもみえる（公園の近くの桜城館《おうじょうかん》の郷土資料室に、江戸時代の小城の立体模型がありますので、是非ご覧ください）。

茶筅塚古墳は前長五十ｍで、古墳時代前期の佐賀平野では最古段階（出土土器は四世紀後半のもの）の古墳である。

しかし、これは卑弥呼の墓の上に後世になって築かれたものであって、邪馬台国や卑弥呼とはなんの関係もない。茶筅塚の名は、大正時代に前方部に設置された茶筅の石像に由来するものである。

娑婆岡の名の由来となった人骨は、卑弥呼に殉葬させられた百人の奴婢《ぬひ》の遺骨であろうか。発見された鉄製の直刀は、魏の皇帝から下賜された刀剣（五尺刀二口）の一部なのだろうか。

卑弥呼の遺体や副葬品は、もう掘り起こされ紛失してしまったのだろうか。それともまだ茶筅塚古墳の下に眠っているのであろうか。

卑弥呼の金印

倭人伝には、邪馬台国女王卑弥呼が、魏の皇帝から「親魏倭王」の金印を賜ったとの記載がある。そこで、卑弥呼の墓からその金印が出土するはずと考えられている。

ところが、「親魏倭王」の金印はみつかっていない。それでもその印影は広く知られている。その印影は、中国の印影の収集本である「宣和集古印史《せんなしっこいんし》」に載っている。但し、この書は偽書である。

よって、この印影は「偽書といわれている書物に載っているのであるし、倭国に送られた金印が何故中国でおせるのか」等ということから、偽物であるとされているわけである。

しかし、この印影の真贋は別にして、卑弥呼の金印はその墓に入っているのであろうか。

まず、「親魏倭王」の金印は、倭王に授けられたものであって、卑弥呼個人に与えられたものではない。その点「漢委奴国王《かんのいとこくおう》」印と同様、代々伝世して新王に継承されるものであり、中国との通交の時に使われるものである。ところが、倭国大乱の中で「漢委奴国王」印を紛失したために、卑弥呼は漢に貢献しても、正式な貢献とはみなされず、記録として残されなかったとみられる（拙書「卑弥呼の登場」〈明窓出版〉を参照のこと）。つまり、卑弥呼の死の際に、必ずしも共に墓に埋納されるというではない。この金印は壱与《いよ》に継承されたのである。

二六六年、倭の女王が晋に使いを送ったのであるが、これは前年の二六五年に司馬炎が魏帝より禅譲《ぜんじょう》を受け、晋王朝を開いたことへの賀使の派遣である。そしてその時、「親晋倭王」の金印を授受し、その時に用済みとなった「親魏倭王」印を渡してきたと思われる。

もし、宣和集古印史の印影が本物ならば、中国に帰った金印からとられた印影である可能性はある。贋物だとしても中国に帰った可能性は否定できない。

よって、卑弥呼の墓に金印が眠っているとは限らないのである。

〈宣和集古印史には、「親魏倭王　銅印獣鈕」と注がある。問題は銅製だということである。古墳時代の古墳の出土品の中に、年号鏡というのがあるが、このほとんどは、後世に明鏡として作られた鏡に、著名な年号を入れたものであって〈ラーメン丼の「万暦」のように〉その年に作り刻されたものではない。となると、この時期に、副葬品に著名な年号を入れる流行があったようである。となると、この宣和集古印史の印も、その時期に作られおさめられたもので、盗掘によって持ち出され、中国に渡ったとも考えられる。材質は青銅〈作りたては金色〉であり、天皇陵におさめられたものであろう。）

邪馬台国の遷都

卑弥呼の宮殿は、桜ケ岡の南から南東にかけて、小城駅を抜けて唐津線の線路をわたってじきにある、甘木のバス停あたりまでの範囲にあると思われる。このあたりが甘木地区である。甘木のアマは天と同じ意味であって、ここに卑弥呼の宮殿やそれに仕える人達の住居があり、そこから土生《はぶ》にかけて一般の住居や市場があったと思われる。

私は初めの頃、ここ小城が長い間邪馬台国の都として存在し、吉野ケ里級の遺跡であり、大量の埋蔵物に覆われていると思っていた。事実、農道を歩くと弥生式土器の砕片が、砂利のかわりに敷いたのではないかと思うほど落ちていた。

しかし、目ぼしい出土品がないのである。とくに甕棺《かめかん》が少ない。長い間都だったとすれば、そこに住んだ人達の住居や墳墓（甕棺）があるはずなのに、あまりにも少ないのである。

北部九州の埋葬方法は、甕棺が有名であり、私も初めのうちは、北部九州全域でこの埋葬が行なわれていたと思っていたのであるが、これはとんでもない思い違いであった。

北部九州では、原則的に三郡山地《さんぐんさんち》から西側の地域で甕棺による埋葬が、しかも重要人物に限って行なわれていたのである。

東側の遠賀川《おんががわ》の流域（立岩《たていわ》地区は例外）では、箱式石棺が主流である。

つまり、三郡山地を境として、東と西では民族とまではいかないとしても、部族が異なっているのである。

吉野ケ里の遺跡にみられるように、膨大な数の甕棺墓が、北部九州の中部西部で行なわれていたのであるが、それは弥生時代後期前半をもって急速に消滅していき、やがて大陸や半島で行なわれていた箱式石棺墓へと変わっていったという。

小城市にある邪馬台国の都は、この甕棺墓地域に入るのである。

ところが、小城市の都周辺で甕棺墓を調べてみると「ない」のである。桜ケ岡も娑婆岡《しゃばおか》といわれたほど人骨が出たであろうに、肝心の甕棺がないのである。

これには、ほとほと困ったものであった。

ある日、安本美典氏の講演会で「甕棺は一八〇年に終息している。」と聞いた時、私は、「なぬ！」と思った。一八〇年といえば、卑弥呼が女王に共立された頃ではないか。倭人伝の邪馬台国では、甕棺による埋葬が行なわれていなかったということである。

結論はこうなる。

西暦一八三年に共立された卑弥呼は、即位と同時に墓制を改革し、それまでの甕棺を廃し、箱式石棺に移行させたのである。卑弥呼は即位後暫くの間吉野ケ里に居り、西暦二三〇年頃に小城に遷都したのであるから、新都小城からは甕棺が出土しないのである。

箱式石棺は、半島や中国大陸で広く行なわれており、日本での移行は、箱式石棺文化が甕棺文化を圧倒したということではない。

もう一つの問題は、吉野ケ里の存在である。

ご存じのように、吉野ケ里遺跡は九州を代表する弥生遺跡であるが、丁度邪馬台国時代には小城の東方十七㎞の所に存在しており、小城に邪馬台国の都があったとすれば、吉野ケ里の存在は立派すぎて困るのである。北内郭の様子等をみると、そこが邪馬台国の都であっても不思議ではない。

しかし、遺跡の年代を詳細に検討すると、次のようなことがわかった。

吉野ケ里の集落の存在は、三世紀中頃までだという。

そして、卑弥呼が魏と通交を始めたのは二三八年である。

以上のことから考えられることは、邪馬台国は三世紀中頃の卑弥呼の時代に、吉野ケ里から小城に遷都したのではないかということである。そうすれば、吉野ケ里の衰退も、小城に遺跡遺物が少ないことも説明がつくのである。

おそらく卑弥呼は、即位とともにそれまでの甕棺葬を廃止したものであろう。そして、魏と通交を始めた頃に小城に遷都したものであろう。

邪馬壱国《やまい》か邪馬台国《やまたい》か

一般には邪馬台国とよんでいるが、魏志倭人伝には邪馬壹国と記されており、この壹は臺の誤写であるとされている。（台は、本来は臺と書くべきであるが、戦後旧字となったため便宜上台の字を使うようになった。この書でも壹は壱に臺は台で表す。）

古田武彦氏が「『邪馬台国』はなかった」において、邪馬台国ではなく邪馬壱国が正しいと発表しセンセーションを巻き起こした。それに対し、安本美典氏は反論し、邪馬壱（ＹＡＭＡＩ）では、母音が続くが、当時の倭人は母音が続くことは避けるのでＹＡＭＡＩとは発音しない。よって邪馬壱は間違いであるとした。

しかし、この問題は、邪馬と壱（台）を分けて考えると解決する。

倭人伝の倭の諸国名においては、「馬」は地域を指す言葉であるから、邪馬という地域があり、その中に壱（台）という国があると解釈すればよい。つまり邪馬という地域の壱という国で、邪馬の壱（台）の国である。

倭人はヤマのイの国と言ったが、中国人は助詞を省いてヤマイとしたのである。

では何故他の国々と違えて、わざわざ「邪馬の」とことわったのであろうか。

現代日本地図を開くと、陸前高田・豊後高田・越後高田というような地名がみられ、JRの駅名等によく見られる表現である。

このように表現する理由は、高田という地名があちらこちらに存在するからである。つまり、単に高田といわれた場合に、どこの高田かわからないので、どこのとつけて間違いのないようにしたのである。

つまり、邪馬の「イ」の他にも、他の馬の地域に「イ」と呼ばれる国があったため、それと区別するために「邪馬」をつけたのである。

それでは邪馬台は間違いであるかというと、そうではないからこの問題は混乱してくる。

台はＤＡＩと発音するのであるが、このＤＡは大のことである。（当時の中国では大はダと発音していた）。Iは壱のことであると考えてみよう。そうすると大壱ということになる。

この用法について考えてみる。例えば、大東京という表現がある。つまり、地名、団体名、人名等に正式名の上に、より優れているとして大という字をつける表現である。

その用法から考えると、邪馬壱国《やまい》は、自分の国は偉大であるとして大をつけ、邪馬大壱国《やまだい》と称したのである。

先に述べたように、邪馬の壱の国であるから、大は壱の上について邪馬大壱（YAMADAI）となり、それを中国人は邪馬台と記録したのである。おそらく壱と似た漢字を選んだのであろう。

ところで、後漢書東夷伝に、

「建武中元二年、倭の奴国、奉貢朝賀す。使人自《みずか》ら大夫を称す。倭国の極南界なり。光武、賜に印綬を以てす。」（倭の奴国は、倭奴国と表示するのが正しい）

とある。この時与えられた金印が江戸時代に志賀島から発見され、それには「漢委奴国王」と刻されていた。これは「漢の倭《わ》（委はその略字）の奴《な》の国王」と訳されているが、事実は、「漢の委奴《いと》国王」と読むのが正しいのである。漢の印制からすると、「漢の何国」となるのが正しく、「漢の何国の何国」という表記はないのである。

さらに「倭」は漢の時代には「イ（ヰ）」と発音していたのであり、倭奴国はイト国と読んでいた（倭奴国で倭を使うとワとまぎらわしいので、後漢書の倭奴は委奴を使う）。そしてこのイト国のトは国を表わす言葉であるから、国名はイである。そしてこのイ国は、邪馬の壱の国のイのことである。

この文を漢の倭《わ》の奴《な》の国王と読み、福岡市が奴《な》国であったとする説は、この印を「漢の委奴《いと》国王」と読むことにより、その根拠を失うのである。

金印は倭国大乱（一五七～一八三）の時に吉野ケ里の委奴国の都から持ち出され、志賀島《しかのしま》の浜辺の石の下に隠匿されていたものである。

よって委奴（イト）国→邪馬壱（ヤマイ）国→邪馬台（ヤマダイ）国と国名が変化していったのであり、この三ヶ国は同じ国だったのである。

特に邪馬台国は、卑弥呼の時代に邪馬壱国から邪馬台国に国号を変更したために、しかも最初の通交の時は邪馬壱国と名乗り、二回目からは邪馬台国と名乗ったために、各書での記録の混乱のもととなったのである。

邪馬台国は、西暦五七年の貢献以来の、倭国の正当なる継承者なのである。

名づけて卑弥呼という

倭国大乱において、倭の諸国は、一女子を共立して乱を治めたという。そして、その女子を卑弥呼と名づけたという。

そこで、この卑弥呼という呼称であるが、これは通常「ヒミコ」と読まれ、ヒは日のことで、「日の御子」という意味でとらえられている。

ところが、この名の「呼」であるが、どうやらこれは上古音では「カ」と発音していたようなのである。よって、「ヒミカ」と読むようである。となると、日の御子とはならないようである。

ヒミカはアイヌ語のピリカと同義語であり、日本語のピカ一とかピカピカのピカと同義でもある。また、光（ヒカリ）という言葉とも同義である。

だから、ヒミカとは、より良いもの、すばらしいものとか、輝くばかり等の意味であり、一女子に名づけた尊称である。

次に、「一大率」という役職があるが、この読みは「イタソ」と読むのが正しいようである。「イチダイソツ」では現代日本語読みである。

倭人伝の固有名詞の表記法は、原則、倭人の発音に同音の漢字を当てるという、表音文字として漢字を使用しており、表意ではないということである。

よって、これは、倭人が「イタソ」と言っていたのに、一大率という漢字を当てたのである。

また、中国の役職という説もあるが、当時の中国にかような役職はなかったようである。

イタソという言葉から、私はイタコという言葉を思いだした。イタコやゴミソは、東北地方の巫女のようなことをする人のことである。死者の口寄せといって、死者の言葉を伝える役をする人がイタコである。とすると、イタソとは言霊に関する言葉なのであろうか。

イタソやイタコに似た音の言葉で、言葉《ことば》に関する意味を持つものを探してみよう。

アイヌ語のイタグ（神霊なる言葉）や琉球のユタ、朝鮮語のイルタ（言う、告げる）、日本語のウタが挙げられる。

かように「卑弥呼」も「一大率」もアイヌ語として解釈すると意味がよく通じるのであるが、弥生時代の九州でアイヌ語が使われているとはどういうことであろうか。

九州には、地名でもセフリ、ヒレフリ、クシフルやコタリの浜等、アイヌ語ではと思われるものがめだつ。

どうも、これらは、古い型の朝鮮語であるようである。

言語学的にいえば、朝鮮語とアイヌ語は、五千年から六千年前に分離したという説があり、それからいえば、アイヌ語と朝鮮語は、かつては同じ言葉であったということである。太古には、アイヌ人も朝鮮人も琉球人も日本人も同一民族であって、同じ言葉を使っていたのである。だから、それから数千年たった九州にも、アイヌ語で解せる固有名詞が残存しているのである。

一大率が言霊を表わす意を持っているとすると、彼の役目は言葉と関係があるとみてよい。その言葉とは、卑弥呼の言葉であろう。つまり、一大率は卑弥呼の命令を諸国に伝えたり、卑弥呼の権威を背景に、行政を執行する役目を担っていたとみられる。

次に、「大倭」について論じたい。

「国々に市あり、有無を交易し、大倭をして、これを監せしむ。」の「大倭」である。人により読みが異なり、ダイワとかダイイ、ダワ、中にはオオヤマト等と噴飯《ふんぱん》ものの読み方をする人もいるようだが、これはダイと読むのが正しい。

大倭の任務は、市場での監視である。この当時の市場とは、人々が品物を持ち寄り、物々交換の場であるが、その時、場所を決めたり、いざこざが起こらないようにするのも重要な仕事である。そして、それは現在でも、お祭りの時等に露天商をとりしきる行為に似ており、そういうことをする親分のことを代貸《だいがし》と呼び、その一家の家紋のことを代紋《だいもん》とよびならわしている。

よって、代貸・代紋の代《だい》と大倭《だい》は共通のものであり、その筋の起源は、邪馬台国時代まで遡るとみてよい。

狗奴国

倭人伝に「次に奴国有り、此れ女王の境界の盡きる所。其の南、狗奴《くと》国有り」とある。

また「女王国の東、海を渡《わた》る千余里復《ま》た国有り、皆倭種なり」とある。

ところが、三国志より後に書かれた後漢書東夷伝には、狗奴国について次のような記述がある。

「女王国より東、海を度る千余里。拘《く》奴国に至る。」（拘奴国は狗奴国に同じ）

これは倭人伝の「女王国の東、海を渡る千余里」とは酷似している。ところが、この二文が同じこととすると、狗奴国の位置が、倭人伝では境界の南と言い、後漢書では、東の方とくい違いをみせているようである。このことから、狗奴国は瀬戸内海沿岸部にあるとの説もある。

この件について、私は次のように考える。

問題は、「女王国自《よ》り東」と「女王国の東」の違いであるが、「女王国の東」は、女王国の領域（北部九州全域）の端から東方向とみるのがよい。

倭人伝の中に「その南狗奴国有り」と狗奴国が明記されているのに、同じ倭人伝中の「女王国の東、海を渡る千余里復た国有り」の国が狗奴国であるはずがない。ただ、まぎらわしいことに、距離がどちらも同じだけなのである。

尚「其の南」の「其の」は奴国を指している。

後漢書の「女王国自り」の女王国の出発地は、女王の都からと解釈するのがよい。とすると、狗奴国の位置については次のように解釈できる。

女王の都から南を望んだ場合、そこには有明海を通して島原半島を眼中におさめることができる。熊本県は島原半島の東の対岸である。有明海は、西北から東南へ伸びているのである。

女王国の港（小城市大江）を出て、有明海をどちらへ行くのかというと、東へ海を渡る。東のどこかといったら、千余里海を進んだ所である。つまり、南に有明海に舟を漕ぎだし、斜め東に千余里水行すれば着く所が狗奴国なのである。

後漢書の成立は、三国志より後である。しかし、三国志と同文になることを避けて記述を変えたり、付加・削除したりと工夫をこらしているとみられる箇所がある。

この件は、魏使の報告書の中にあり、三国志に載らなかった文を載せたことから生じたのであろう。後漢書の編者は、この二文が同じことを述べていると考えたのかもしれない。女王国の港から東南へ千余里（約七十㎞）海を渡った所は、熊本県飽託《ほうたく》郡から熊本市にかけて、金峰山《きんぽうざん》周辺に上陸したものであろう。

狗奴は「クト」と読むのが正しいのであるが、付近に宇土《うと》の地名がある。熊本城に宇土櫓《やぐら》がある。官に狗古智卑狗《くこちひく》がいたというが、熊本県北部の菊池と関係があるのであろうか。

狗奴国は、クマの北部を占め、邪馬の諸国と国境を接し、南下してくる邪馬連合軍と死闘を繰り返していたものであろう。

卑弥呼と狗奴国の男王の卑弥弓呼は「素《もと》より和せず」とある。倭国大乱が収まっても、狗奴国との小競り合いは続いていたのであろう。

前述で卑弥呼は「ヒミカ」と読むのが正しいとした。となれば、男王の名の「卑弥弓呼」は「ヒミクカ」と読むのが正しいということになる。

ヒミカをアイヌ語と古い朝鮮語で解く方法を述べたが、ヒミクカも同様に解くことができるであろうか。

アイヌ語では、一つの単語が一つの文として、つまり、単語の中に、主語、述語があるのが特徴であるという。

例えば、チェップ（魚）はチ↓我ら、ェは食べる、プは物、つまり、我らの食べる物となるのだそうである。

単語が一つの文を形成しているとすれば、その中にまた別の言葉を差し込んでも言葉が成り立つと考えてもよいであろう。

とすると「ヒミカ」の中に「ク」という言葉を入れたということになる。

朴炳植《パクビョングシク》氏は、「卑弥呼は語る」（学研）の中で「『クコ』の『ク』は、男性を表わす。これはあたかも、『イザナギ』の『ギ』が男、『イザナミ』の『ミ』が女性を表すのと一緒なのである。ちなみに『ク』は韓国の男性三人称代名詞であり、正しい音は、『KEU』であるが、日本にはこれで表記する手段（文字）がないので『キ』または『ク』等で表記されたものである。」とのべている。

つまり、「ヒミクカ」の「ク」は男性を表わすとみてよいであろう。

よって「ヒミクカ」は、邪馬台国の女王卑弥呼に対する男性版として表した言葉なのである。

第四章　其余旁国

一　斯馬国

其の余の旁《ぼう》国の考察に入りたい。

倭人伝における其余旁国の記載順であるが、無作為ではなく、ある程度のまとまりや順序があったと思う。ここでは、倭人伝の記載順に考証していってみたい。

其余旁国の筆頭がこの斯馬国である。現在の地名の中から、シマと同音の地名を探してみると、福岡湾の西部に糸島半島なるものがある。

糸島とは「怡《い》土《と》郡」と「志摩郡」の両郡が合体して糸島となったのであるが、この志摩郡が

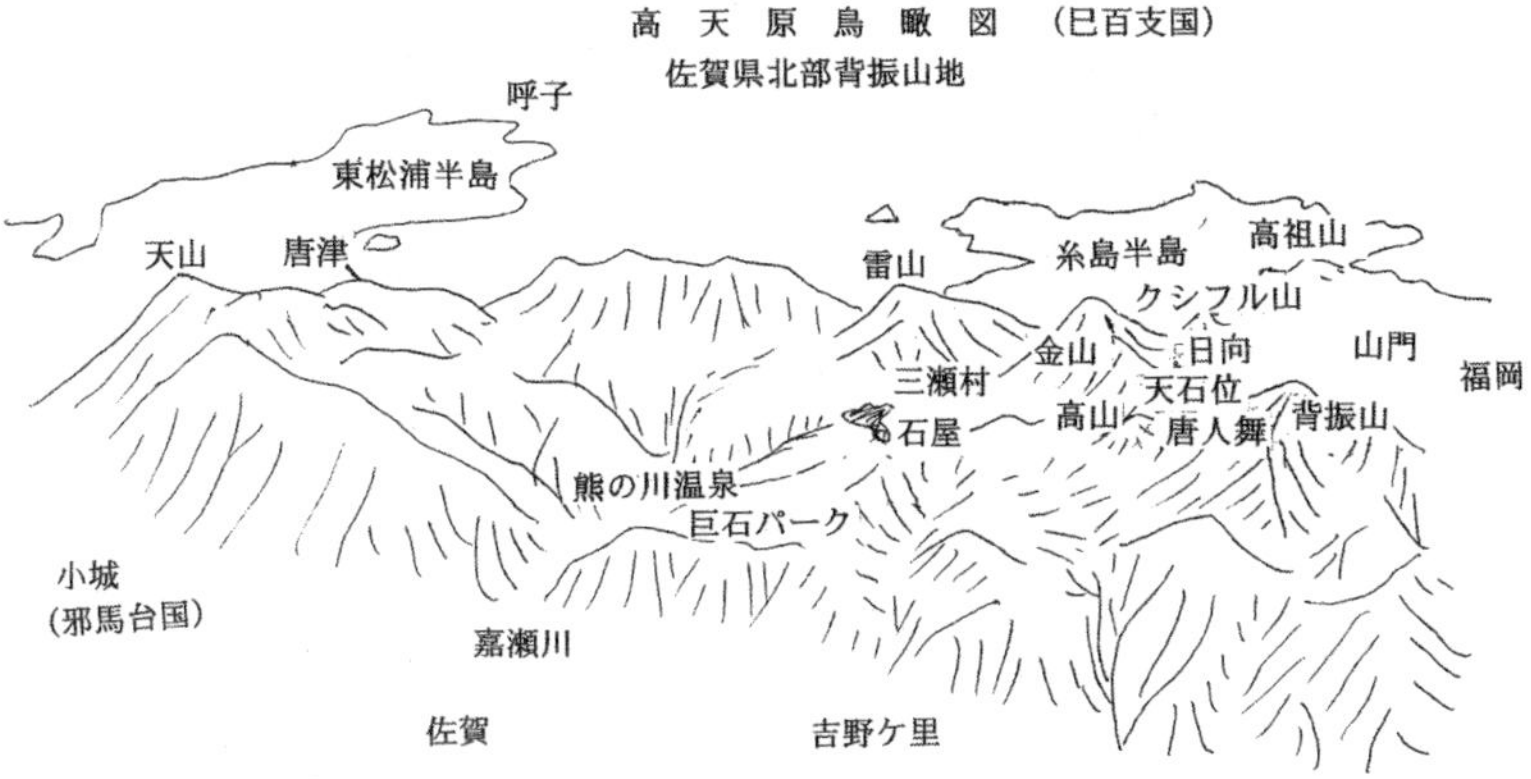

斯馬にあたる。

初めの方で述べたように「馬」のつく国名は、地域をさし、その中にいくつかの国が存在していたと考えられるので、この斯馬国にも複数の国が存在していたとみられる。まず、糸島半島の南端に志登《しと》遺跡がある。志登の志は斯馬国の斯と同じであり、登は「奴」のことで、国という意味である。後世、斯馬は縮小して志摩郡に名を残すこととなった。

もう一つは、怡土《いと》郡に名を残す怡土国である。この怡土国と邪馬台国への行路上の伊都国が新井白石により取り違えられたことが、後の邪馬台国論争を混迷の淵へと導く一つの原因となったことは既に述べた。

邪馬台国の項で、邪馬の「委」の他にも「委」と称する国があったとしたが、それが、この斯馬の中にある「委」の国である。その国名「委」が、現在の怡土郡のイとして残っているのである。

＝委、つまり委の国のことで、斯馬の委奴国なのである。よって斯馬委《しまい》国とも書く。

その結果、本来の委奴国は斯馬に新しくできた斯馬の委奴国と区別するために、邪馬の委（奴）国、つまり、邪馬委国となり、中国ではそれを「邪馬壹国」と表記したのである。

二　巳百支国

果たして、この国名は何と読むのであろうか。国の比定方法は、地名による方法が主なので、当時に近いと思われる発音で国名を読み、現在の地名の中で似た音の地名を探していくのであるが、適切な読みと地名がみつからない。国名が順不動で述べられているとは思われないので、この国は斯馬国の近く、福岡市西方周辺と考えていいと思う。

詳しくは後述するが、其の余の旁国を当てはめていくと、最後に、斯馬国の周辺で空白となったのは背振山地であった。

背振山地は、佐賀県北部の山塊であり、主峰は背振山で標高一〇五五 mであり、その山影に三瀬《みつせ》村がある。

福岡からいくと、屏風のようにせまる山肌にはりついた、曲折した山道をくねくねと登りつめると、三瀬峠に達し、やがて意外なほどの平坦地へと出る。この山地は、北側には東西に連なる山地を巡らせ、南側は、佐賀平野との境を大きな断層崖で区切る準平原の高原となっている。その高原の中央を嘉瀬川《かせ》が深い谷を刻んで南へと流れているが、中央部には堆積台地が広がっており、川沿いには水田も多い。縄文時代後期に、北部九州の平野部がまだ水びたしだったころ、人々はこの高原に集まり、縄文畑作を行い、豊かな集落を築いていたのだろう。

この背振山地の北麓の室見川《むろみがわ》西部一帯に、原田大六氏は、高千穂峰《たかちほのみね》やくしふる岳、日向《ひなた》の地名を見いだし、記紀にいう天孫降臨の地であると発表した。

佐賀県立博物館に、佐賀県の立体模型があるが、それをみると、この背振山地が高天原《たかまのはら》であるとしても不思議ではないと感じるものである。

三　伊邪国

福岡湾周辺で、イヤという音を頼りに現存地名から割り出してみた。

イのつく地名を捜してみると、福岡市南部に筒井・井相田・井尻・樋井・井手・板付《いたつけ》というイのつく地名が密集している箇所があり、それらの中心に、弥永《やなが》という地名がある。須玖岡本《すくおかもと》遺跡の近くである。

このあたりが伊邪国であったとみる。

現在はヤナガであるが、本来は「イヤナガ」と発音していたようである。吉川弘文館発行の標準日本地図には弥永原遺跡に、イヤナガバルとルビがふってある。

四　都支国

伊邪国に隣接する福岡市西部、室見川沿いに吉武《よしたけ》・金武《かねたけ》の地名が並んでいる。この武が都支の転訛である。

「都」は当時「タ」と発音されており、「支」は「キ」で合わせて「タキ」と読む。

ここは、中世、山門荘《やまとのしょう》が置かれていた所である。日向《ひなた》なる地名も存在する。古来、ここは「ヤマト」の地であり、神武天皇が生まれ育ち、東征へと出発した地でもある。

五　弥奴国

弥はミと発音し、奴は国の意味である。

御笠川の西岸はすべて埋まった。次はその上流部を越え筑紫平野へと入ると、三輪・三井・峰（三根）等のミの付く地名が多い。このあたりが弥奴《みと》国の所在地であろうか。

六　好古都国

福岡湾東岸へと進む。

ずいぶん古い話になるが、某テレビ局で邪馬台国を取り上げた番組を放映していた。その中で、レポーターが台湾まで出かけて中国語の古代の発音がわかる学者に、倭人伝の国名を読んでもらう場面があった。

その学者は、好古都を好は「ハォ」古は「コ」都は「タ」でハォコタと読んだ。レポーターがこれはハカタ（博多）のことではないかとレポートしたのを覚えているが、これが私の其余旁国解明のロゼッタストーンとなった。

好古都国が博多であるならば、他の旁国の位置は、そこを基にして決めていくことができる。女王国までの行路上の国々は既に確定しており、今また好古都国が確定するならば、他の国々の位置も、その範囲がせばめられて当て嵌めやすくなってくる。

現博多《はかた》は御笠川の東岸に位置し、伊邪国の北方に当たる。当時は、御笠川河口が潟となっていたので、好古都国と伊邪国とは潟をはさんで対峙していたのである。現博多が好古都国の都と考えやすいのであるが、そう簡単に決めるわけにはいかない。

残存地名が、その地の中心にあったとは限らないのである。

江戸の地名が、東京の中心ではなく、端の江戸川に残っているように。

中心地捜しで目安となったのは、やはり神社であった。

古来の大神社を捜し出して、そこがその地方の社会の中心に位置していたのかを調べてみる。

博多より北を捜してみると、果たしてあった。後に記紀に登場してくる著名な神社の香椎《かしい》の宮である。

国名の好古都は、国の南端ともいえる港である地に博多として残ったと考えるのがよい。

香椎の地が好古都国であると比定した理由は、もう一つある。

朝鮮の歴史書「三国史記・新羅本紀」に、新羅の四代王の昔脱解《せきだつかい》は、多婆那国《たばなこく》の生まれで、その国は倭国の東北一千里の所にあったという。当時（紀元五〇年以前）の倭国の都は惣座《そうざ》であったから、そこから東北に七十㎞ぐらいいくと多婆那国の都につくというのである。途中背振山地を迂回せねばならないが、到着する所は香椎の宮あたりである。

このことから多婆那国は、香椎の宮がその都であったとできる。倭人伝からは、多婆那国は出てこないが（三国史記の話はBC一九年のことであるという）好古都国と呼名が変わったのであろう。

同じく朝鮮の史書、「三国遺事」に次のようにある。

「新羅の第二代、朴南解王のとき、駕洛国に一艘の船が付いた。（中略）端正な男児と多くの奴婢が出てきた。男児は、『私は竜城国（正明国または琓夏国・花厦国といい、倭の東北千里にある）の人である。私の母は積女国から迎えられたが、私の生まれるのを群臣は不吉として海に流された。どこからともなく竜が現れて船を護衛してここに着けてくれた』と言った。」

朴炳植《パクビョングシク》氏は「日本語のルーツは古代朝鮮語だった」の中で、

「伝説であるから、方位・距離は正確には議論できないが、国の名だけは古代朝鮮語で読んでみると以下のようになる。

竜城国とは南の国・神の済む国、そして正明国《ばば》・琓夏国《はんは》・花厦国《はは》はいずれも『ハハの国』である。」

と記している。

これらを中国語読みで推測して読むと「琓夏」は「ファンカ」であろう。「夏・廈」は「カ」であると思われる。

ファンカとかカカとかハカという音に聞こえる字である。

つまりハカタのハカとなった現音であろう。また、「タ」は朝鮮語で「国」を表わす言葉だという。とすると、ハカタはハカの国ということになる。

よって博多は好古都国であり、琓夏国・花廈国であり、それは竜城国であり、多婆那国のことである。そして都は香椎の宮である。

古代の国の比定は、似た地名に頼るものであり、大概はせいぜい一つで予想し比定してしまうものであり、私自身も、この其余旁国探求において、やはり一つしかあげられない国も多かったのであるが、この好古都国がこれほどガチガチに比定できるとは思わなかった。

七　不呼国

不は不弥国＝小城《おぎ》であるから、「オ」と読み、呼は、卑弥呼は本来「ヒミカ」と読むものであるから、「カ」と読み、「オカ国」ということになる。

好古都国の北か東を捜してみると、その地域にはオカと発音される地名がみられる。岡田・遠賀《おんが》川という地名である。遠賀川は筑豊地方を南北に流れる大川である。その川にオカの川という意味の名がつけられている。

この遠賀川下流一帯の地がオカの国なのである。オカタのタは国の意味であり、現在は濁音となりオカダと呼ぶ。黒崎にある岡田宮あたりが中心かと思うが、河口付近の芦屋との説もある。

遠賀川河口一帯を扼《やく》し、北九州市一帯から山口県西部をもその勢力圏においていたと考えられる。

八　姐奴国

姐はシャである。よってシャト国と読む。

不呼国近辺でシャに似た音の地名を捜してみる。すると、岡田の西方に津屋崎《つやざき》なる地名がある。ツヤとシヤは似ている。また津屋崎の近くには宗像《むなかた》神社という著名な神社があることから、古代には、この辺りに一勢力が存在したものと思われる。それがこの姐奴国である。

この国名であるが、中国人はシャに女性を意味する姐という字をあてている。

倭人伝の国名に使用している漢字は、原則として倭語での意味や漢語での意味は表わしておらず、あくまでも音に漢字を当て嵌めているだけである。

しかし、原則は原則であり、例外もなきにしもあらず、であることはいうまでもない。

津屋崎といえば、近くに宗像神社があり、その祭神は宗像三女神である。

シヤト国を漢字で表記しようとした人物は、この宗像三女神についての伝承風聞を聞いていたのではないだろうか。

この三女神は、高天原において、天照大神《あまてらすおおみかみ》と須佐之男命《すさのをのみこと》との誓《うけ》ひの時に生まれたとされる神々である。そして、多紀理毘売命《たきりひめのみこと》は宗像の沖の島の奥津宮に、市寸島比売命《いちきしまひめのみこと》は宗像の大島の中津宮に、田寸津比売命《たきつひめのみこと》は、宗像の田島の辺津宮《へつみや》にそれぞれ坐している。そして、この三神は、須佐之男の持ち物から生まれたのであるからとして、須佐之男の子供ということになった。後に多紀理比売命は、大国主命と結ばれ、妹高比売《いもたかひめ》（下照比売《したてるひめ》）を産み、妹高比売は、天津国玉《あまつくにたまの》神の子の天若日子《あめのわかひこ》と結婚している。

現在はあまり説話の残っていないこの三女神であるが、一八〇〇年かそれ以前には、まだこの三女神に関する話は、広く倭の領域に流布していたものと思われる。

おそらくその内容は、出雲神話のようにお伽話的でかつ多分に色っぽい説話を含んでいたものと考えられる。

そして、シャト国のシャに漢字を当てはめるとき、その人物（当然男性であろう）は、この三女神を巡る説話を思い浮かべ、シャにわざわざ「ねえちゃん」という意味のある姐という字を当てはめたのだろう。

もう一つの見方は、先に出てきた昔脱解《せきだっかい》の説話にある。

三国史記新羅本紀に、

「脱解は、本来は多婆那国の生まれで、その国は倭国の東北一千里の所にあった。はじめその国の王が女国《おんなこく》（女人国とする書がある）の王女を娶り…」

三国遺事に、

「……男児は『私は竜城国（正明国または琓夏国・花廈国といい、倭の東北千里にある）の人である。私の母は積女国から迎えられたが……」

これらのことから、積女国＝女国＝女人国のことである。積女国の読み方は、呉音でシャクニョ国である。このシャが姐奴国のシャである。

つまり、この国が女国とか女人国とかあだ名されていることから姐の漢字をあてたものともいえる。あだ名されるようになったのは、先程の宗像三女神に起因するかもしれない。

多婆那国は好古都であり、宗像神社のある地域はその隣りである。

なお、津屋崎のツヤは姐のシャが転訛したものかと思ったが、シャがツヤに転訛することはないようであるので、再考してみたのであるが、やはりツヤ崎はシヤ崎であったようである。しかしシヤ崎では死屋崎に通じ縁起が悪い。そこでシを避けて他の字を使うこととした。その時、宗像三女神の艶っぽい話等からツヤ崎としようとしたが、艶崎ではいろっぽすぎるので、津屋崎としたのである。日本は言霊の国なのです。

九　対蘇国

次に北西にとび、対馬北島の国の紹介となる。前述したように、南島は対海国である。では北島はというと、同じく対のついた国名を持つ対蘇《ついそ》国である。

ただここでの問題点は、倭人伝に「女王国自《よ》り以北はその戸数道里は略載すべきも」とあるが、対蘇国は女王国の北にあるのに戸数も道里もかかれていない点である。

この点については、女王国より以北とは、半島から女王国へ南へ南へとやって来たので、そこまでの国々についてはわかるが、他はよくわからないといっているのである。

ここ対馬で興味深いことは、遺跡遺物は南島よりも北島に多いということである。対蘇の対は対の間の対、蘇は阿蘇や熊襲の「そ」に通じるのであろうか。浅茅《あそう》湾はそのなごりであろうか。

一〇　蘇奴国

九州本土に戻り、不呼《おか》国から東へ蘇奴《そと》国へと到る。小倉《こくら》から企救《きく》半島にかけてがその領域であろうと推測されるが、地名比定上必要な類縁地名が全く存在しない。不呼国や次の華奴蘇奴《かとそと》国との位置関係から、この辺りと比定してみた。

この国は、西の強国不呼国と、南の強国華奴蘇奴国に挟まれた小国であったと思われる。

日本書紀仲哀紀八年の項に次の如くある。

「時に岡県主《おかのあがたぬし》の祖熊鰐《わに》、天皇の車駕を聞きて、周防の沙麼《さば》の浦に参り迎ふ。魚塩の地を献る。

……『穴門より向津野大済《むかつののおおわたり》（豊前国宇佐郡向野）に至るまでを東門《ひがしのみなと》とし、名篭屋大済《なごやのおおわたり》（北九州市戸畑区の北方名篭屋崎）を以て西門《にしのみなと》とす』

仲哀天皇が九州へ進軍して来た時、時の岡の県主の祖（不呼《おか》国主）が、天皇に領土を献譲した話である。この当時、不呼国主は、東は宇佐周辺までをその勢力範囲としていたというわけである。そして献上した範囲というのは、本国ではなく新しく手に入れた旧蘇奴国等の地域であった。

不呼国と蘇奴国の国境は、戸畑区名篭屋《なごや》であり、後の豊前と筑前の国境となったとみてよい。

二　呼邑国

ここで不呼国に戻り、その南に呼邑国がある。読み方は「カユウ国」である。

不呼国が河口にあり、南の遠賀川の流域に岡田・遠賀・嘉穂・香春・頴田《かいだ》、香月と「カ」のつく地名が並んでいる。後の嘉麻郡であり、「嘉馬」となるのであろうか。ここは嘉人の住む地域であり、嘉人の住む邑々という意味でつけられたのであろう。

遠賀川流域は低い山々によって小さく区切られた平野に、それぞれ村が存在し、かつ、それらが連合して国をつくり、周りの強国に対抗していたのであろうか。

ここ遠賀川流域は、隣接する博多地区や筑紫平野地区とは、遺跡遺物の面で大きく異なっていることがある。

それは、墓制埋葬方法である。

ここ遠賀川流域では、箱式石棺による埋葬が行なわれており、三郡《さんぐん》山地以西の甕棺墓地域とは部族が異なっている。

その中で、遠賀川中央部の立岩地区は例外で、ここには大きな甕棺墓群が存在する。

この甕棺墓は、この墓制をもつ北部九州西部の部族が勢力の拡大とともに東へと進み、やがて三郡山地の山あいを通り、遠賀川流域へと進出をしてきたことを示すものである。そしてその橋頭堡として築いたのが立岩なのである。それは委奴国による倭国統一まで続いたようである。

圧迫を受けた嘉人達は、押し出されるように瀬戸内海を東へと進み、やがて近畿地方へと入った。瀬戸内海沿岸にみられるこの頃の高地性集落（BC一〇〇～AD五〇）は、それに対抗するものであった。近畿地方を中心に銅鐸が盛行し、九州の銅剣銅矛が受け入れられなかった一因には、こうした背景があったかも知れない。

一二　華奴蘇奴国

呼邑国から東へ進むと、行橋《ゆくはし》平野へと出る。ここが、華奴蘇奴国《かとそとこく》の所在地である。行橋平野の北に肝等庄《かとのしょう》がある。その北に曽根《そね》なる地名がある。華奴国《かとこく》と蘇奴国《そとこく》の一部が合併して華奴蘇奴国となった。企救《きく》半島付近にあった蘇奴国は分裂して南部は華奴国と合併したのであろう。

倭人伝の旁国の記載順がある程度の法則性をもって並んでいるのではないかということは前述したが、説明がここまできた所で整理してみたい。

始めは一列に並んで記述されていたと思われていたが、進むにつれて、戻ったり別方向に進んだりと、順不同らしき所もみられた。それぞれの国を地図上に並べて考えてみると、思いもかけなかったことに気がついた。

旁国の中では、主要国と思われる国を中心として、何ヵ国かが衛星国の如くおかれているようだということである。

次に、その関係を図示してみよう。（番号は旁国の記載順）

1斯馬国 → 2巳百支国

3伊邪国 → 6好古都国

3伊邪国 → 4都支国

3伊邪国 → 5弥奴国

7不呼国 → 10蘇奴国

7不呼国 → 12華奴蘇奴国

7不呼国 → 11呼邑国

7不呼国 → 8姐奴国

7不呼国 → 9対蘇国

これをみると、不呼国は北部九州の雄であるといえる。

一三　鬼国

日本書紀景行天皇紀に、

「冬十月に碩田国《おおきたのくに》に到りたまふ。其の地形広く大きにして亦麗し。因りて碩田と名づく。碩田、此れをば於岐陀と云ふ」とある。

地名由来説話である。現大分県の大分は、碩田から来たものであるという。碩は「おおき」で大きいこと、つまり「大きい田」の意味であり、それが訛って大分となったというわけである。

しかし、これは本来オオキタと呼んでいた所を、天皇にかこつけて大きい田としたものであり、それから離れて考えると、オオキタのオオは大のことであり、キタが元々の地名である。このキタのキが鬼国の鬼に当たる。タはいわずとしれた、国を表すタである。

一四　為吾国

豊後の国のどこかとは推測がつくが、場所の特定が全くできない。

吾をアと読むとすると、宮崎県北部に吾平津比売《あひらつひめ》の伝説がある。宮崎県北部がアヒラだとすると、大分県の南部がイアと呼ばれていたとも考えられる。なお大分県東部は海部《あま》とよばれており、豊後国は和名称にいう安万《あま》の地であるという。つまり吾馬となるのであろうか。

一五　鬼奴国

鬼はオオキタのキ、奴はいわずとしれたトである。とすれば、大分県には、鬼国と鬼奴国があったことになるのだろうか。

オオイタのイタはオオキタのキタの転訛とも、キトの転訛ともとれる。何分にも、オオキタとは日本書紀（成立七二〇年）に出てくる地名であるから、倭人伝の地名の鬼奴国や鬼国がどちらなのか判然としないのは、やむをえないものと考える。

大分県海岸部には、キのつく地名が連なっている。安岐《あき》・杵築《きつき》・臼杵《うすき》・佐伯《さいき》。

倭人伝に載っているのは三ヶ国であるが、実際には山々の盆地や湾奥に、もっと多くの国々が存在したと思われる。

一六　邪馬国

記述は北の中津平野へと戻る。邪馬国をこの地と比定した所以の一つは、山国川である。山が邪馬に通じると解釈した。

この邪馬の馬は、記述者が、地域の「馬」と同じ意味であると間違えて用いたものである。邪馬国と同音の山国川があることと、次の躬臣国《きゅうしんこく》や巴利国《はりこく》との位置関係から、中津平野と比定したい。

尚、山国川上流の景勝地耶馬渓《やばけい》の名称は、江戸時代の学者である頼山陽《らいさんよう》の命名によるものである。

一七　躬臣国

邪馬国の次は躬臣国《きゅうしんこく》である。山国川を遡り、深耶馬渓を過ぎると、一つの盆地に出る。流れている川は玖珠《くす》川である。

玖珠という町があり、結構広い盆地である。クスはキュウシンの転訛であろう。玖珠、日田両郡に躬臣国があったと考えられる。

一八　巴利国

日田盆地を川の流れに沿って西へ下ると、杷木《はき》の町に出る。杷木は巴利《はり》の転訛と考えられる。原鶴《はらづる》なる地名がある。この町は、筑後川が筑紫平野に出た所にある町であるが、巴利国の都の所在や領域は不明である。

一九　支惟国

玖珠、杷木と筑後川を下り、筑紫平野へとでる。杷木町からは平野が扇状に広がっており、方向の指定がないので場所を比定することがむずかしく、類縁地名もみつからない。キイ国とよむならば、基肄《きい》城があるが、その辺は弥奴国と比定していた所である。

二〇　烏奴国

支惟国に続き、この国の所在地の比定も全くのお手上げである。筑後の国のどこかとしか考えられない。せいぜい、浮羽郡のウキのウがそれにあたるのかと無理矢理考えてみるのだが。

だとすると、筑後川の北が支惟国で南が烏奴国だということになる。

二一　奴国

其余旁国の最終国である。斯馬国から時計回りにぐるりと回り、邪馬の南端に到達する。所はずばり山門（福岡県山門郡）である。

邪馬台国の南の狗奴国に対する戸口の国である。肥前山口が西の戸口であるとしたが、ここもう一つの戸口である。

女王の仇敵、狗奴国に接する国境の国であり、女王の境界の尽きる所である。

邪馬台国女王と狗奴国男王は、「素より和せず」であり、紛争が続いた。

おそらく、この奴国はその最前線としての役割を持ち、所々に城塞を構えていたのであろう。

時代により国境が移動したようであり、熊本県にも、隣接して山門の地名がある。

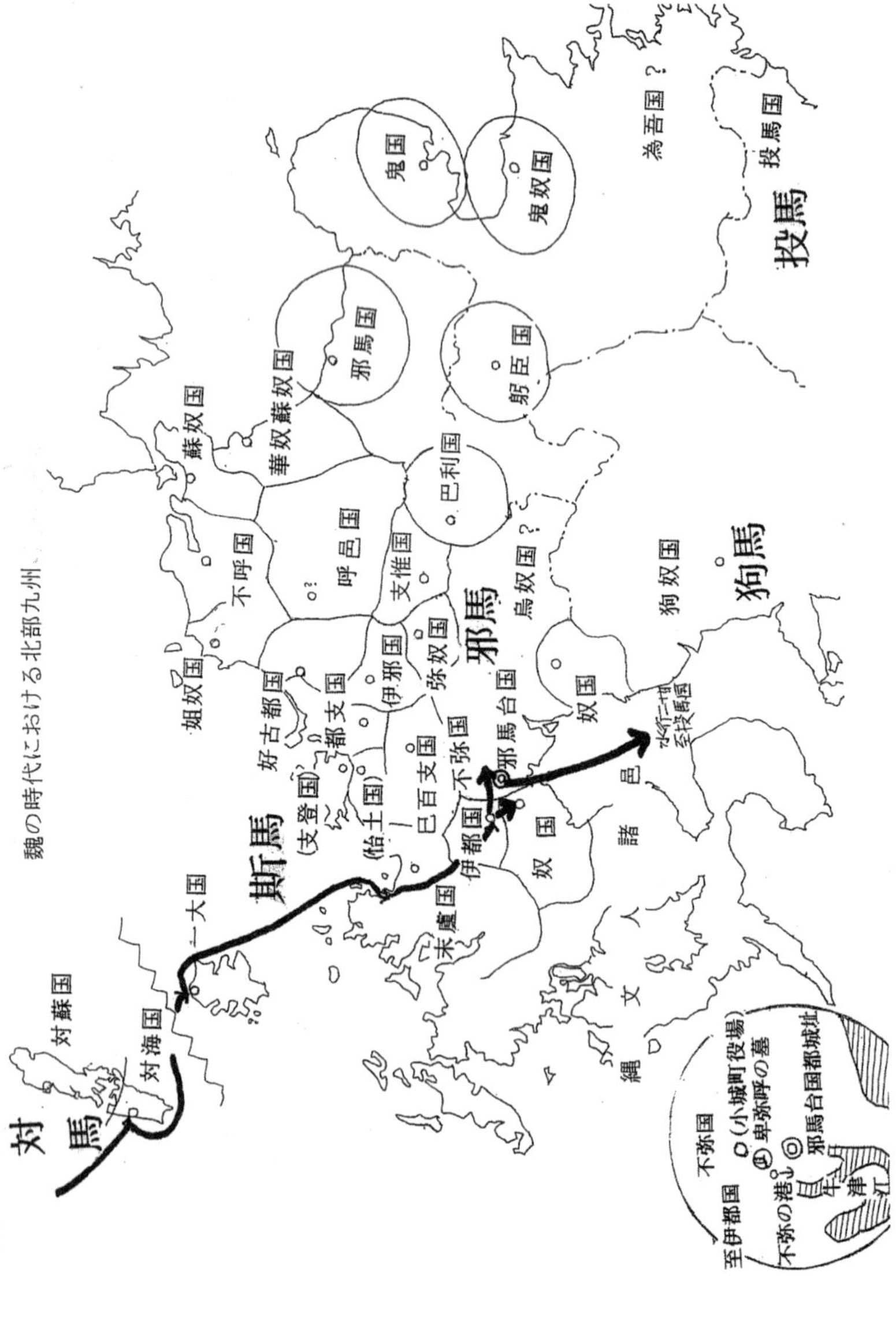

魏の時代における北部九州

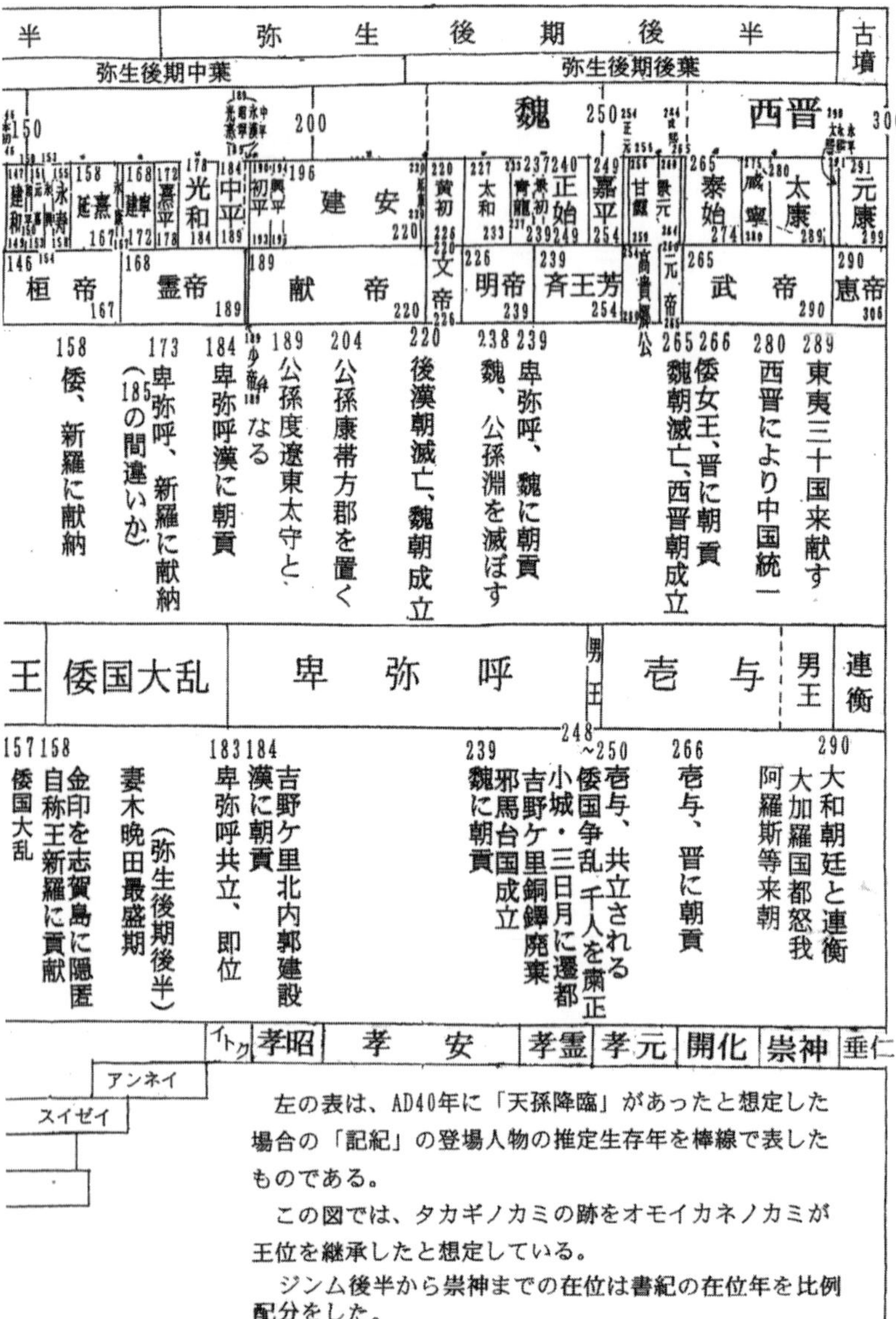

左の表は、AD40年に「天孫降臨」があったと想定した場合の「記紀」の登場人物の推定生存年を棒線で表したものである。

この図では、タカギノカミの跡をオモイカネノカミが王位を継承したと想定している。

ジンム後半から崇神までの在位は書紀の在位年を比例配分をした。

倭国及び倭国関係年表

時代	弥生中期後半／弥生後期前
	弥生中期後葉／弥生後期前葉
王朝	前漢　0　新　50　後漢　100
年号	（略）-2 元寿 -1／1 元始 5／6 居摂 8／9 始建国 13／14 天鳳 19／20 地皇 23／25 建武 56／56 中元 57／58 永平 75／76 建初 84／89 永元 105／107 永初 113／114 元初 120／122 延光 125／126 永建 132／132 陽嘉 135／136 永和 141
皇帝	-1 哀帝 -1／-1 平帝 5／6 孺子嬰 8／9 王莽 23／25 光武帝 57／57 明帝（荘） 75／75 章帝 88／88 和帝 105／殤帝／106 安帝 125／125 順帝 144
中国新羅の倭国関係事件	BC19 昔脱解漂着／3 新羅始祖赫居世没／9 新朝成立／25 後漢朝成立／42 亀旨峰降臨伝承／57 倭国、漢に朝貢（漢委奴国王印）／59 新羅倭国と友誼／107 倭面土国朝貢／123 新羅、倭と講和／125 少帝 125／144 神帝 145／145 質帝 146
倭国王	高木神　思金神／天照大御神／衰退時代／倭面土国帥升／中興の男
倭国の事件	2~3 東夷の王、国珍を奉ず／40年頃 天孫降臨伝承　出雲国譲り／50年代 漢に朝貢　倭国統一（倭奴国）（吉野ケ里遷都？）／70年代 倭面土国拡大　金印奴国衰退／荒神谷銅剣鋳造　出雲に贈与／107 漢に朝貢／120年代 神武東征　邪馬壱国成立　出雲銅器埋納　倭面土国滅亡（[illegible]の町遺跡）／（王位継承戦争）始まる
「記紀」の登場人物の推定年代	スサノヲノミコト／ニニギノミコト／スセリヒメ／スセリノミコト／オオクニヌシノミコト／ホヲリノミコト／ウガヤフキアワズノミコト／ヤエコトシロヌシノミコト／イワレヒコ（ジンム）／オシホミミノカミ／タギシミミ／オモイカネノカミ／ニギハヤヒ／タカギノカミ／アマテラスオオミカミ

479 斉 (493 永泰, 500) 502 梁 (50) 557 陳 589 (600) 隋 618 唐

- 457 大明
- 465 泰始
- 472 泰豫
- 473 元徽
- 477 昇明 (479)
- 479 建元
- 483 永明
- 494 建武
- 499 永元
- 501 中興 (502)
- 502 天監
- 520 普通
- 527 大通
- 529 中大通
- 535 大同
- 546 中大同
- 547 太清
- 550 大宝
- 551 天正
- 552 承聖
- 555 天成
- 555 紹泰
- 556 太平 (557)
- 557 永定
- 560 天嘉
- 566 天康
- 567 光大
- 569 太建
- 583 至徳
- 587 禎明
- 581 開皇
- 601 仁壽
- 605 大業
- 617 義寧 (618)
- 618 皇泰
- 618 武徳

- 孝武帝
- 465 明帝
- 473 後廃帝
- 477 順帝 (479)
- 479 高帝
- 483 武帝
- 494 明帝
- 499 東昏侯
- 501 和帝 (502)
- 502 武帝
- 550 簡文帝
- 551 豫章王
- 555 敬帝 (557)
- 557 武帝
- 559 文帝
- 567 廃帝
- 569 宣帝
- 583 後主 (589)
- 581 (590) 文帝
- 605 煬帝 (618)
- 618 高祖

- 460 倭国貢献
- 462 興 宋に貢献
- 477 倭国貢献
- 478 武の上表
- 479 武の昇進（斉）
- 502 武の昇進（梁）
- 612~614 隋煬帝の高句麗遠征
- 618 唐興る

- 475 漢城陥落
- 475 熊津遷都（百）
- 501 武寧王即位（百）
- 538 扶余に遷都（百）
- 554 百済聖明王戦死
- 562 任那日本府滅亡

- 460 安康 (461)
- 461 雄略（武） (478)
- 清寧
- 顕宗
- 仁賢
- 武烈
- 継体
- 安閑
- 宣化
- 欽明
- 敏達
- 用明
- 崇峻
- 593 推古（阿毎多利思北孤）

- 石上穴穂宮
- 泊瀬朝倉宮
- 磐余甕栗宮
- 近飛鳥八釣宮
- 石上広高宮
- 泊瀬列城宮
- 樟葉宮
- 筒城宮
- 弟国宮
- 磐余玉穂宮
- 勾金橋宮
- 檜隈廬入野宮
- 磯城嶋金刺宮
- 難波祝津宮
- 泊瀬柴籬宮
- 百済大井宮
- 訳語田幸玉宮
- 磐余池辺双槻宮
- 倉梯宮
- 豊浦宮
- 耳梨行宮
- 小墾田宮
- 斑鳩宮

- 477 雄略（武）貢献
- 502 倭王武を征東将軍に
- 512 百済に任那四県を割譲
- 527 磐井の乱
- 562 任那日本府滅亡
- 587 物部氏滅亡
- 593 聖徳太子摂政
- 604 憲法十七条
- 608 隋使裴世清来日 前年に遣隋使
- 614 遣隋使

３００～６２０

王朝
- 西晋（306 光熙）
- 317 東晋（350, 400）
- 420 宋（450）

年号
- 302 太安 / 304 永安 / 307 永嘉 / 313 建興 / 317 建武 / 318 大興 / 322 永昌 / 323 太寧 / 326 咸和 / 335 咸康 / 343 建元 / 345 永和 / 357 升平 / 362 隆和 / 363 興寧 / 366 太和 / 371 咸安 / 373 寧康 / 376 太元 / 397 隆安 / 402 元興 / 405 義熙 / 419 元熙 420 / 420 永初 / 423 景平 / 424 元嘉 / 454 孝建

皇帝
- 290 恵帝 / 307 懐帝 / 313 愍帝 / 317 元帝 / 322 明帝 / 326 成帝 / 343 康帝 / 345 穆帝 / 362 哀帝 / 366 廃帝 / 371 簡文帝 / 373 孝武帝 / 397 安帝 / 419 恭帝 420 / 420 武帝 / 423 少帝 / 424 文帝

中国・朝鮮の倭国関係事件
- 342 国内城を築く（高）
- 342 慕容氏高句麗王都を攻略
- 346 倭兵新羅の風島を襲う
- 355 神功皇后の新羅遠征
- 371 高句麗王、百済と戦い戦死
- 391 高句麗好太王即位
- 396 百済、高句麗に降伏
- 400 倭兵を大いに破る(好)
- 404 倭兵の帯方侵入と敗北(好)
- 407 倭兵潰敗す(好)
- 413 讃 東晋に貢献
- 414 好太王碑建立(高)
- 421 讃 宋に使い
- 425 讃 上表貢献
- 430 倭王修貢
- 438 珍 安東将軍に
- 443 済が貢献
- 451 済 安東将軍に

天皇
- 垂仁 314
- 315 景行 344
- 345 成務 351
- 352 仲哀 355
- 356 応神（旨）411
- 411 仁徳（讃）432
- 433 履中 435
- 436 反正（珍）438
- 允恭（済）459

宮処
- 垂仁：纏向珠城宮
- 景行：纏向日代宮
- 成務：志賀高穴穂宮
- 仲哀：気比宮
- 応神：磐余若桜宮／難波大隅宮／明宮（崩時）
- 仁徳：難波高津宮
- 履中：磐余稚桜宮
- 反正：丹比柴籬宮
- 允恭：遠飛鳥宮

事件
- 新羅天日槍来朝
- 315 田道間守の帰還
- 355 神功皇后の新羅遠征
- 356 逢坂の戦い
- 369 百済七支刀を製造
- 372 倭王旨百済王より七支刀を送られる
- 382 襲津彦事件
- 392 百済救援軍間に合わず
- 395 (武内宿禰事件)
- 400 百済救援軍間に合わず
- 404 倭遠征軍敗北
- 407 倭遠征軍敗北

後藤　幸彦（ごとう　ゆきひこ）
１９４７年　青森県青森市に生まれる。
１９７０年　弘前大学教育学部卒
神奈川県相模原市立小学校教論となる
１９８９年　吉野ヶ里遺跡発掘に刺激され、古代史研究に取り組む
１９９１年　邪馬台国に到達
１９９２年　卑弥呼の墓を発見
以後検証を続け、１９９９年に「倭国歴訪」（明窓出版）を出版
２０００年　持病のために退職し、以後は古代史研究に専念している
２００２年　「卑弥呼の登場」

神功皇后《じんぐうこうごう》は実在《じつざい》した

その根拠《こんきょ》と証明《しょうめい》

後藤幸彦《ごとうゆきひこ》

明窓出版

平成十九年十月一日初版発行

発行者――増本　利博

発行所――明窓出版株式会社

〒一六四―〇〇一二

東京都中野区本町六―二七―一三

電話　（〇三）三三八〇―八三〇三

FAX　（〇三）三三八〇―六四二四

振替　〇〇一六〇―一―一九二七六六

印刷所――株式会社　シナノ

ISBN978-4-89634-220-8

ホームページ http://meisou.com